A vantagem
acadêmica de Cuba

A vantagem acadêmica de Cuba

Por que seus alunos vão melhor na escola

Martin Carnoy
com
Amber K. Gove e *Jeffery H. Marshall*

Tradução
Carlos Szlak

Edição de texto
Leda Beck

Consultoria, pesquisa de conteúdo e revisão técnica
Paula Louzano

© 2007 by The Board of Trustees of the Leland Stanford Junior University
Direitos de tradução reservados à Ediouro Publicações Ltda., 2009

Diretor: Edaury Cruz
Editora: Tainã Bispo
Coordenadora de produção: Adriane Gozzo
Assistente de produção: Juliana Campoi
Coordenação do projeto – Fundação Lemann: Núbia Ferreira
Consultoria, pesquisa de conteúdo e revisão técnica: Paula Louzano
Edição de texto: Leda Beck
Revisão: Dina Beck e Márcia Companhone
Editora de arte: Ana Dobón
Editoração eletrônica: Linea Editora Ltda.
Capa: Ana Dobón
Fotos de capa: João Correia Filho

Dados Internacionais de Catalogação na Publicação (CIP)
(Câmara Brasileira do Livro, SP, Brasil)

Carnoy, Martin
 A vantagem acadêmica de Cuba : por que seus alunos vão melhor na escola / Martin Carnoy com Amber K. Gove e Jeffery H. Marshall. -- São Paulo : Ediouro, 2009.

 Título original: Cuba's academic advantage.
 ISBN 978-85-00-33093-3

 1. Educação - Cuba 2. Educação e Estado - Cuba 3. Ensino fundamental - América Latina 4. Ensino fundamental - Cuba I. Gove, Amber K. II. Marshall, Jeffery H. III. Título.

09-04636   CDD-372.97291

Índice para catálogo sistemático:
1. Cuba : Ensino fundamental : Educação   372.97291

Rua Nova Jerusalém, 345 – Bonsucesso
Rio de Janeiro – RJ – CEP 21042-235
Tel.: (21) 3882-8200 Fax: (21) 3882-8212 / 3882-8313
www.ediouro.com.br

Esta obra foi patrocinada pela

www.fundacaolemann.org.br

SUMÁRIO

Lista de figuras 9

Lista de tabelas 11

Agradecimentos 13

Apresentação 15

Prefácio à edição brasileira 17

1 O contexto é importante 19
2 Três sistemas educacionais em três contextos sociais 41
3 Compreendendo por que varia o desempenho escolar 75
4 Comparando o desempenho acadêmico em Cuba ao de outros países latino-americanos 89
5 O longo caminho: da construção do currículo à aprendizagem do aluno 115
6 Oportunidade para aprender e padrões de ensino 157
7 Lições aprendidas 191

Anexo A: Estimativas da função de produção do desempenho discente na América Latina, por país 213

Anexo B: Definições dos termos utilizados no Capítulo 6 e Guia de Análise de Tarefas 233

Notas 239

Referências 251

Índice remissivo 259

LISTA DE FIGURAS

1 Relações possíveis entre recursos familiares, escolarização e contexto social 38
2 Comparação entre as notas de matemática nas terceira e quarta séries de Cuba e as estimativas de notas de matemática em outros países, aplicadas a estes as características cubanas de família, escola e contexto social.. 106
3 Comparação entre as notas de linguagem nas terceira e quarta séries de Cuba e as estimativas de notas de linguagem em outros países, aplicadas a estes as características cubanas de família, escola e contexto social.. 107
4 Comparação entre as notas de matemática na quarta série de Cuba e as estimativas de notas de matemática em outros países, ajustadas às notas médias de terceira série, e aplicadas a esses outros países as características cubanas de família, escola e contexto social 108
5 Comparação entre as notas de linguagem na quarta série de Cuba e as estimativas de notas de linguagem em outros países, ajustadas às notas médias de terceira série, e aplicadas a esses outros países as características cubanas de família, escola e contexto social 109
6 Brasil e Chile: relações entre os componentes do sistema educacional 121

LISTA DE TABELAS

1	Médias e desvios-padrão para as variáveis incluídas na análise	99
2	Médias e desvios-padrão para as variáveis incluídas na análise somente da quarta série	100
3	Visão geral das escolas escolhidas como amostra no Brasil, no Chile e em Cuba	163
4	Visão geral básica das salas de aula	168
5	Segmento de trabalho individual em classe, com mais detalhes	170
6	Segmento de atividade oral em classe, com mais detalhes	172
7	Segmento de trabalho em grupo, com mais detalhes	173
8	Atenção e participação do aluno em classe	175
9	Estrutura da aula e tipos de perguntas utilizadas	176
10	Outras comparações	178
11	Nível de proficiência matemática	180
12	Nível de demanda cognitiva das tarefas	182
13	Principal mecanismo de apoio à aprendizagem em classe	184
14	Principal objetivo da aula: Brasil	185
15	Principal objetivo da aula: Chile	186
16	Principal objetivo da aula: Cuba	187
17	Definições de todas as variáveis incluídas na análise	214
18	Estimativas dos mínimos quadrados ordinários (MQO) dos determinantes do desempenho acadêmico em matemática (estatística T, entre parênteses), para terceira e quarta séries combinadas, em sete países latino-americanos	216

19 Estimativas dos mínimos quadrados ordinários (MQO) dos determinantes do desempenho acadêmico em linguagem (estatística T, entre parênteses), em sete países latino-americanos 219

20 Estimativas dos mínimos quadrados ordinários (MQO) dos determinantes do desempenho acadêmico da quarta série em matemática (estatística T, entre parênteses), em sete países latino-americanos 224

21 Estimativas dos mínimos quadrados ordinários (MQO) dos determinantes do desempenho acadêmico da quarta série em linguagem (estatística T, entre parênteses), em sete países latino-americanos 227

AGRADECIMENTOS

Esta pesquisa foi possível graças ao generoso apoio da Fundação Ford. Gostaríamos de agradecer a Janice Petrovich, da Fundação, por seu interesse incansável na pesquisa básica em educação.

Também somos gratos a Enrique Iglesias e Larry Wolfe, do Banco Interamericano de Desenvolvimento; Ana Luiza Machado, Paula Louzano e Juan Cassasus, da Unesco, em Santiago do Chile; Jorge Werthein, da Unesco, no Brasil; e Francisco Lacayo, da Unesco, em Cuba, por sua colaboração no acesso aos dados necessários para a realização deste estudo. Agradecimentos especiais também aos nossos colegas Shelley Goldman e Kim Stevenson, da Universidade Stanford, por sua generosa ajuda na interpretação dos dados curriculares e de sala de aula.

Queremos agradecer sobretudo aos nossos colegas no Brasil, no Chile e em Cuba, que foram tão solícitos e tão fundamentais para nossa pesquisa. A experiência e a paciência deles nos abriram novas perspectivas sobre o processo educacional. Entre esses colegas, incluem-se Mariana Alwyn (ex-ministra da Educação), Cristian Cox e Silvia Elqueta, do Ministério da Educação do Chile. Pelo Ministério da Educação em Cuba, contribuíram Luis Gomes Gutierrez (ministro da Educação), Hector Valdés, Victoria Arenciba Sosa, Miguel Angel Ferrer e Paul Torres Fernandez. Entre os brasileiros que nos prestaram inestimável cooperação destacam-se José Amaral Sobrinho, do Fundescola, Carmilva Souza Flores, do Inep, e Roberto Verhine, da Universidade Federal da Bahia. Os pontos de vista expressos aqui são dos autores e não devem ser atribuídos à Fundação Ford ou aos ministérios da Educação dos três países.

APRESENTAÇÃO

Mais de 50% dos alunos cubanos conseguem resolver problemas complexos de matemática, enquanto apenas 10% dos alunos brasileiros e 15% dos alunos chilenos atingem o nível mais avançado de proficiência matemática, de acordo com o Laboratório Latino-Americano de Avaliação da Qualidade da Educação (Llece), coordenado pela Unesco.

O que será que acontece nas escolas cubanas e que não acontece nas escolas chilenas e brasileiras?

Buscando responder a esta pergunta, o professor Martin Carnoy coordenou uma pesquisa comparativa nesses países e publicou este livro, que agora a Fundação Lemann e a Ediouro traduzem e distribuem no Brasil.

Para realizar este estudo, os pesquisadores filmaram e cronometraram as atividades escolares nos três países e fizeram algumas constatações impressionantes. Embora sempre existam exceções à regra, as salas de aulas brasileiras alternaram momentos de extrema mediocridade com total descontrole das atividades desempenhadas pelos alunos. Enquanto isso, no Chile e, mais especialmente, em Cuba os alunos trabalhavam em grupo, resolviam problemas e faziam atividades previamente programadas por uma equipe pedagógica, o que garante certa padronização do conteúdo a que os estudantes são expostos.

Não há dúvida de que uma comparação entre países como Brasil, Chile e Cuba imediatamente nos remete ao campo da política, já que os países da América Latina têm, entre outras características em comum, o fato de alternarem períodos de democracia com autoritarismo, sendo Cuba ainda um ícone neste quesito. Outra característica comum aos países da região são as desigualdades sociais e o atraso em educação.

Nestes aspectos, Cuba é uma exceção e o Brasil fica em primeiro lugar. Sem desconsiderar as diferenças políticas, econômicas e sociais dos três países, Martin Carnoy buscou compreender o que é possível fazer em educação *independentemente* do regime político vigente.

Em especial no Brasil, educação e política se misturam mais do que deveriam. Práticas de avaliação e de controle de sala de aula são vistas como entulho autoritário, ou seja, restos indesejáveis de um período não democrático. No entanto, o fato de os alunos, na média, terem um dos piores desempenhos escolares do mundo e a constatação de que, no grupo dos mais pobres e vulneráveis, o efeito escola é praticamente nulo, é aceito como decorrência da própria origem dos alunos. Será que isto é democrático?

A Fundação Lemann tem por objetivo promover a educação de crianças e jovens brasileiros. Assim, desde 2003, vem realizando estudos e disseminando melhores práticas e políticas neste setor. Faz isso de forma pragmática, investigando o que dá certo pelos seus resultados, deixando ideias preconcebidas e ideologias de lado. Este livro é mais uma dessas iniciativas.

Quanto mais educação, mais democracia: esta é uma equação que parece ser consenso no Brasil. Tudo mais ainda é motivo de debates acalorados em nosso país. Com a disseminação dos achados e das ideias do professor Carnoy, queremos dar mais uma contribuição para a construção de políticas públicas eficazes. Esta obra traz propostas objetivas e viáveis, que podem levar os alunos brasileiros, sobretudo os mais pobres, que contam apenas com a educação pública, a dominar pelo menos o que os alunos cubanos e os dos países mais desenvolvidos dominam. Resta saber se a nossa sociedade aceita encarar estas constatações com a objetividade necessária, para que se possa avançar no complexo desafio de fazer a educação do nosso país melhorar rapidamente. Este livro, portanto, é dedicado aos profissionais da educação que acreditam na construção da democracia e na igualdade de oportunidades em nosso país também a partir da sala de aula.

Ilona Becskeházy
Diretora Executiva da Fundação Lemann

PREFÁCIO À EDIÇÃO BRASILEIRA

O Brasil é o maior país da América Latina e também a economia mais importante da região. Faz milhares de produtos. De sapatos sofisticados a automóveis de primeira linha e aviões, além de caixas eletrônicos, filmes, música e arte conhecidos em todo o mundo.

Nas últimas décadas, o país se tornou a maior democracia da América Latina e uma liderança em inovação social. Embora há apenas 15 anos estivesse bem atrás de outros países latino-americanos em termos de anos de escolaridade de sua força de trabalho, o Brasil começou a expandir a educação básica pública e aumentou substancialmente o número de matrículas no ensino superior. Por meio de programas como Bolsa Escola ou Bolsa Família, governos recentes começaram a melhorar os níveis de frequência à escola e a saúde de crianças em famílias de baixa renda, o que significa que a próxima geração será mais produtiva e terá uma vida melhor do que a atual.

Não obstante, com todo esse progresso, o Brasil ainda vive sob o peso de uma grande desigualdade entre os 40% de brasileiros mais pobres e os 20% mais ricos. Uma das principais barreiras a um desenvolvimento mais igualitário é a baixa qualidade da educação, um obstáculo que o Brasil compartilha com a maioria dos países latino-americanos. Enquanto a qualidade dos sistemas educacionais continuar nos atuais níveis, um número muito limitado de famílias brasileiras conseguirá encontrar escolas públicas ou privadas de alta qualidade para seus filhos e a vasta maioria da população continuará presa a uma educação que impede seus filhos de atingir todo seu potencial intelectual. Quando combinada com todas as outras desvantagens impostas a tantas crianças brasileiras pela pobreza, uma educação de baixa qualidade praticamente garante que essas crianças também serão pobres.

Este livro compara a educação no Brasil (e no Chile) com a educação em outro país latino-americano — Cuba — e tenta entender como uma sociedade com renda *per capita* menor que a brasileira ou a chilena consegue promover uma educação de muito melhor qualidade para todos os jovens de sua população. Mais ainda, o livro pergunta: o que outros países latino-americanos podem aprender da experiência cubana em termos de educação fundamental?

Embora nem tudo que Cuba fez para aumentar a qualidade de sua educação seja transferível para outras sociedades e apesar do progresso cubano ser limitado por uma economia ineficiente e por um governo autoritário, acredito que as lições são claras. Uma das chaves para o sucesso cubano em educação é o recrutamento, para o magistério, dos melhores alunos do ensino médio e a excelente formação que lhes é dada, ao redor de um sólido currículo. Outra é a garantia de que os alunos são saudáveis e estão bem alimentados. E a terceira é o sistema de tutoria e supervisão dos professores, focada na melhoria da instrução.

Mas o elemento crucial é o compromisso total com a melhoria dos padrões de ensino e fazer o que for necessário para que este padrão chegue até as salas de aula do menor vilarejo das regiões mais pobres.

A recompensa para tais políticas é grande. Especialmente no Brasil, um país com mercado de capitais desenvolvido, pronto para investir em oportunidades econômicas, e, em especial, em um ambiente econômico que é cada vez mais baseado em conhecimento e informação.

É importante lembrar que até as crianças cubanas que frequentam escolas rurais ou de bairros urbanos de baixa renda sabem ler bem e aprendem muita matemática e ciência. Por que as crianças brasileiras não podem fazer isso?

Martin Carnoy
Stanford, maio de 2009.

1

O CONTEXTO É IMPORTANTE

Certas cidades, regiões e países parecem ter melhor educação do que outros. Os alunos nessas escolas se saem melhor nas provas, sendo mais provável que concluam o ensino médio e busquem educação superior. Sabemos que esses resultados não são somente consequência de professores melhores e escolas mais bem administradas, ou mesmo de mais dinheiro para materiais e programas extras. Em geral, os alunos que frequentam as melhores escolas pertencem a famílias que têm uma educação de melhor qualidade e estão ligadas a redes que não apenas reforçam a ideia de que o sucesso escolar é importante, mas também conhecem as melhores estratégias para alcançar esse sucesso.

Há outra razão para os jovens se saírem melhor na escola, tão importante quanto um corpo docente de alta qualidade, famílias que estimulam o sucesso acadêmico e redes familiares. Algumas comunidades, regiões e até alguns países criaram ambientes e redes que — além das famílias — ajudam os jovens a querer ser bem-sucedidos academicamente e promovem estratégias que os estimulam a obter sucesso.

Este livro é sobre a educação em um país — Cuba — onde mesmo os alunos das escolas de ensino fundamental das zonas rurais parecem aprender mais que os alunos das famílias de classe média urbana do restante da América Latina. Esse feito é ainda mais notável porque Cuba é bastante pobre em recursos, apresentando baixos níveis de consumo material. Mesmo assim possui sistemas de apoio escolar e social que ajudam uma porcentagem muito alta de alunos a alcançar níveis elevados de desempenho acadêmico.

As razões do sucesso acadêmico cubano que emergem deste estudo agradarão a alguns educadores, mas descontentarão outros. Essas razões, sem dúvida, conflitam com filosofias políticas que enfatizam a liberdade individual e a democracia pluralista descentralizada. Muitas delas giram em torno de um contexto social escolar que é altamente estimulante para o progresso acadêmico. A maioria dos educadores, independentemente da sua filosofia política, compreende o quão importante esse tipo de ambiente é para um sistema educacional ou uma escola de qualidade. Mas Cuba cria esse contexto social por meio, principalmente, da administração governamental centralizada e hierárquica, e não pela ação individual ou coletiva de famílias, em nível local, frequentando reuniões dos conselhos escolares ou serviços religiosos. De fato, embora as salas de aula cubanas enfatizem a aprendizagem centrada na criança, o Estado cubano impõe rigidamente a implementação do currículo e os métodos de ensino por meio de uma cadeia de comando, que começa com o ministro da Educação, passa por diretores e diretores assistentes, que supervisionam os professores em sala de aula, e termina com os professores sentindo-se competentes e responsáveis pela transmissão de um currículo nacional bem definido.

A experiência cubana suscita questões importantes relativas à educação em todos os países, inclusive os altamente desenvolvidos, como os Estados Unidos. Quão responsável deve ser o governo pela criação de ambientes que ajudem as crianças a se concentrarem no desempenho acadêmico? Quanta autonomia os professores e as escolas devem ter em relação ao que acontece nas salas de aula? Será que existe um equilíbrio entre o valor que as sociedades de mercado atribuem à opção individual e o valor que atribuem à garantia de que todas as crianças — independentemente da condição socioeconômica — recebam um ensino de qualidade?

A PREOCUPAÇÃO COM O DESEMPENHO ACADÊMICO

Há 50 anos, nos Estados Unidos, obter boas notas na escola era importante, mas não decisivo em relação às oportunidades de vida. Quase todos os que tinham um "bom" emprego eram brancos, do sexo masculino; assim, a concorrência por esses empregos não era tão acirrada quanto hoje. Havia também muito trabalho bem remunerado nas fábricas. Os formados pelo ensino médio (homens, principalmente brancos) e mesmo alguns não formados tinham acesso a esse tipo de trabalho e ganhavam quase tanto quanto as pessoas com formação superior.

Sem dúvida, os intelectuais demonstravam interesse pela qualidade do ensino, mas situavam o desempenho acadêmico, principalmente em relação aos pobres, no contexto das questões mais amplas da pobreza e da discriminação. Sabíamos que as crianças dos subúrbios ricos frequentavam boas escolas porque suas famílias pagavam impostos maiores sobre suas propriedades* e sabíamos que as crianças negras do sul dos EUA frequentavam escolas segregadas e terrivelmente carentes de recursos — lugares não muito propensos à aprendizagem de matemática avançada. Graças a *Blackboard Jungle* (*Sementes da Violência*), um filme com Glenn Ford e Sidney Poitier da década de 50, também sabíamos que as escolas de ensino médio das áreas centrais decadentes das grandes cidades eram lugares perigosos, frequentados por gangues que davam pouca importância a qualquer coisa acadêmica. Tudo que pensávamos sobre educação sugeria que o problema principal estava fora da escola: uma sociedade em que a classe média podia gastar mais na educação pública dos seus filhos, em que os brancos discriminavam os negros e em que as crianças pobres das cidades estavam sujeitas ao que os sociólogos Richard Sennett e Jonathan Cobb chamavam de "injustiças ocultas de classe", o que resultava em um comportamento antiacadêmico e antiescola entre os jovens urbanos (Sennett e Cobb, 1973).

Essa visão da educação mudou. Na geração passada, desenvolveu-se um grande sentimento de urgência com relação ao sucesso escolar dos alunos e, com isso, uma tendência tanto a responsabilizar as escolas pelos males da sociedade como a insistir na melhoria da qualidade do ensino. A mudança resulta, em parte, do próprio sucesso das escolas. Nos

---

* Nos Estados Unidos, o imposto sobre a propriedade, equivalente ao IPTU brasileiro, é aplicado na cidade ou no bairro onde a propriedade está, e boa parte dele é vinculado à educação pública, o que explica por que as "boas" escolas públicas ficam nos bairros nobres (N. do E.).

Estados Unidos, e em todo o mundo, muito mais jovens estão terminando as etapas média e superior da educação do que em qualquer momento do passado. Muito mais jovens estão competindo por empregos profissionais. Desde que mulheres e minorias começaram a ser contratadas para cargos antes reservados aos homens brancos, todos passaram a se preocupar mais com o sucesso acadêmico para melhorar seu desempenho também no mercado de trabalho. A outra mudança é que os empregos bem remunerados do setor industrial, que não exigiam muita instrução, foram substituídos por empregos do setor de serviços (e do setor industrial), que demandam bons níveis de leitura e interpretação e um nível razoavelmente elevado de compreensão técnica. Assim, a concorrência crescente por bons salários entre jovens cada vez mais bem-educados colocou ainda mais ênfase no sucesso escolar. Antigamente, mesmo se a pessoa não concluísse o ensino médio, teria a chance de conseguir um emprego que pagava um salário decente. Atualmente, ao menos nos países desenvolvidos — Estados Unidos, Canadá, Europa, Austrália e Japão —, a simples conclusão do ensino médio provavelmente deixa a pessoa próxima da extremidade inferior na hierarquia econômica.

Nesse ambiente, apesar do seu sucesso em colocar um número muito maior de alunos na faculdade, as escolas, enquanto organizações, estão sendo cada vez mais responsabilizadas por não ensinarem o suficiente às crianças. As escolas que atendem os alunos de baixa renda recebem a maior parte dessas críticas, mas isto é, em geral, expresso em termos mais genéricos, como uma condenação da educação pública "burocratizada" e dos sindicatos dos professores, caracterizados como os principais obstáculos para a melhoria do ensino e da aprendizagem. Os acadêmicos e os grupos de pesquisa interdisciplinar de caráter conservador empenharam-se muito em fomentar essas ideias. Eles têm certeza de que as escolas poderiam ser muito mais "eficientes" se pudessem contratar e despedir professores à vontade e se livrar das regras burocráticas, para que os professores e os diretores pudessem inovar regularmente e substituir o ensino "construtivista" (que procura construir a aprendizagem sobre o conhecimento e as experiências que os alunos trazem à sala de aula) por um foco nas habilidades básicas e na solução de problemas orientada pelo professor (que enfatiza a aprendizagem de um corpo de conhecimento bem definido, com base em um currículo preestabelecido, que explicita o caminho da aprendizagem)[1].

As alegações de que as escolas podem ensinar melhor as crianças não se restringem aos conservadores. Os educadores progressistas também estão convencidos de que as escolas podem melhorar os resultados acadêmicos. Os progressistas não são tão propensos a responsabilizar os burocratas e os sindicatos dos professores, mas consideram que um ensino melhor, classes menores, um currículo melhor e uma participação maior dos pais elevaria o nível de aprendizagem do aluno.

A urgência e as ideias para melhorar a escola difundiram-se entre os países em desenvolvimento. Nos de baixa renda, aparentemente, não existem empregos satisfatórios em quantidade suficiente para absorver os jovens egressos dos ensinos fundamental e médio. Esse fato não impede a expansão dos sistemas escolares. À medida que eles se expandem, a principal queixa na maioria dos lugares é a mesma presente nos Estados Unidos e na Europa: a qualidade dos formados é baixa e, portanto, as escolas precisam aumentar o volume de conteúdo ensinado em cada ano acadêmico, quer no ensino fundamental, quer no ensino médio ou na universidade. A ideia é que formados de melhor qualidade tornarão o país mais competitivo e promoverão o crescimento econômico.

O foco na "qualidade" educacional e no desempenho do aluno na escola foi alimentado por testes internacionais, que comparam a performance de jovens de diversos países em matemática, leitura e ciência. Os países prestam atenção nos resultados, embora não fique claro o que podem fazer a respeito. Depois que a Finlândia obteve notas muito altas em leitura, em um recente teste internacional, todos correram até lá para entender o que tornava os finlandeses tão bons leitores. Os próprios finlandeses não tinham tanta certeza sobre o motivo do seu sucesso*. Uma

---

* Em 2007, um estudo da consultoria internacional McKinsey, *How the World's Best-Performing School Systems Come Out on Top* (Como as escolas de melhor desempenho do mundo chegaram ao topo), buscou entender o sucesso do sistema educacional finlandês e dos demais primeiros colocados no *ranking* do Programa para Avaliação Internacional de Estudantes (Pisa). A explicação para o sucesso dos finlandeses foi que, além de atrair os melhores para a carreira docente, o sistema também dá a seus professores uma das melhores formações do mundo — e a profissão é bem remunerada e prestigiada (N. do E.).

consequência dessa confusão é que há tantas sugestões para melhorar a aprendizagem do aluno quanto analistas educacionais, executivos socialmente engajados e políticos. Reduzir o tamanho das classes, melhorar o conhecimento do professor sobre o conteúdo, enfatizar as habilidades básicas, tornar o currículo mais centrado na criança, envolver mais os pais, privatizar a educação e eliminar os sindicatos dos professores são as recomendações mais comuns, mas existem muitas mais.

Há pouca dúvida de que algumas escolas, algumas comunidades e alguns países são melhores que outros em ajudar os alunos de origens familiares semelhantes a aprenderem linguagem, matemática, ciência e outras matérias consideradas importantes. Por que isso acontece? E quão importantes são as diferenças que podem ser atribuídas à maneira pela qual as escolas fazem as coisas, em comparação com as diferenças que estão incorporadas à vida social de comunidades, regiões e até países? Nos países em desenvolvimento, as respostas a essas questões podem ser mais óbvias, pois as escolas diferem consideravelmente em termos de disponibilidade de recursos. No entanto, por que, por exemplo, os melhores alunos de vários países em desenvolvimento não conseguem tirar notas superiores à média dos países desenvolvidos? É um problema escolar ou tem raízes mais profundas?

Independentemente de quão certos muitos especialistas estejam a respeito de suas ideias, as respostas a essas questões não são tão óbvias quanto pensávamos antigamente. É certamente verdade que em decorrência de 40 anos de pesquisa e de dados de melhor qualidade, os analistas estão alcançando uma compreensão mais clara a respeito da produtividade educacional, isto é, a respeito dos elementos-chave que determinam o desempenho do aluno. Mas ainda há lacunas importantes em nosso conhecimento, e inúmeras controvérsias existem sobre o que explica e o que não explica essas diferenças. Parte do problema é que a maioria das pesquisas se concentra ou na floresta ou em uma única árvore, mas nunca juntam as duas coisas. Um tipo de pesquisa analisa grandes conjuntos de dados, coletados em diversos países, e outro considera somente uma única variável ou a intervenção em algumas escolas, em uma única comunidade ou em um único país.

Neste estudo, decidimos abordar a questão de uma nova maneira. Primeiro, focalizamos os países em desenvolvimento, onde as respostas podem ser mais claras, pois a variação da qualidade educacional e das condições sociais é maior. Realizamos uma análise comparativa do ensino fundamental na América Latina, concentrando a atenção em três países com condições sociais e econômicas diversas e com abordagens administrativas diferentes de seus respectivos sistemas educacionais. Os três países são Brasil, Chile e Cuba, e, em todos os três, crianças da terceira e quarta séries foram testadas, em 1997, em um estudo da Organização das Nações Unidas para a Educação, a Ciência e a Cultura (Unesco, na sigla em inglês), abrangendo 13 países latino-americanos. Os resultados do teste, revelando que as crianças cubanas obtiveram notas muito mais altas em matemática e linguagem do que os alunos de outros países latino-americanos, constituem o pano de fundo de nossa análise.

Visitamos esses três países; entrevistamos funcionários dos ministérios de Educação dos governos centrais e nos níveis provinciais, estaduais e municipais; entrevistamos professores, diretores de escola, alunos e pais; e depois filmamos aulas de matemática. Aprendemos como esses sistemas escolares funcionam.

Nosso estudo não é somente comparativo. Ele também utiliza diferentes níveis de análise entre os países, adquirindo progressivamente maior compreensão do porquê os alunos parecem aprender mais em certas situações do que em outras. Outros pesquisadores realizaram análises multinível em um único país[2], mas até onde sabemos, nosso estudo é único no uso simultâneo de métodos macro (a floresta) e micro (as árvores) para a compreensão da aprendizagem do aluno em *sistemas educacionais diferentes*[3].

Nosso primeiro nível de análise é o do impacto geral da família, dos insumos escolares e das diferenças do contexto social "comunitário" sobre o desempenho do aluno em alguns países latino-americanos, incluindo nosso grupo de foco — Brasil, Chile e Cuba. O segundo nível de análise é o da organização do sistema escolar nesses três países e seus vínculos "para cima" (com o contexto social comunitário) e "para baixo" (com o ensino e a aprendizagem em sala de aula) na cadeia organizacional. O

terceiro nível de análise é o das aulas de matemática da terceira série*
nos três países e a comparação entre eles. Este último é o mais "micro"
dos três níveis que utilizamos.

ALGUMAS BASES DO NOSSO ESTUDO

Há cerca de 40 anos, o sociólogo James Coleman (Coleman *et al.*,
1966) sustentou que, nos Estados Unidos, o ambiente doméstico das
crianças era altamente responsável pelas diferenças de desempenho
acadêmico dos alunos. Coleman foi o primeiro a tentar explicar empiricamente a variação do desempenho educacional entre indivíduos e
escolas. Ele também sustentou que a percepção dos alunos — de que
o que acontece a eles decorre, ao menos em parte, dos seus próprios
esforços e das ações dos colegas, como medido pela composição racial
e de classe social da escola — era importante na explicação da brecha
persistente entre o desempenho das minorias desfavorecidas e o dos
brancos. Os gestores escolares e os professores capacitados ou ineptos
desempenhavam um papel menos crucial (ver Jencks e Phillips, 1998,
para uma atualização a respeito dessa controvérsia).

Outros estudiosos reavaliaram e reformularam a descoberta de
Coleman de que as origens familiares das crianças regem o desempenho
escolar. Os economistas Samuel Bowles e Henry Levin (1968) demonstraram que as avaliações de Coleman não podiam separar estatisticamente
a origem socioeconômica e as características escolares. Os dois conjuntos
de variáveis explanatórias estavam muito correlacionados para separar
seus efeitos. Eles não afirmaram que Coleman estava errado ao dizer que
as origens familiares tinham uma influência importante no desempenho
escolar das crianças. Eles só assinalaram que as avaliações empíricas de
Coleman não podiam *provar* que as diferenças de escolarização tinham

---

* Este livro, assim como o exame do Llece que o inspirou, é anterior à aprovação no
Brasil da lei que estabelece o ensino fundamental em 9 anos, portanto a nomenclatura
utilizada para designar as séries e níveis de ensino seguem o padrão do ensino de 8
anos/séries (N. do E.)

somente um efeito reduzido. Como as crianças de nível socioeconômico inferior frequentam escolas que também têm, em média, menos recursos e qualidade inferior, explicar o desempenho acadêmico por meio de diferenças escolares daria um resultado semelhante ao obtido a partir da explicação por meio das diferenças familiares.

Os sociólogos franceses Pierre Bourdieu e Claude Passeron levaram essa discussão um passo adiante. Para eles, o conhecimento que se espera que as crianças adquiram na escola está estruturado para favorecer padrões específicos de comportamento (incluindo as atividades academicamente orientadas) e modos de fala aprendidos em casa; padrões e modos que são muito mais desenvolvidos nas famílias de classe média alta. Assim, pode parecer que as escolas tentam ensinar um tipo neutro de conhecimento, mas, no fim das contas, o que as escolas demandam dos alunos possibilita que o ensino reproduza a estrutura de classe de geração em geração (Bourdieu e Passeron, 1977). Bourdieu e Passeron utilizaram o termo *capital cultural* para o conhecimento, o comportamento e os gostos que as famílias põem sobre a mesa educacional. Isso significava que o negócio das escolas seria reproduzir uma cultura específica, principalmente a maneira pela qual as elites utilizavam a linguagem, organizavam suas vidas e interagiam entre si. Para Bourdieu e Passeron, portanto, a explicação para as diferenças de resultado está na maneira pela qual o ensino *interage intencionalmente* com a educação das crianças em casa, garantindo que os valores, o comportamento, a interação com os adultos e a resposta a atividades escolares aprendidas em certos ambientes domésticos fossem especialmente favorecidos e reforçados pelas escolas. Qualquer criança que não recebesse a educação "certa" em casa provavelmente não teria sucesso na escola.

Para as pessoas interessadas no potencial da educação para melhorar a mobilidade social, é difícil aceitar esta análise do desempenho do aluno orientada pela classe social, principalmente a ideia de que as escolas são organizadas em torno de habilidades que os alunos com sistemas de apoio familiar "errados" acharão *inerentemente* difíceis de aprender. Há suficientes exceções à regra de que a classe social determina os resultados, indicando que um ensino de mais qualidade pode melhorar o desempenho do aluno, principalmente entre os desfavorecidos. Sabendo que a escola está organizada em torno de normas de conhecimento, uso da língua e interação adulto-criança típicas de um ambiente doméstico de classe média alta não nos revela por que tantas crianças da classe média baixa e mesmo da classe baixa tiveram êxito na escola, nem se muitas mais podem prosperar academicamente sob as circunstâncias corretas. Para resolver este quebra-cabeça, precisamos saber por que as crianças com origem social inferior ou pertencentes a um grupo minoritário desfavorecido progridem mais em alguns ambientes escolares do que em outros.

Os cientistas sociais buscaram a resposta a essa questão nas "funções de produção" educacional do tipo proposto por Coleman. Uma função de produção educacional modela e tenta medir as relações entre a origem social do aluno, os insumos escolares — incluindo as características do professor — e os resultados do aluno. Avaliando esses modelos de insumo-produto, os cientistas sociais testaram se o tamanho da classe, a formação do professor e a experiência do professor resultam em uma diferença significativa no desempenho dos alunos. Eles analisaram se um gasto maior por aluno produz também um desempenho acadêmico melhor. Além disso, avaliaram os efeitos de várias intervenções educacionais sobre o desempenho do aluno, como mais horas diárias de escola, um ano escolar mais longo, cursos de férias e promoção automática *versus* retenção, entre outras.

À medida que os bancos de dados foram ficando mais sofisticados (pesquisas de acompanhamento de grupos de alunos, distribuição aleatória de alunos para tratamento e grupos de controle), as análises das funções de produção foram capazes de mensurar com mais exatidão os efeitos das diversas variáveis de políticas educacionais sobre o desempenho do aluno. Literalmente, centenas de estudos foram realizadas desde meados da década de 1960. O economista Eric Hanushek revisou os estudos estadunidenses existentes até meados da década de 1980 (Hanushek, 1986), mas muitas das análises de dados longitudinais foram feitas posteriormente. Além disso, houve estudos de função de produção na América Latina e em outros países em desenvolvimento (ver Carnoy, Sack e Thias, 1977; Harbison e Hanushek, 1992; e Lockheed e Verspoor, 1991).

A análise sobre as escolas eficazes foi outra abordagem para o mesmo problema. Nesta análise, os pesquisadores estudam escolas que produzem resultados excepcionalmente bons — o que significa que os alunos de uma determinada condição socioeconômica têm um desempenho muito melhor nos testes do que o previsto pela análise da função de produção — e comparam esses resultados com escolas similares cujos alunos têm baixo desempenho. Ao estudar as características dessas escolas, segundo esses estudos, podemos identificar as variáveis que tornam o desempenho dos alunos melhor do que o esperado. Uma variável típica identificada nos estudos sobre escolas eficazes é a "liderança" ou "liderança pedagógica", isto é, o diretor ou um grupo de professores torna a melhoria do ensino o foco absoluto das atividades escolares. Outra variável geralmente associada ao bom desempenho dos alunos é a "coesão" escolar. A coesão sugere que o pessoal da escola se organiza como um coletivo para alcançar objetivos pedagógicos. O oposto da coesão é a "atomização", em que os professores perseguem objetivos individualmente, sem projeto comum ou foco escolar (Abelman e Elmore, 1999). Outra maneira de expressar essa característica coesiva nas escolas eficazes é que elas são marcadas por um clima sociopsicológico positivo. Nesse clima, os professores têm altas expectativas e um forte sentimento de pertencer a uma equipe; e professores, pais e gestores trabalham em harmonia (Brookover, 1979; Levinson, 2001; Rutter *et al.*, 1979). Naturalmente, o foco escolar, ou coesão, pode não estar em torno do ensino, mas sim ao redor de alguma outra atividade, como o time de futebol ou de basquete, o que não melhoraria necessariamente o desempenho acadêmico.

A análise sobre a escola eficaz dá algumas indicações sobre o que devemos procurar para tornar as escolas melhores para o aprendizado. Mas esses estudos não nos dizem quanto cada uma dessas variáveis contribui para melhorar o desempenho do aluno. Frequentemente, a análise sobre as escolas eficazes se baseia em uma falha metodológica. A não ser que a pesquisa inclua uma comparação sistemática das escolas em que os alunos alcançam um desempenho acima do esperado com as escolas em que eles têm um desempenho abaixo do esperado, observamos somente as vencedoras, sem compará-las com as perdedoras. Pode ser que as perdedoras apresentem muitas das mesmas características que identificamos como contribuintes de um melhor desempenho, mas, nas escolas perdedoras, essas características não contribuem.

Além dos estudos a respeito do desempenho acadêmico dentro dos países, por meio de dados nacionais, o aumento constante de dados de testes internacionais, com início na década de 1980, e que se acelerou na década de 1990, produziu muito mais estudos *dentro* de cada país, para explicar o desempenho acadêmico, e também produziu um novo tipo de pesquisa empírica: as comparações *entre* os países (por exemplo, Baker, Riordan e Schaub, 1995; Heyneman e Loxley, 1982). Essa abordagem comparativa também se alastrou para os estudos sobre escolas eficazes que se multiplicaram nos países em desenvolvimento (ver Lockheed e Levin, 1993).

Todos esses estudos da função de produção e sobre as escolas eficazes foram razoavelmente bem formulados teoricamente e produziram resultados interessantes, mas, surpreendentemente, geraram poucas novas percepções sobre as estratégias de aprimoramento escolar. Por exemplo, uma conclusão importante referente a avaliações iniciais em países em desenvolvimento era de que a disponibilidade de livros didáticos seria um investimento com alta taxa de retorno. Era um resultado lógico, com importantes implicações políticas (Lockheed e Verspoor, 1991). No entanto, muitas das conclusões de tais estudos estavam incorretas. Os pesquisadores não compreenderam os limites de uma análise em que o desempenho dos alunos não é medido em termos de progressão do desempenho e não fizeram os ajustes necessários ao viés de seleção. Os pesquisadores do Banco Mundial, por exemplo, concluíram que o tamanho da classe, quando varia entre 20 e 45 alunos por professor, não influencia o desempenho acadêmico do aluno (Lockheed e Verspoor, 1991). Um trabalho posterior, utilizando dados do Tennessee, onde os alunos foram aleatoriamente distribuídos em salas de aula normais e pequenas, e acompanhados ao longo do tempo, apresentou significativos efeitos associados ao tamanho da classe (Krueger, 1999).

Em nossas visitas a escolas latino-americanas, constatamos que as escolas consideradas "melhores" pelas famílias dos alunos se caracterizavam por classes maiores, pois, em geral, preenchiam suas classes até o limite legal, enquanto as escolas "piores" tinham muitas vagas e classes menores. Se os pesquisadores medissem o desempenho dos alunos entre diversas escolas nessa situação, provavelmente verificariam que os alunos em classes com mais alunos por professor apresentavam um desempenho tão bom ou melhor que os alunos em classes com menos alunos. Eles poderiam concluir que o tamanho da classe não fazia diferença. A falha é que os alunos das classes maiores escolhiam essas classes porque queriam estar com outros alunos "inteligentes". Essa autosseleção atrapalha a relação de interesse; a saber, o número de alunos na classe. Assim, o viés de seleção — os alunos com famílias mais motivadas tendem a estar em classes maiores, pois as famílias mais motivadas lotam as "boas" escolas — subestima o efeito real (positivo) do tamanho da classe no desempenho dos alunos.

A maioria dos estudos internacionais da década de 1980 sobre a função de produção (muitos realizados pelo Banco Mundial) retirou a ênfase na qualidade do docente e no tamanho da classe como fatores importantes na variação do desempenho do aluno. Esses estudos concluíram que os recursos não associados a salários, como disponibilidade de livros didáticos, eram chave. Quando Coleman e seus colegas publicaram seus resultados a partir dos dados longitudinais de *High School and Beyond*, dos Estados Unidos, mostrando que os alunos de escolas católicas tiravam notas significativamente mais altas do que os alunos de escolas públicas com origem socioeconômica semelhante (Coleman e Hoffer, 1987; Coleman, Hoffer e Kilgore, 1982), os estudos internacionais também começaram a enfatizar os fatores macro-organizacionais, como gestão privada e autonomia da escola.

No entanto, poucos desses estudos, ou talvez nenhum, trataram da abordagem do contexto social enfatizada por Bryk, Lee e Holland (1993) e pelo próprio Coleman (Coleman, 1988, 1990). Coleman desenvolveu a noção de capital social comunitário e familiar, que, como todo capital, é uma fonte de produção de bens e serviços. Ao contrário dos outros tipos de capital, que são tangíveis e beneficiam principalmente seu proprietário, o capital social está integrado nos *relacionamentos entre indivíduos ou entre instituições*, e beneficia todos os indivíduos ou instituições envolvidos nesses relacionamentos, tornando seu trabalho mais produtivo. Por exemplo, se uma família é particularmente coesa, participa da vida acadêmica dos filhos e tem grandes expectativas em relação a todos os seus membros, esse tipo de estrutura familiar pode ser definido como capital social. Se a família, ou os indivíduos, ou os funcionários da empresa dispõem de redes bem desenvolvidas, estas também podem ser definidas como capital social. A coesão, o apoio e a rede de comunicação ajudam os alunos que integram essas famílias e comunidades a aprender mais na escola e a ter maiores expectativas para si mesmos, ainda que não estejam contribuindo muito para as relações positivas que os beneficiam.

Coleman considerou as escolas católicas entrosadas nessas redes, ao contrário das escolas públicas. Para ele, Bryk, Lee e Holland, o sentido de "comunidade" proporcionado pelas escolas católicas provavelmente explica por que as escolas católicas de ensino médio das áreas centrais decadentes nas grandes cidades podem ser mais produtivas academicamente do que as escolas públicas situadas nas mesmas áreas. Essa comunidade, eles sustentaram, contribui de maneira importante para a aprendizagem, estimulando uma estrutura positiva em ambientes sociais carentes dela. Ainda que a vantagem da escola católica para alunos de baixa renda seja discutível (para um resumo, ver Benveniste, Carnoy e Rothstein, 2002), o argumento de que um sentido de comunidade orientada para a aprendizagem é importante para o desempenho acadêmico dos alunos deve ser levado a sério e pode ser aplicado em larga escala.

A noção de capital social de Coleman contrasta fortemente com a ideia de capital cultural de Bourdieu e Passeron, que consideravam as escolas como o instrumento de uma classe social. As escolas reproduzem a estrutura social controlada pelas elites intelectual e burocrática, reforçando esse capital cultural das elites. Coleman considerava o capital social como independente de classe; as famílias de qualquer classe social são capazes de acumular capital social construindo redes e despendendo mais esforço na educação dos seus filhos. Instituições como as escolas católicas também podem desenvolver capital social por meio da criação de comunidades. Coleman não define capital social em termos de classe social, mas sim em termos de acumulação individual, consciente; uma noção progressista de capital, sujeita à intervenção política, à equalização e a todas as outras possibilidades, em uma sociedade definida como fluida e aberta à mudança social. Ainda que não concordemos que o capital social seja facilmente adquirido, trabalharemos com a noção de Coleman, ampliando-a para incluir as ações promovidas pelo Estado. De certa maneira, da mesma forma que Coleman transformou o conceito de capital cultural de Bourdieu e Passeron, convertendo-o em um ativo adquirível, tentaremos retransformar a noção de Coleman: sugerimos que os Estados podem gerar, da mesma maneira poderosa, uma forma de capital social, promovendo o mesmo desempenho educacional proporcionado pelas famílias, e que o capital social gerado pelo Estado é essencial para a melhoria do desempenho educacional dos grupos de baixa renda, isto é, aqueles que apresentam menor capital social e maior dificuldade em adquirir e acumular capital social por conta própria.

Nos Estados Unidos, a tendência mais recente é ampliar a literatura sobre os fatores organizacionais da escola e enfatizar maneiras pelas quais o ensino afeta o desempenho do aluno, mesmo que isso represente somente uma pequena parte da variação total do desempenho do aluno. A qualidade do ensino aflorou como uma variável-chave nesses estudos, embora os pesquisadores não tenham sido bem-sucedidos na identificação do que seja um "bom" professor, que melhore o desempenho do aluno (Bryk e Schneider, 2002; Rivkin, Hanushek e Kain, 2005). Na última rodada de testes e análises de dados internacionais, a atenção voltou-se para as diferenças curriculares entre os países (Schmidt *et al.*, 2001), suscitando novas questões sobre a capacidade dos docentes de ensinar currículos mais exigentes, problema que vamos analisar mais profundamente neste estudo.

Isso nos traz ao presente e ao que sabemos atualmente sobre a melhoria das escolas. Sabemos que o desempenho do aluno varia muito entre indivíduos, salas de aula, escolas e, algo menos, entre países. Sabemos que as experiências das crianças com suas famílias, principalmente a interação com pais e irmãos, têm efeitos importantes no seu desempenho acadêmico. Sabemos que suas experiências na escola com professores e colegas específicos também podem influenciar seu desempenho. Finalmente, os testes internacionais indicam que as condições sociais e educacionais em diferentes países fazem diferença, embora o desafio ainda seja compreender por que as crianças em certas salas de aula, escolas e países parecem aprender mais durante cada ano escolar do que crianças em outras situações.

Assumimos esses desafios estudando todos esses níveis: indivíduo, sala de aula, escola e país. Estudamos países latino-americanos, onde há grandes diferenças no desempenho do aluno em um teste internacional e na organização dos sistemas educacionais. Como primeiro passo, empregamos uma análise-padrão da função de produção do tipo Coleman, para avaliar as relações de insumo-produto em cada país, mas adicionamos uma nova dimensão a essa análise. Definimos um conjunto de variáveis de contexto social, que diferencia o contexto social das escolas em cada país, comparando as diferenças entre os países. Situamos essa noção de contexto social em um conceito mais amplo do que aquele que analistas como Coleman chamam de *capital social* — o capital criado pelas ações humanas, que gera benefícios para outros, e não apenas para a pessoa que iniciou a ação. Sustentamos que as famílias e as coletividades, assim como as comunidades e os governos nacionais, criam capital social e que este capital social é capaz de influenciar muitíssimo a quantidade de aprendizagem que ocorre nas escolas. Essa nova dimensão revela-se uma explicação importante para o desempenho do aluno no país e na comparação entre os países.

Focalizamos três países — Brasil, Chile e Cuba — e, com base em entrevistas com professores e gestores de cada país e visitas a inúmeras escolas e instituições de formação de professores, aprendemos como funcionam esses três sistemas nacionais de educação.

Analisamos mais de 30 vídeos de aulas de matemática da terceira série, que gravamos nos três países. Essa análise do ensino em sala de aula e do conteúdo é extremamente útil para explicar como os objetivos educacionais nacionais acabam sendo operacionalizados em sala de aula, em que grau essa operacionalidade reflete a organização do sistema escolar e como isso pode influenciar a aprendizagem do aluno.

Esses três níveis de estudo representam uma nova abordagem para a compreensão do sistema escolar como uma instituição; uma abordagem que é necessariamente internacional e comparativa, pois procura observar as diferenças institucionais sistêmicas, refletindo os diversos ambientes sociais nacionais.

MODELANDO A APRENDIZAGEM DO ALUNO

A aprendizagem do aluno é um processo complexo. Todos sabemos que um professor estimulante pode tornar interessante e divertida a aprendizagem de quase qualquer coisa. Mas mesmo os professores estimulantes não conseguem atingir todos os alunos e certamente não atingem todos da mesma forma. Outros fatores sutis influenciam a capacidade e a motivação dos alunos para aprender um conteúdo que não é particularmente interessante, a partir de professores que não são, em média, particularmente estimulantes. Como explicamos, os cientistas sociais modelam esse processo, procurando determinar os diversos fatores que podem influenciar de forma significativa o quanto os alunos aprendem na escola. Os pesquisadores procuram desenvolver seus modelos usando dados de pesquisas sobre alunos, seus pais, seus professores e os diretores de suas escolas.

A maioria dos estudos a respeito da aprendizagem do aluno na escola baseia-se em dados coletados em um país, ou em um estado, ou mesmo em uma única comunidade. As principais unidades de análise são alunos individuais, suas salas de aula e suas escolas. O contexto social desempenha um papel em certos modelos, definindo os efeitos dos pares na sala de aula e na escola (por exemplo, Betts, Zau e Rice, 2003), os efeitos da vizinhança (Jencks e Mayer, 1990) ou os efeitos do grupo (raça/etnia do aluno), baseados em uma teoria das diferenças culturais específicas de uma sociedade em particular (ver Ogbu, 1978; Ogbu e Gibson, 1991).

Como a maioria dos modelos, o nosso também parte da premissa de que a família do aluno influencia sua capacidade de aprendizagem. A noção de James Coleman era a de que as famílias influenciam a aprendizagem dos seus filhos por meio do capital humano (quanta educação têm os pais) e do capital social (quanta energia os pais investem na educação dos filhos), incluindo neste as interações dos pais com os vizinhos e com a comunidade em geral (ir à igreja, por exemplo).

O modelo leva um passo adiante a influência possível do capital social. Incluímos na noção de capital social o que designamos *capital social gerado pelo Estado*, ou seja, as políticas governamentais nacionais que afetam o ambiente social mais amplo das crianças. Existem, portanto, efeitos da "vizinhança" ou do capital social nacional, incluindo intervenções do Estado no bem-estar das crianças e um foco nacional na educação, que podem aumentar as expectativas educacionais para todas as crianças, principalmente as desfavorecidas em termos de educação. Assim, os governos podem gerar, em escala regional ou nacional, um ambiente educacional coeso e estimulante, criando benefícios de aprendizagem para todos os alunos.

Como outros estudos que focalizam o ambiente social fora das escolas — quer na família ou na comunidade —, o nosso também considera que o ambiente social é importante para definir o que as escolas e os professores fazem. Há um aspecto estrutural do contexto social, no sentido de que as instituições sociais e políticas são artífices poderosos do comportamento individual e da maneira pela qual os indivíduos abordam as instituições, incluindo as escolas.

Apesar disso, também consideramos que dentro dos contextos socio-estruturais há espaços para opções organizacionais — de fato, opções são feitas o tempo todo na implantação de reformas educacionais — e essas opções podem ter um impacto importante na aprendizagem do aluno. Os resultados do jogo do desempenho acadêmico não são totalmente definidos pelas condições de fora da escola. Assim, ainda continuamos a procurar respostas para o quebra-cabeça da aprendizagem do aluno, investigando o que as escolas fazem que possa ter um impacto positivo no desempenho do aluno. Um bom lugar para procurar essa resposta é no sistema educacional do país: por que um país ensina leitura ou matemática às crianças melhor do que outro?

Em nosso modelo, o capital social gerado pelo Estado, como o designamos, é crucial no que se refere à organização do sistema escolar (através da regulamentação do Estado ou da ausência de regulamentação do Estado). Ele também é importante para a qualidade do currículo, para a geração de oportunidades para os alunos aprenderem diversos elementos do currículo e para a distribuição dos alunos por classe, raça, etnia e sexo nas escolas. Outros fatores também influenciam essas variáveis estruturais da escola, incluindo a origem familiar dos alunos e quão boa é a formação em serviço dos professores para ensinar matemática e linguagem. Esses fatores são influenciados pelo contexto social e, por sua vez, influenciam o ensino em sala de aula e as expectativas do professor.

Ao mesmo tempo, a aprendizagem também pode ser muito influenciada por aquilo que acontece em escolas e salas de aula específicas, o que é um pouco independente do contexto social. Em todos os países — mesmo naqueles com condições sociais não propícias à aprendizagem do aluno —, existem os professores estimulantes que mencionamos anteriormente. Todos os países, incluindo aqueles em que o governo não faz muito para ajudar as crianças a irem bem na escola, também têm algumas escolas bem geridas, frequentadas por alunos predominantemente de baixa renda. Assim, o sucesso acadêmico do aluno pode ocorrer em contextos sociais que permitiriam prever seu fracasso, mas essas histórias de sucesso não são comuns e não são fáceis de encontrar. A grande questão é se salas de aula e escolas eficazes podem ser "multiplicadas" para criar melhorias significativas na aprendizagem de uma massa de alunos em um Estado ou país, mesmo em um ambiente social pobre.

A Figura 1 é o esquema de um sistema educacional. Cada elemento é um fator que, supomos, influencia o desempenho do aluno — e a soma desses fatores resulta na aprendizagem. Quando a seta aponta em uma única direção, há apenas um relacionamento unidirecional entre os fatores: por exemplo, o capital social familiar e o capital humano familiar afetam a aprendizagem do aluno, mas não vice-versa. No entanto, o capital social familiar e o capital humano familiar afetam e são afetados pelo capital social gerado pelo Estado, incluindo o volume de recursos do setor público para o financiamento da educação pública. A seta que aponta nas duas direções representa a interação entre os dois fatores. O centro do fluxograma é o sistema educacional, que é a instituição na qual estamos especialmente interessados. O sistema educacional está representado na Figura 1 por duas caixas: a organização do sistema escolar e o processo educacional na sala de aula.

FIGURA 1 Relações possíveis entre recursos familiares, escolarização e contexto social

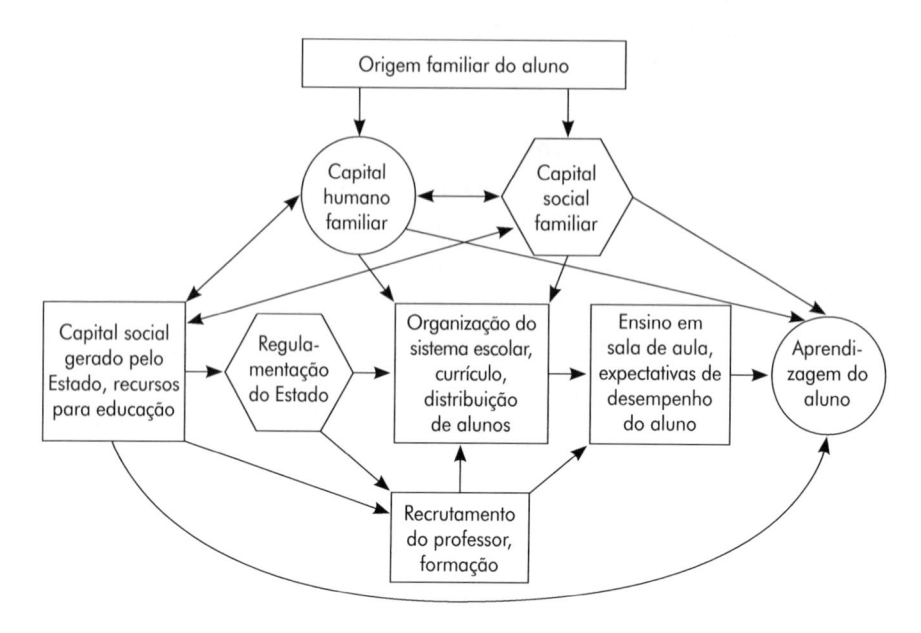

```
                        ┌─────────────────────────┐
                        │ Origem familiar do aluno │
                        └─────────────────────────┘
                             ↓           ↓
                      ( Capital  )  ⬡ Capital ⬡
                      (  humano  )◄►( social  )
                      ( familiar )  ( familiar )

┌──────────────┐  ⬡          ┌──────────────┐  ┌──────────────┐  ┌──────────┐
│Capital social│  Regula-    │Organização do│  │ Ensino em    │  │Aprendi-  │
│gerado pelo   │→mentação →  │sistema escolar│→ │sala de aula, │→ │zagem do  │
│Estado, recursos│ do Estado │currículo,    │  │expectativas de│  │aluno     │
│para educação │  ⬡          │distribuição  │  │desempenho    │  │          │
└──────────────┘             │de alunos     │  │do aluno      │  └──────────┘
                             └──────────────┘  └──────────────┘
                                    ↑      ↑
                             ┌──────────────┐
                             │Recrutamento  │
                             │do professor, │
                             │formação      │
                             └──────────────┘
```

Algumas das relações entre os fatores que influenciam o desempenho do aluno são mais fortes do que outras e as relações variam de sistema escolar para sistema escolar e mesmo entre escolas. A origem familiar, por exemplo, tem uma relação mais fraca com a organização do sistema escolar e com as expectativas do desempenho do aluno em Cuba do que no Brasil ou no Chile. A regulamentação do Estado é menos conectada ao recrutamento e preparação do professor no Brasil e no Chile do que em Cuba, e provavelmente ainda menos no Brasil do que no Chile, por causa da gestão escolar mais descentralizada no Brasil. Nosso estudo é sobre a compreensão dessas diferenças e sobre que fatores parecem ter mais influência na aprendizagem do aluno.

O fluxograma também serve como um esboço dos capítulos a seguir, que comparam os sistemas educacionais brasileiro, chileno e cubano e descrevem as possíveis influências da família, da organização social, da organização do sistema educacional e dos processos em sala de aula no desempenho do aluno.

No próximo capítulo, apresentamos uma visão geral do contexto social da educação nos três países.

No Capítulo 3, defendemos a importância do capital social gerado pelo Estado, através da regulamentação estatal, ou seja, o contexto social favorável ou desfavorável ao progresso educacional, criado pelas políticas sociais do governo.

No Capítulo 4, estimamos a força relativa da relação entre capital social gerado pelo Estado, das variáveis escolares e da origem familiar para o desempenho do aluno.

O Capítulo 5 compara a organização do sistema educacional e o recrutamento e a formação do professor nos três países e sua possível influência nas salas de aula.

No Capítulo 6, examinamos as salas de aula no Brasil, no Chile e em Cuba, para medir o que acontece ali e como isso pode se relacionar com a organização do sistema escolar e com o desempenho do aluno.

O Capítulo 7 resume as lições aprendidas com nossa análise comparativa para melhorar a educação.

2

TRÊS SISTEMAS EDUCACIONAIS EM TRÊS CONTEXTOS SOCIAIS

Comecemos nossa análise comparativa expondo as *condições subjacentes* da educação no Brasil, no Chile e em Cuba. Há diferenças significativas nos contextos sociais dos seus sistemas educacionais e isso, certamente, influencia a maneira pela qual a educação é organizada. Acreditamos que os contextos sociais também influenciam o que acontece nas salas de aula. Isso pode ser particularmente verdadeiro no caso de crianças cujos pais são menos educados, visto que a educação delas parece ser mais afetada pela maneira como as comunidades são organizadas e pelas políticas sociais.

Ao mesmo tempo, os três países querem melhorar seus sistemas educacionais. Os formuladores de política brasileiros e chilenos exprimiram preocupações sobre a qualidade do ensino em seus países; essa qualidade, baseada em resultados de testes e mesmo em observação casual, não é tão alta quanto em Cuba. Que mudanças o Brasil e o Chile podem fazer, de modo realista, no contexto social das escolas e na organização dos seus sistemas educacionais, para melhorar os níveis de desempenho do aluno? Para responder a essa questão, precisamos identificar os principais fatores que aparentemente tornam superior o desempenho acadêmico em Cuba. Mas também precisamos diferenciar os fatores que podem ser adaptados ao Brasil e ao Chile daqueles que são tão integrados ao sistema político e social cubano e que podem não funcionar nos outros dois países, a não ser que estes passassem por uma mudança social radical.

Haverá espaços políticos e sociais, dentro dos sistemas educacionais brasileiro e chileno, para incluir os fatores que tornam o sistema cubano mais eficaz? Antes de tratarmos disso, precisamos fornecer um conjunto básico de informações sobre as três sociedades e a maneira pela qual elas aparentemente estão administrando e mudando suas escolas.

BRASIL

O Brasil é o maior país da América Latina, marcado por enorme diversidade de população, clima, renda per capita e níveis de pobreza. A população do Sul é mais de origem europeia e partes da região Nordeste são mais afro-brasileiras. O Sul é mais industrializado, com uma estrutura socioeconômica parecida com a da Europa de meados do século XX, e o Norte é ainda basicamente agrícola, com instituições sociais e políticas rigidamente tradicionais. Essa é uma versão simplificada do Brasil, já que muitos habitantes do Sul migraram do Norte, e as megalópoles do Sul têm imensos bolsões de pobres marginalizados, em grande medida não incorporados à estrutura de classe industrial. Essas estruturas também estão inseridas na economia global e na era da informação, dando-lhes um aspecto completamente diferente. Os moradores das favelas urbanas, por exemplo, estão incluídos no tráfico internacional de drogas e, por meio da televisão, na mídia global.

De 1964 até o início da década de 1980, o Brasil teve um governo militar repressivo, que chegou ao poder através de um golpe de Estado, cuja intenção foi "impedir" uma virada à esquerda por meio do presidente civil eleito na época. Em geral, os militares mantiveram a política econômica de "substituição das importações", que dominava o pensamento latino-americano nesse período, mas deram a ela um colorido conservador e nacionalista. Eles apoiaram o desenvolvimento de uma indústria local de informática, a produção de aeronaves pequenas e outras indústrias associadas à "segurança nacional". Além disso, como a maioria dos outros governos latino-americanos, eles se endividaram pesadamente durante a década de 1970, estimulados por taxas de juros reais baixas, graças à inflação, para financiar esse desenvolvimento. A distribuição de renda, já desigual em 1964, tornou-se ainda mais desigual nos anos 70, apesar do crescimento econômico. Quando Paul Volcker, presidente do Banco Central dos Estados Unidos, elevou as taxas de juros e a bolha estourou em 1981, o Brasil tinha a maior dívida em dólar da América Latina, mergulhando o país em uma grave recessão e anos de hiperinflação.

Os militares foram forçados a se retirar em favor de um governo democraticamente eleito, mas a enorme distância entre ricos e pobres no Brasil acentuou-se em decorrência das baixas taxas de crescimento e do maior desemprego. No final da década de 80 e na década de 90, essa situação melhorou um pouco por causa do rápido crescimento da economia mundial e do perdão para uma parte considerável da dívida pelos bancos e governos estadunidense e europeu. No entanto, ao mesmo tempo, o governo brasileiro teve de abolir suas barreiras tarifárias e ingressar na concorrência global, causando dificuldades em diversos setores industriais. Aqueles que tinham educação de alto nível e se encaixaram no novo e competitivo ambiente da economia da informação prosperaram. O mesmo vale para os trabalhadores das muitas indústrias internacionalmente competitivas. Os menos educados e os pobres não se saíram particularmente bem, e o desemprego declinou lentamente, mesmo nos períodos de rápido crescimento econômico.

Além de ter uma das distribuições de renda mais desiguais do mundo, o Brasil também tinha, até muito recentemente, uma das pirâmides educacionais mais íngremes. No início dos anos 90, cerca de um em cada três jovens brasileiros concluía o ensino fundamental (oito séries)*, menos de um entre quatro completava o ensino médio e menos de 8% se graduavam no ensino superior. Os militares expandiram

---

* A partir de 2010, o ensino fundamental no Brasil passará obrigatoriamente a ter nove anos ou séries. Apesar do fato de muitas escolas brasileiras já adotarem o novo modelo, optamos por manter o texto original (N. do E.).

o sistema universitário no final dos anos 60, permitindo a criação de diversas instituições privadas, que cobravam mensalidades, ao contrário das universidades públicas, gratuitas. O ingresso nas universidades públicas e privadas de elite requer um teste de admissão (o *vestibular*). Previsivelmente, os brasileiros mais ricos e da classe média enviavam seus filhos para escolas particulares dos ensinos fundamental e médio para tentar obter o acesso a universidades de prestígio, predominantemente públicas e, portanto, gratuitas. Os alunos com notas menores nos testes de admissão podiam ingressar nas novas universidades particulares, pagando mensalidades. Embora as universidades particulares agora recebam subvenções governamentais, esse ainda é o sistema prevalecente.

O governo Fernando Henrique Cardoso (1994-2002) expandiu consideravelmente o ensino médio e implantou reformas financeiras (Fundef*) que nivelaram em grande medida o gasto educacional entre estados e municípios no ensino fundamental (oito séries). Em 1998, cerca de 63% dos alunos ingressantes no sistema concluíram o ensino fundamental e quase metade terminou o ensino médio. Essas porcentagens continuaram a crescer. O Fundef estabeleceu um piso de gasto nacional por aluno por ano (com início em 1998) de R$ 315 (cerca de US$ 200, em 1998), elevando acentuadamente o gasto em estados e municípios pobres, em um país onde o gasto por aluno variava de US$ 30 nas escolas rurais mais pobres a US$ 1.000 nos estados mais ricos. O gasto maior teve um impacto importante nos salários dos professores nas regiões mais pobres, pois 60% dos recursos do Fundef eram destinados aos salários dos docentes. Os salários nos sistemas escolares municipais da região Nordeste cresceram em quase 50%, ajustados pela inflação. Nas regiões mais carentes, as matrículas também cresceram no ensino fundamental, pois a fórmula de financiamento do aluno se baseava na quantidade de matrículas, estimulando assim as escolas a recrutar e manter os alunos para preencher as vagas (Banco Mundial, 2001).

---

* Fundo de Manutenção e Desenvolvimento do Ensino Fundamental e de Valorização do Magistério do Ministério da Educação, implantado nacionalmente em janeiro de 1998 (N. do E.).

Outras iniciativas foram tomadas para tentar melhorar a qualidade da educação, como a oferta de recursos do governo federal para projetos aprovados de edifícios escolares, em escolas urbanas de baixa renda, em estados pobres (Fundescola*); a subvenção de famílias de baixa renda cujos filhos mantivessem altas taxas de frequência na escola (Bolsa Escola); e o estímulo para que todos os professores não qualificados se qualificassem, incluindo a meta de que todos os professores do ensino fundamental deveriam ter diploma universitário em 2007.

No Brasil, os ensinos fundamental e médio são muito descentralizados, em níveis estadual e municipal. Os estados e os municípios gerenciam sistemas escolares distintos, em que controlam as decisões de alocação dos recursos e a gestão das escolas, embora, na prática, as escolas e os professores tenham autonomia considerável na implementação de decisões educacionais. Os dois sistemas públicos são paralelos, competem por recursos e não são coordenados entre si. Também têm administrações distintas.

Alguns estados e municípios autorizam o funcionamento dos conselhos de pais e mestres. No entanto, a prática da participação dos pais depende principalmente dos docentes e dos gestores de cada escola. A autonomia das escolas públicas não se estende à escolha dos professores. A nomeação do professor para as escolas está reservada às administrações estadual e municipal. Os professores chegam a um acordo coletivo com cada estado ou município, dependendo do sistema em que trabalham. Apesar da reforma da Fundef, os estados e os municípios ainda diferem consideravelmente nos recursos de educação despendidos por aluno. Os sistemas estaduais também tendem a gastar mais do que os municipais, principalmente nas regiões mais pobres. Essa grande variação no gasto por aluno distingue o Brasil dos outros dois países analisados.

Uma reforma importante do governo Fernando Henrique foi a implantação do sistema de avaliação do aluno com base em provas e

---

* O Fundo de Fortalecimento da Escola (Fundescola) é um programa do Fundo Nacional de Desenvolvimento da Educação (FNDE) do Ministério da Educação, implantado a partir de 1998 (N. do E.).

questionários bienais, aplicados em uma amostra nacionalmente representativa de alunos de quarta e oitava séries do ensino fundamental e de terceira série do ensino médio. Esse sistema de avaliação padronizado, conhecido como Saeb, não é uma avaliação censitária, como é a prova Simce* chilena; assim, não pode ser utilizado para comparar os resultados escola por escola**. No entanto, o Saeb permite a comparação dos resultados ao longo do tempo, por região, por grupos socioeconômicos e entre tipos de escolas, podendo revelar os fatores que contribuem para a obtenção de notas mais altas (embora não para verificar progressão de desempenho ou valor agregado).

A análise do Saeb indica que as desigualdades regionais no Brasil são importantes. Os alunos das capitais dos estados das regiões mais pobres tiraram notas mais baixas que os alunos das zonas rurais de algumas áreas do Sul do país (Banco Mundial, 2001, p. 15). Também observamos variações nos *ganhos* no desempenho do aluno de estado para estado, mesmo quando são levadas em conta as diferenças na origem socioeconômica do aluno, na origem socioeconômica média da escola e nos recursos da escola (Carnoy *et al.*, 2006). Por exemplo, ao comparar escolas em estados de baixa e média renda, constatamos que alunos do ensino fundamental em Pernambuco apresentaram ganhos sistematicamente menores que os alunos de outros estados. Essas diferenças regionais são, em parte, resultado da distribuição desigual da qualidade dos professores e dos equipamentos nas escolas, que persiste mesmo após a reforma promovida pelo Fundef. A análise do Saeb e outros dados revelam que, ao se considerar os serviços educacionais suplementares, o desempenho do aluno melhora com o nível de educação dos professores e a disponibilidade de equipamento escolar, e que a formação do professor e o equipamento médio são inferiores na pobre região Nordeste em comparação aos da mais rica região Sudeste (Banco Mundial, 2001, Tabela 2.3).

---

* Saeb é o Sistema Nacional de Avaliação da Educação Básica, do Ministério da Educação do Brasil, criado em março de 1995. Simce é o Sistema Nacional de Medição de Resultados de Aprendizagem, do Ministério da Educação do Chile (N. do E.).

** Desde 2005, a Prova Brasil permite obter resultados de desempenho acadêmico dos alunos de quarta a oitava séries por escola (N. do E.).

O sistema descentralizado de educação afeta as qualificações e a qualidade da formação do professor. O nível educacional médio do professor do ensino fundamental é muito menor que em países latino-americanos comparáveis, como Argentina, Chile e México, principalmente nas quatro primeiras séries (Banco Mundial, 2001, Tabela 3.1). Em 2000, 8% dos professores das quatro primeiras séries tinham concluído o ensino fundamental, ou nem isso, e somente 25% tinham educação superior. A maioria (64%) foi preparada em escola normal ou magistério. Mesmo nas quatro últimas séries do ensino fundamental, em que um diploma universitário é obrigatório já há algum tempo, 26% dos professores não possuíam educação superior. Mas, no Nordeste, só 11% dos professores das quatro primeiras séries e 53% dos professores das quatro últimas séries tinham educação superior, porcentagens muito menores do que na região Sudeste (Banco Mundial, 2001, gráficos 3.2 e 3.3).

Os atuais professores do ensino fundamental foram educados em diversos tipos de instituições, desde cursos de *magistério* (escolas normais) até faculdades de Educação, em universidades estaduais e federais. A nova legislação exige que todos os professores do ensino fundamental tenham formação superior em 2007. Assim, os cursos de magistério serão desativados progressivamente, e um professor com diploma de escola normal, ou menos, terá de obter um diploma universitário, principalmente mediante cursos especiais oferecidos para ajudá-lo a se aprimorar. Diversos estados e municípios fecharam contratos com universidades para a prestação de educação a distância para grandes grupos de professores.

A capacitação do professor também está no processo de reforma, com um conjunto completo de novas instituições — os *Institutos Superiores de Educação* (ISEs) —, propostos para treinar os professores de modo mais efeitvo e eficientemente que no atual sistema. Há um consenso geral que os professores brasileiros são mal preparados para ensinar — mesmo aqueles formados em universidades estaduais e federais — e, por enquanto, há muito pouco controle sobre a qualidade da formação do professor, ainda que a maioria dos professores seja educada em instituições públicas.

A principal reforma do governo do presidente Lula (2003-2006) na educação fundamental concentrou-se no acesso universal à educação, expandindo o programa Bolsa Escola, iniciado como piloto no governo Cardoso, que oferece uma subvenção de renda às famílias brasileiras mais pobres para manter seus filhos na escola. Embora o Bolsa Escola tenha chamado muito a atenção (o México implantou agora um programa similar), seus efeitos em termos de frequência escolar aparentemente são pequenos e, em termos de desempenho escolar, insignificantes, de acordo com um estudo recente do estado da Bahia (Gove, 2005).

CHILE

Como no Brasil (e na Argentina e no Uruguai), o governo civil chileno, eleito, foi derrubado pelos militares em um golpe de Estado em 1973. Os militares chilenos governaram por 17 anos e, como "antídoto" contra a tendência esquerdista da política chilena no início da década de 70, o governo militar adotou uma política econômica e social neoconservadora, no contexto de uma estrutura política repressiva e ditatorial. Embora o Chile enfrentasse a recessão da década de 80, como o restante da América Latina, sua dívida era muito menor e suas taxas de crescimento foram muito mais altas, nas décadas de 80 e 90, que as de muitos outros países da região. Sob diversos aspectos, o Chile ingressou na economia global no final da década de 70, instituindo as políticas e as recomendações do Fundo Monetário Internacional (FMI) antes que a recessão da década seguinte forçasse os outros países a fazer o mesmo.

Também como no Brasil, os militares fomentaram políticas socioeconômicas que aumentaram a desigualdade social e de renda. A diferença é que as altas taxas de crescimento econômico e o menor crescimento demográfico do Chile ajudaram a reduzir os níveis de pobreza na década de 90, mesmo no contexto de uma distribuição desigual de renda. Além disso, apesar de quase duas décadas de regime militar, os 60 anos anteriores de governos democráticos — a democracia mais sustentável da América Latina — produziram uma sociedade civil bem desenvolvida e uma administração governamental relativamente eficiente, que sobreviveram à ditadura militar.

O sistema educacional chileno desenvolveu-se de maneira única nesse período. Nas décadas de 70 e 80, o regime militar implantou uma reforma administrativa que descentralizou o controle formal dos serviços públicos, incluindo a educação pública, para mais de 300 municípios. Até 1990, os prefeitos desses municípios eram nomeados pelo próprio governo militar: o grau de autoridade dos prefeitos era, portanto, questionável. No entanto, depois da restauração da democracia, os prefeitos passaram a ser eleitos. Dessa maneira, na década passada, os municípios tiveram, no mínimo, algum poder de alocar recursos e de administrar as escolas de sua jurisdição. Além disso, os militares implantaram um sistema de vales-educação (*vouchers*), que deu às famílias o poder de escolher, para a educação de seus filhos, entre escolas privadas, escolas subvencionadas com dinheiro público ou escolas geridas pelo município. As escolas particulares subvencionadas pelo sistema de vales e os municípios receberam os mesmos recursos do governo central por frequência diária média do aluno, criando um sistema educacional em que as escolas públicas e particulares competem por alunos, com base em fundos essencialmente iguais. Embora os empresários das escolas particulares reclamem que os municípios concedem financiamento "extra" para as escolas municipais, pois diversos sistemas escolares municipais operam com déficits, não são grandes as diferenças de custo por aluno nas escolas públicas e nas particulares subvencionadas (McEwan e Carnoy, 2000). A maior parte dos custos municipais mais elevados é consequência dos maiores salários dos professores nas escolas públicas, concedidos, em geral, por causa do maior tempo de serviço desses professores.

Os militares também "descentralizaram" as universidades, dividindo o campus da Universidade do Chile em universidades regionais distintas e, principalmente, excluindo o governo do financiamento da educação superior. Todos os estudantes universitários passaram a ter de pagar mensalidades, que cobriam mais de 70% dos custos reais. Embora a maioria dos estudantes continuasse a frequentar os antigos cursos públicos da Universidade do Chile e as diversas universidades católicas particulares, em parte subvencionadas, a política de ensino pago levou à criação de diversas universidades privadas novas, que não recebiam financiamento governamental (Gove, 1997; OCDE, 2004).

Em vez de reestruturar a questão do financiamento, os governos democráticos da década de 1990 reconheceram formalmente a desigualdade geral do "sistema de mercado", herdado do regime militar, e tentaram corrigi-lo através de financiamento compensatório das escolas fundamentais de baixa renda, das escolas rurais isoladas e, mais recentemente, das escolas médias de baixa renda. No nível da universidade, o governo também subscreve programas de empréstimo a estudantes, com base, em parte, na necessidade. As iniciativas do governo no sentido de evoluir para escolas de período integral, de implantar um currículo nacional mais coeso, com livros didáticos para todos, e de implementar um programa bastante extensivo de conectar as escolas à internet (Enlaces*) são também decisivamente influenciados pelos objetivos de equidade.

Os governos democráticos da década de 1990 utilizaram um sistema de avaliação educacional baseado em provas nacionais para alcançar seus objetivos reformistas. O Chile tinha testes educacionais desde a década de 60, e o governo militar deu início a um sistema censitário (todos os estudantes de uma série) de avaliação com a chamada prova conhecida por PER da Universidade Católica, entre 1981 e 1985. A prova PER supostamente fornecia informações aos pais sobre a qualidade das escolas, para que eles pudessem escolher entre elas. Portanto, na década de 80, a função da prova era criar mercados melhores para educação, aumentar a concorrência entre as escolas e assim melhorar a educação. Há sérias dúvidas sobre se a prova PER cumpriu esses objetivos e, quando seu sucessor, a prova Simce, passou a existir, em 1988, os objetivos do sistema de avaliação também estavam mudando. A principal utilidade dos resultados do Simce de 1988 e 1990, por exemplo, foi a identificação das escolas com notas baixas, para qualificá-las ao financiamento compensatório do Programa 900 (P-900**). Além disso, os resultados do Simce foram divulgados para as escolas, mas não diretamente para

---

* A Rede Enlaces foi criada pelo Ministério da Educação do Chile, em 1992, com o objetivo de constituir uma rede educacional nacional entre todas as escolas e liceus subvencionados do país (N. do E.).

** Programa de investimento público nas 900 escolas de pior desempenho no Chile, criado em 1990 (N. do E.).

os pais, e as notas da prova não foram publicadas. Em meados da década de 90, o Simce também começou a ser utilizado como medida para verificar se o sistema como um todo estava melhorando, e as pesquisas que usavam os dados do Simce expressavam cada vez mais um conflito largamente ideológico: será que o sistema de mercado educacional chileno produzia resultados melhores que o sistema tradicional de escola pública? De fato, a maioria dos dados indicou que os efeitos positivos da concorrência eram ilusórios e que, apesar da crença amplamente aceita de que as escolas particulares subvencionadas pelo sistema de vales-educação (*vouchers*) eram mais eficientes do que as escolas municipais, quase todos os estudos com os dados do Simce sugeriam que as diferenças eram pequenas.

Mais problemático para os formuladores de políticas do governo é que as notas médias do Simce, tanto da quarta série como da oitava série, não aumentaram significativamente de ano para ano desde 1996, quando as provas se tornaram comparáveis. Esses resultados pobres também apareceram nas provas da Terceira Pesquisa Internacional em Matemática e Ciências (Timss), em 1999, e nas provas de 2003 do Programa Internacional de Avaliação de Estudantes (Pisa), da Organização para a Cooperação e Desenvolvimento Econômico (OCDE). A Timss testou, em ciências e matemática, amostras de alunos da oitava série de alguns países desenvolvidos e em desenvolvimento; e o Pisa testou amostras de alunos de 15 anos, em leitura, matemática e ciências, de países da OCDE e de países em desenvolvimento fora da OCDE. As duas avaliações mostraram que as notas das provas dos alunos chilenos são pouco diferentes das dos alunos de outros grandes países latino-americanos e ficam muito abaixo das notas dos alunos dos países desenvolvidos. Esses resultados deixaram o governo aberto a críticas consideráveis. As críticas vieram principalmente da oposição conservadora, que sustenta que a falha está em não permitir que os mercados educacionais funcionem em sua total plenitude.

Apesar desses problemas, o "sistema de mercado" educacional herdado do regime militar continuou a influenciar a política educacional chilena durante toda a década de 90, mais do que em qualquer outro país latino-americano. Dos alunos, 47% frequentam escolas particulares subvencionadas ou escolas particulares pagas, e essa proporção continua a crescer (embora lentamente). Do custo da educação superior, 70% são financiados por contribuições privadas das famílias. As universidades têm autonomia completa, protegida pela Constituição. As escolas particulares de ensino fundamental e médio também dispõem de uma autonomia quase completa; se subvencionadas, elas têm somente de manter a frequência dos alunos e devem implantar as estruturas curriculares desenvolvidas pelo Ministério da Educação. No entanto, além disso, desde 1993 as escolas particulares subvencionadas têm permissão para selecionar seus alunos (muitas escolas municipais também podem) e para cobrar até US$ 150 por mês, sem perderem completamente sua subvenção do Estado. A mensalidade média das escolas subvencionadas é de US$ 13 por mês, o que equivale atualmente a cerca de um terço do valor do vale-educação (*voucher*) público mensal que o governo paga às escolas por aluno. Em todo o país, essas mensalidades escolares somam US$ 200 milhões por ano — um valor bastante alto. Apesar das preocupações sobre os possíveis impactos equitativos de uma liberação do processo seletivo e do pagamento de mensalidades nas escolas particulares subvencionadas, em um sistema que já é injusto, os funcionários do Ministério da Educação relutam em abandonar essa fonte adicional de recursos financeiros.

Assim, a abordagem de mercado foi um fator importante na formulação da política educacional chilena, mesmo depois de 1990. No entanto, na década passada, a política educacional chilena concentrou-se principalmente na mudança da capacidade do sistema de produzir mais e melhor educação (OCDE, 2004). As matrículas no ensino médio mais que dobraram em 12 anos, e a quantidade de formados mais que quadruplicou. Mesmo que a "qualidade" educacional mensurada não tenha aumentado nas quarta, oitava ou décima séries (são as séries em que os alunos são testados), o nível médio da educação dos jovens chilenos aumentou substancialmente. Supondo que um aluno que se forma na escola média tiraria nota melhor em uma prova de desempenho em matemática e linguagem do que um que somente completa a oitava ou a décima série, o desempenho médio da força de trabalho jovem cresceu consideravelmente desde 1990.

Mesmo assim, uma sucessão de governos também manteve uma política de elevar a capacidade, produzindo educação de maior qualidade para os alunos em cada série da escola. Ao corrigirem o nível anormalmente baixo dos salários dos professores no final dos anos 80 — uma consequência de muitos anos de recessão e de uma política de deixar declinar os salários dos professores mediante a redução do valor real do vale-educação —, os governos democráticos da década de 1990 puderam aumentar a "qualidade" dos formandos do ensino médio que ingressam nas faculdades de Pedagogia. Ao desenvolver um novo currículo, mais exigente, para todas as séries, o Ministério da Educação propôs um padrão mais elevado às escolas no que se refere àquilo que elas ensinam aos alunos. Ao aprovar uma lei pela qual todas as escolas devem passar de uma carga horária diária de quatro para seis horas, em 2006, e ao fornecer os recursos financeiros para construir salas de aula adicionais para atender a esse objetivo, o governo também criou a possibilidade de oferecer mais conteúdo para cada aluno, a cada dia.

A única área que o Ministério da Educação não foi capaz de alterar efetivamente, no entanto, foi a qualidade da formação inicial que os professores recebem nas universidades e sua inserção nas salas de aula. Aparentemente, uma lacuna importante existe nessa parte da construção de capacitação e parece ter um grande impacto na implementação da reforma curricular e no nível geral de aprendizagem em muitas salas de aula chilenas. Hoje em dia, a qualidade da formação do professor é uma das principais preocupações do Ministério da Educação.

CUBA

A revolução cubana, no final da década de 50, levou à instalação de um governo comunista, claramente comprometido com a igualdade de renda, a educação em massa de qualidade, o fim do analfabetismo adulto e a saúde pública universal. O compromisso com a educação e a saúde pública é consistente com as políticas dos países europeus e asiáticos que tinham, ou ainda têm, regimes comunistas (Carnoy e Samoff, 1989).

O governo cubano que emergiu da revolução era hierárquico e não democrático; em meados da década de 60, Cuba tinha um único partido, comprometido com o desenvolvimento socialista. Na prática, isso significa que o Partido Comunista dirige a economia e a sociedade, alocando recursos e, por meio de suas políticas econômicas, distribui diretamente renda e outros benefícios econômicos, como habitação, alimentos e serviços sociais. A distribuição de renda é bastante nivelada, em comparação com outros países latino-americanos, assim como os serviços sociais. A sociedade é bastante controlada. A carência de moradias e o controle rígido sobre a distribuição de empregos significam pouca mobilidade espacial. Como Cuba possui somente cerca de 10 milhões de habitantes, não é difícil manter a vigilância sobre todos eles. O consumo per capita é baixo, mas poucos cubanos estão "na pobreza", no sentido de que não possam obter moradia, alimentos, saúde e educação.

Até o colapso da União Soviética, em 1989, a economia cubana foi altamente subsidiada por um arranjo favorável de trocas comerciais com os soviéticos. Os soviéticos permutavam petróleo por açúcar cubano, por um preço implícito que era muito melhor do que os cubanos conseguiriam obter nos mercados mundiais. Como resultado, enquanto o restante da América Latina sofria por causa da recessão da década de 80, a economia cubana desfrutava de crescimento moderado e os cubanos, de um padrão de vida ascendente. Tudo isso apesar do embargo imposto a Cuba pelos Estados Unidos na década de 60 e levado adiante ao longo das décadas de 1970 e 1980. Depois que o arranjo do petróleo por açúcar acabou, a economia cubana quase naufragou. A década de 90 foi, portanto, um período especialmente sombrio para Cuba. Pressionada economicamente pelo embargo, com seus aliados políticos da Europa do Leste ingressando no capitalismo global, o projeto socialista cubano ficou sob ameaça de falência. Mas o país conseguiu sobreviver, atraindo enormes quantidades de turistas europeus e hoje até de estadunidenses, neutralizando o embargo. Esse fato trouxe a moeda forte necessária, mas está obrigatoriamente mudando a sociedade cubana, ao criar uma economia paralela em dólares e uma classe de cubanos empregados pelo setor de turismo.

Desde os primeiros dias da revolução, as decisões educacionais ficaram bastante centralizadas em um pequeno grupo de membros importantes do novo governo. Um dos seus primeiros atos foi criar uma campanha de alfabetização em massa, que mobilizou estudantes universitários e estava ligada à política de inclusão e contato com os grupos mais marginalizados e carentes da sociedade cubana (Fagan, 1969). Nas décadas de 60 e 70, tentou-se uma série completa de reformas inovadoras, todas caracterizadas por mobilizações de cima para baixo, implantadas em toda a ilha. "Escolas para o campo", "escolas no campo", criação de escolas médias de elite, reformas curriculares, colocação dos evadidos da escola média nas forças armadas e, bem recentemente, redução do tamanho da classe para 20 alunos no primeiro ciclo do ensino fundamental e 15 no segundo ciclo — essas foram mudanças decididas no topo da hierarquia política cubana e implementadas em curto período de tempo em todo o país.

Na década de 60, um objetivo importante foi o acesso universal ao segundo ciclo do ensino fundamental. O sistema escolar se expandiu constantemente até alcançar, em 1980, a educação universal em nível de décima série* (Carnoy e Werthein, 1980). Um esforço descomunal foi feito na década de 60 para *nivelar* a educação cubana nas áreas urbanas e rurais e entre as comunidades urbanas. Não foi uma tarefa fácil e, no final da década de 60, essa manobra entrou em conflito com a necessidade de produzir quadros de profissionais altamente qualificados para dirigir a economia cubana e para prover ministérios, hospitais, universidades e centros de pesquisa.

Mesmo assim, a melhoria da qualidade do ensino para estudantes das áreas rurais e de bairros proletários urbanos dominou a reforma educacional desde o início da década de 60. A iniciativa teve o auxílio da política que fixou os salários, de modo que eles variassem pouco entre os grupos profissionais e entre os operários e os funcionários administrativos. O magistério rapidamente tornou-se uma profissão muito cobiçada. Em uma sociedade revolucionária, a educação é uma atividade de "linha de frente" e o ensino nas escolas, uma profissão de prestígio (Gasperini, 2000).

Escolas especiais para formação de professores foram criadas nos cinco primeiros anos depois de o novo governo assumir o poder, em

---

* Equivalente ao final do ensino fundamental em Cuba (N. do E.).

1959. Essas escolas se concentravam no aperfeiçoamento de professores para o trabalho em áreas rurais isoladas, sob condições difíceis. Nos anos 60, em cada província, foram criadas instituições de ensino médio para formação de professores das escolas primárias, assim como instituições de pós-secundário (normal superior) para treinar professores do ensino secundário. Essas instituições eram controladas pelo governo central e a formação era estritamente conectada ao currículo nacional.

O esforço pela igualdade também se expressava em um impulso ideológico contínuo para "unificar" as populações urbana e rural. Esta ideia foi promovida pela campanha "escolas para o campo", que levou estudantes urbanos do segundo ciclo do ensino fundamental (de sétima a décima séries) e do ensino médio para áreas rurais, para cortar cana-de-açúcar e realizar outros trabalhos agrícolas durante as férias escolares. Nos anos 70, esse impulso ideológico, em conjunto com preocupações sobre o desempenho dos estudantes no segundo ciclo do ensino fundamental, levou ao desenvolvimento de internatos em áreas rurais, chamados de "escolas no campo". Cada uma dessas escolas tinha 500 alunos. Grande quantidade de estudantes urbanos do segundo ciclo do ensino fundamental frequentava essas escolas, embora o governo não tenha construído todas as 500 escolas planejadas, sobretudo porque eram mais caras do que o previsto (Carnoy e Samoff, 1989). Nos anos 80 e 90, as matrículas no ensino médio se expandiram e as crianças do segundo ciclo do ensino fundamental foram consideradas muito jovens para irem para os internatos. As escolas no campo tornaram-se, então, escolas de ensino médio, embora somente uma fração de todos os estudantes frequentasse essas escolas. As escolas no campo tiveram um efeito positivo no desempenho dos estudantes. A presença de uma quantidade significativa de estudantes (cerca de 125 mil, no início dos anos 80) em um ambiente de internato, onde os professores tinham controle rígido sobre o trabalho acadêmico ininterrupto dos estudantes, resultou em diminuição dos índices de faltas e no aumento das notas.

A reforma curricular estabeleceu padrões elevados para o desempenho dos estudantes. O currículo de matemática foi importado da República Democrática da Alemanha e traduzido para o espanhol. Esse currículo ainda é a base da educação cubana atual: é exigente e proporciona uma forte compreensão teórica dos conceitos e operações da matemática.

Os trabalhos dos filósofos educacionais russos, principalmente Vygotsky e Makarenko, também influenciaram a educação cubana. Essa filosofia é centrada na criança, e, durante muitos anos, incluiu tarefas agrícolas e outras tarefas manuais, mesmo no ensino fundamental. Atualmente, a parte "trabalho" do currículo é reduzida, mas os estudantes do ensino médio ainda realizam suas 20 horas de trabalho manual por semana. É significativo que as escolas médias de elite, restritas aos melhores estudantes cubanos, sejam chamadas de "escolas vocacionais". Como a educação cubana é tão centrada na criança, os professores do primeiro ciclo do ensino fundamental, em geral, ficam com seus alunos durante os quatro primeiros anos da escola, desenvolvendo uma relação de longo prazo, em que o professor chega a conhecer os alunos muito bem.

Uma reforma recente bastante importante é a extensão da educação centrada na criança até o segundo ciclo do ensino fundamental (atualmente, da sétima a nona séries). Ao invés de ficarem diante de 11 professores diferentes, ensinando matérias diferentes, a partir da sétima série, os formados da escola primária terão agora um professor principal no segundo ciclo do ensino fundamental, ensinando todas as matérias, exceto inglês e educação física. Gradualmente, todo o sistema do segundo ciclo do ensino fundamental será convertido a essa forma de organização escolar. A ideia por trás dessa reforma é que crianças de 12 anos são muito novas para lidar com tantos professores diferentes e tantas matérias. Ao tornar o segundo ciclo do ensino fundamental mais parecido com a escola primária, a expectativa é de que os jovens terão mais orientação e supervisão e desenvolverão um relacionamento mais próximo com seu professor da sétima a nona séries e, portanto, aprenderão mais e melhor.

Em Cuba inexistia um mercado de trabalho fora dos empregos governamentais; os salários são fixados pelo governo, em níveis muito baixos, e o Estado supre os cubanos com itens básicos (casa, alimentos e serviços básicos), com preços também muito baixos. Portanto, os mercados — na medida em que existem — são muito restritos em Cuba. Um professor ganha um salário muito baixo, mas, na maior parte de Cuba, outros empregos, com salários maiores, são praticamente inexistentes.

Os indivíduos são destinados às profissões com base em educação, gosto e proficiência. O magistério é considerado uma profissão de relativo prestígio, e o salário (cerca de 300 a 450 pesos por mês, ou de US$ 13 a US$ 18) é somente um pouco mais baixo que o dos médicos e quase o mesmo do das outras profissões.

Até recentemente, essa estrutura salarial assegurou ao governo cubano uma oferta constante de professores potencialmente qualificados, atraídos para o ensino principalmente com base no desejo de trabalhar com crianças e adolescentes, em um emprego de relativo prestígio. Provavelmente, os bons alunos do ensino médio escolhiam os cursos superiores de Pedagogia, em vez de outros empregos, pois os salários eram aproximadamente os mesmos. Como a educação cubana vem funcionando num padrão razoavelmente elevado desde os anos 70, o estudante médio do ensino médio recebe um nível relativamente alto de formação em matemática, ciências e linguagem, que ele leva consigo para o curso de formação de professores. Ao formar esses professores em institutos de Pedagogia dirigidos pelo governo para ensinarem um currículo nacional bem projetado, o Ministério da Educação pode obter professores razoavelmente "bons", treinados para ensinar o currículo obrigatório em todas as escolas cubanas, mesmo escolas rurais, em províncias distantes da capital, Havana.

Atualmente essa situação mudou, principalmente em duas províncias: Havana e Matanzas, os centros da indústria do turismo em rápido crescimento. Os turistas só podem pagar em dólares estadunidenses, e uma economia paralela dolarizada desenvolveu-se nas duas províncias. Os trabalhadores de hotéis, meios de transporte e restaurantes recebem gorjetas em dólares, podendo utilizar esses dólares para adquirir bens não disponíveis para outros cubanos, em lojas especiais, que só aceitam moeda estrangeira. Uma arrumadeira de hotel, por exemplo, pode ganhar de US$ 30 a US$ 50 em gorjetas por mês (ou mais), o dobro ou triplo do salário de um professor. Ironicamente, a concorrência pelos empregos do setor turístico tirou mão de obra altamente qualificada do ensino, criando déficits na força de trabalho associada à educação.

O déficit também cresce em virtude de duas novas reformas importantes. A primeira é a redução do tamanho da sala de aula, de 35 alunos para 20 no primeiro ciclo do ensino fundamental (seis primeiras séries), e de 35 para 15 no segundo ciclo do ensino fundamental (da sétima a nona séries). A segunda reforma é a reestruturação completa do segundo ciclo do ensino fundamental, de 11 matérias ensinadas por 11 professores especializados, dadas aos alunos de cada série, para uma estrutura equivalente à do ensino primário, com um único professor ensinando todas as matérias centrais e professores especializados somente para inglês e educação física. Os responsáveis cubanos por tomadas de decisão se convenceram de que os jovens de 12 a 14 anos, para se sair bem academicamente, precisam de supervisão acadêmica e de desenvolvimento contínuo e próximo, que constitui a base da educação da escola primária cubana. Isso é uma resposta à percepção de que o desenvolvimento acadêmico dos estudantes foi inferior ao ideal no segundo ciclo do ensino fundamental. Os formuladores de políticas também se convenceram de que salas de aula menores, nos dois níveis de ensino, capacitarão os estudantes a um melhor desempenho acadêmico.

Como na Califórnia no final dos anos 90, quando o governador Pete Wilson implantou salas de aula menores nas quatro primeiras séries do ensino fundamental, os cubanos tiveram de construir inúmeras novas salas de aula para acomodar essa imensa redução do tamanho da classe. Ao contrário da Califórnia, os cubanos construíram essas novas salas de aula, necessárias principalmente nas grandes cidades, com uma mobilização em massa, menos de seis meses *antes* do início do ano letivo. Visitamos algumas escolas em Havana com as recém-adicionadas salas de aula.

O governo cubano também teve de treinar milhares de novos professores do primeiro ciclo do ensino fundamental. Os planejadores recrutaram alunos brilhantes do ensino médio com a promessa de que eles poderiam receber um diploma universitário em Humanas enquanto davam aulas no ensino fundamental. Esses recrutados ingressaram em cursos de Pedagogia com duração de seis a oito meses, formando-se como *emergentes*. Os *emergentes* assinaram contratos para cinco anos de ensino, frequentando a universidade aos sábados e durante as férias escolares.

A conversão do segundo ciclo do ensino fundamental em uma "continuação" do modelo da escola primária também está utilizando a formação de *emergentes*. Os futuros docentes fazem um curso de Pedagogia de um ano e, uma vez em classe, são estritamente supervisionados por seu orientador na faculdade de Pedagogia. Visitamos o primeiro grupo desses *emergentes* do segundo ciclo do ensino fundamental, no Instituto Superior de Educação Salvador Allende, em Havana. Estavam sendo treinados por um professor-educador experiente da sua província, Matanzas, que tinha doutorado em Ciências. Depois de formados nesse um ano de Pedagogia, os jovens professores assumem o comando de um grupo da sétima série, sob a supervisão dos seus professores-educadores e dos gestores da escola secundária.

Como muitos dos professores agora dando cursos especializados em escolas de segundo ciclo do ensino fundamental e médio, também estão disponíveis para ensinar na nova estrutura, o déficit de professores é qualitativamente diferente do da escola primária. O principal problema é converter os professores especializados em professores polivalentes e em tutores de salas de aula. Um professor de biologia, por exemplo, terá agora de ensinar matemática, linguagem e outras ciências.

Resta saber se esse sistema vai funcionar (principalmente no segundo ciclo). Observamos *emergentes* ensinando em todas as escolas primárias que visitamos. A maioria tinha de seis a oito meses de formação. Todos estavam sendo monitorados de perto em seu ensino diário pelos gestores escolares. Os alunos cubanos também são relativamente disciplinados para seguir regras, para participar e para responder ao professor, em diversos níveis, facilitando muito o rápido progresso dos jovens docentes. Alguns *emergentes* já estavam em seu segundo ano de ensino, e a diferença entre os *emergentes* com um e dois anos de experiência era evidente. Portanto, a supervisão rigorosa na formação prática pareceu ter um efeito importante. Apesar disso, observamos que os professores experientes tinham muito mais "presença" nas salas de aula do que os *emergentes*. Quantos deles continuarão ensinando depois da conclusão do curso superior, em cinco anos? Será que se tornarão altamente produtivos em dois ou três anos, de modo que o sistema obtenha pelo menos dois anos de grande valor agregado por eles, antes de muitos deixarem o ensino?

Em Cuba, os estudantes fazem provas muito diferentes do que se faz no Brasil ou no Chile. A diferença está em consonância com as diferenças na organização sociopolítica do ensino nos três países[1]. Os municípios cubanos são responsáveis pela aplicação das provas aos alunos da sexta e da nona séries, para retroalimentar o Ministério da Educação e as escolas com informações sobre o desempenho do sistema. Nesse sentido, o objetivo da prova é o mesmo do Brasil ou do Chile. No entanto, em Cuba, o governo utiliza os resultados da prova anual somente para sua própria avaliação interna. Os resultados da prova não são divulgados à sociedade: são discutidos dentro do governo, como base para as decisões organizacionais, que agem sobre uma escola específica ou sobre todo o sistema educacional. No Brasil e no Chile, os resultados das provas, em geral, atendem a uma forma muito mais indireta de controle governamental. No Brasil, os resultados do Saeb funcionam em grande medida como base para mapear a eficácia do sistema geral e para análise econométrica; uma forma muito imprecisa de responsabilização (*accountability*) e regulamentação estatal. No Chile, os resultados da prova também mapeiam o desempenho do sistema e servem para identificar as escolas que precisam de assistência governamental. Progressivamente, no entanto, são utilizados como medida da produção ou "lucro" escolar, em um amplo empreendimento governamental; como informação para os pais "investidores" poderem fazer a "melhor" opção e como informação para o governo recompensar professores por maior "produtividade". Essa é uma forma mais extensiva de regulamentação, que fornece a maioria das informações à sociedade, mas que não necessariamente se traduz em qualquer mudança significativa na maneira pela qual a educação é oferecida, pois a melhoria educacional depende necessariamente da *resposta voluntária* às informações prestadas. Em Cuba, os resultados das provas podem se traduzir muito mais diretamente em ação, mas essa ação se origina diretamente na burocracia educacional e não dos pais, que têm poucas opções ou pouca voz em relação à escola. É interessante notar que o sistema burocrático hierárquico parece ser mais capaz de traduzir as informações em educação mais eficazmente do que os sistemas que se apoiam em mecanismos indiretos de mercado.

CONTEXTO SOCIAL E AS ESCOLAS

Os estudantes de qualquer lugar levam para a escola a influência das suas relações familiares e a sabedoria (ou ignorância) de suas famílias sobre educação. Se as crianças vêm de uma família muito educada e amorosa, que cria grandes expectativas e um ambiente de aprendizagem para seus filhos, o desempenho acadêmico do estudante na escola provavelmente será melhor que o normal. Os professores consideram esses alunos "bons aprendizes", que fazem seu dever de casa e parecem interessados em se sair bem na escola. Os pesquisadores tendem a focalizar os atributos familiares do estudante por boas razões. Esses atributos são importantes. Contudo o ambiente social comunitário em que se desenrola o ensino também pode ser importante para o desempenho acadêmico, principalmente para crianças que vivem em situações familiares que não são tão favoráveis.

O contraste entre Cuba, Chile e Brasil salienta essa influência. As estruturas sociais brasileira e chilena são muito mais desiguais econômica e socialmente que a estrutura cubana. Esse fato possui implicações importantes para o ensino, mesmo que, nas três sociedades, a educação seja considerada ideologicamente como um grande "nivelador" social, responsável por transformar a estrutura de classe em meritocracia e por vincular alunos de diferentes classes sociais uns aos outros através da experiência comum da educação nacional. Em Cuba, essa ideologia é muito mais próxima da realidade que no Chile ou no Brasil. A diferença é particularmente evidente no Brasil, onde, mesmo após uma importante reforma financeira nos anos 90, as crianças das regiões de baixa renda vão a escolas com muito menos recursos dos que os encontrados em escolas de áreas mais afluentes. O acesso ao ensino é também ainda mais limitado que no Chile ou em Cuba. Portanto, até para se considerar no papel nivelador que pretende, a educação brasileira precisa chegar mais perto da realidade educacional chilena — a qual, por sua vez, continua a reproduzir eficientemente a desigualdade, quando comparada à Cuba.

A sociedade cubana é rigidamente controlada. As opções individuais existem, mas são mais limitadas que no Chile ou no Brasil. A questão de opção é complexa, já que as crianças de famílias pobres no Brasil e no Chile podem ter mais "opções" que as crianças cubanas da zona rural ou de baixa renda da zona urbana, mas muitas dessas opções não são positivas, como trabalhar em biscates, vagabundear em vez de frequentar a escola, envolver-se em atividades ilícitas ou se unir a uma gangue. As crianças pobres brasileiras e chilenas podem ter mais opções, mas também é muito mais provável que passem fome, sejam moradoras de rua e tenham uma saúde frágil. As crianças cubanas não enfrentam esses constrangimentos e têm pouco acesso a opções negativas associadas a drogas, gangues, prostituição e trabalho infantil. O Estado cubano fornece uma estrutura rígida para as opções da família e da juventude, muito parecida com a da religião organizada, em famílias e comunidades religiosas ortodoxas. No modelo cubano de opções limitadas, o "sucesso" educacional é parte dessa estrutura rígida: o Estado "exige" que a criança seja bem-sucedida na escola, conforme permita sua capacidade.

No Brasil e no Chile, as famílias dispõem de opções educacionais consideráveis, como a permissão ou não para os filhos se ausentarem ou a escolha da escola a ser frequentada, se existir mais de uma na vizinhança. O ensino é obrigatório, mas a presença obrigatória é imposta em geral pelas iniciativas de diálogo da escola com os pais e pelos esforços do Estado em ajudar os estudantes das famílias de baixa renda com incentivos financeiros (Bolsa Escola, no Brasil, e *Liceo para Todos*, no Chile). Nas áreas rurais e urbanas marginalizadas, as ausências são comuns, tanto entre alunos como entre professores. O Chile subvenciona totalmente as escolas particulares; assim, os pais podem escolher entre muitas escolas, além do sistema público de educação.

Supostamente, a possibilidade de escolha gera concorrência por estudantes entre as escolas e, assim, cria incentivos para elas e, por consequência, para os professores, no sentido de trabalhar mais em favor da "qualidade", de forma a atrair os pais. De fato, os pais brasileiros e chilenos que vivem nas maiores áreas urbanas podem escolher entre diversas escolas, que são percebidas como de "qualidade" diferente. As escolas percebidas como de maior qualidade, por sua vez, também podem escolher seus estudantes: elas têm mais candidatos do que vagas. As escolas públicas nos dois países devem aceitar os estudantes que vivem em seus bairros, mas, se não preenchem as vagas, podem aceitar estudantes de fora do bairro. No Chile, muitas escolas particulares subvencionadas instalam-se onde constatam uma demanda por uma educação "melhor" do que a fornecida pelas escolas públicas locais. Ironicamente, muitas dessas escolas particulares competem por alunos principalmente por razões não acadêmicas, como uma maior "segurança em relação ao zé-povinho" das escolas públicas. As escolas públicas dão o troco, oferecendo símbolos da modernidade, como maior número de computadores nas salas de aula.

Visitamos uma escola pública em Campo Grande, capital de Mato Grosso do Sul, perto da fronteira com o Paraguai, que era considerada uma "boa escola". A diretora tinha de recusar muitos candidatos (havia uma lista de espera), pois as vagas estavam preenchidas até o limite legal (34 alunos em cada classe). A escola parecia ser mais bem gerida do que muitas que visitamos, mas o tamanho das classes também era muito grande e o ensino parecia apenas ligeiramente mais consistente. Contudo, os pais que tinham seus filhos nessa escola se sentiam muito satisfeitos, pois tinham, em muitos casos, optado por ela. Como era considerada uma boa escola, eles se sentiam afortunados por viver na vizinhança ou por terem sido aceitos de fora da vizinhança.

Por sua vez, a escolha da escola impõe muito mais responsabilidade sobre os pais relativamente à tomada de decisão educacional correta. Isso é especialmente verdade em um sistema educacional como o chileno, onde as escolas particulares integram o conjunto de possibilidades disponíveis para muitas famílias: se você não gosta da escola pública local, envie seu filho para a escola particular subvencionada.

Para além da escolha da escola, contudo, os pais também têm "voz" no Brasil e no Chile. Há a expectativa de que eles participem — principalmente como resultado das reformas recentes no Brasil — dos conselhos escolares e, quer no conselho ou não, manifestem suas opiniões sobre política escolar, ensino e outras questões educacionais. Em outras palavras, supõe-se que os pais sejam consumidores informados de educação e que pressionem os provedores a proporcionar um produto de qualidade.

Dada essa filosofia de opção e responsabilidade dos pais, é previsível que haja muito menos "controle" do sistema educacional ou de uma presença maior do Estado no Brasil e no Chile do que em Cuba, no que se refere ao sucesso escolar. Se uma criança não estiver se saindo bem na escola no Brasil ou no Chile, isso é tratado, na prática, como um problema no qual a *família* tem a maior responsabilidade. O pessoal da escola se reúne com os pais, procurando melhorar a situação, mas os pais não percebem nenhum outro "castigo" a não ser o insucesso do aluno se a situação não melhorar.

Em Cuba, a escola formalmente compartilha a responsabilidade pelo desempenho social e acadêmico da criança, e se a escola não for capaz de "solucionar" o problema, o pessoal da prefeitura entra na discussão. As dificuldades familiares são acompanhadas pelos professores e pelos gestores escolares, e as famílias devem responder aos questionamentos e preocupações da escola. O fato de a criança ter um único professor da primeira a quarta séries (o que agora será estendido até a sexta série) e estar na escola das oito da manhã até às quatro da tarde com o professor cria uma relação quase parental entre professor e aluno. Portanto, nos três países, as escolas têm autoridade sobre o desempenho acadêmico da criança (e, até certo ponto, sobre o desenvolvimento social) e os pais têm controle sobre a maior parte do desenvolvimento social do filho e uma responsabilidade significativa em termos de apoio ao desenvolvimento acadêmico. Mas em Cuba o equilíbrio nas duas áreas é definitivamente maior em favor da escola (como instituição estatal); o modo-padrão de definir o bem-estar da criança é responsabilidade do Estado, enquanto no Brasil e no Chile, o modo-padrão é responsabilidade da família.

Há ainda outro efeito colateral em relação ao maior número de opções no Brasil e no Chile. Como em outras sociedades capitalistas, muitos pais — principalmente os de baixa renda — vivem uma existência econômica relativamente precária, que os obriga a mudar de residência em sua busca por trabalho. A rotatividade nas escolas brasileiras e chilenas varia de escola para escola, mas é expressiva, como nas escolas urbanas norte-americanas. A mudança de escola para jovens de baixa renda provoca um impacto negativo em relação à aprendizagem, por diversos motivos (ver Coleman, 1988). Em Cuba, o déficit habitacional e os controles rígidos do governo sobre a mão de obra, incluindo mudança de empregos, praticamente garante que os alunos fiquem na mesma escola do início do ciclo fundamental ao final do ensino médio, durante todos os anos necessários.

Não queremos deixar a impressão de que Brasil e Chile são sociedades de puro *laissez-faire* no que diz respeito ao bem-estar infantil. Evidentemente não são. Tanto o Brasil como o Chile tiveram governos de centro-esquerda nos anos 90 e, atualmente, o Brasil tem um presidente do Partido dos Trabalhadores, um partido com nítida filosofia de esquerda, que acredita em uma forte intervenção do Estado. Esses governos implantaram diversas medidas para ajudar as escolas com estudantes de baixa renda a melhorar suas condições. O Brasil reformulou seu sistema de financiamento da educação fundamental (Fundef), provendo com mais recursos as regiões mais pobres; também está utilizando recursos federais (Fundescola) para projetos de melhoria de escolas urbanas de baixa renda e fornece recursos financeiros para famílias de baixa renda, induzindo-as a garantir altos índices de presença escolar dos seus filhos (Bolsa Escola). Desde o início dos anos 90, o Chile começou a investir pesadamente em escolas de baixo desempenho, obtendo algum sucesso em fomentar o desempenho acadêmico dos estudantes de baixa renda. Nos últimos 13 anos, os salários dos professores triplicaram e o gasto público em educação, enquanto porcentagem do Produto Interno Bruto, quase dobrou, de 2,4% para 4,1%. O governo está implementando uma reforma para introduzir o período escolar integral, ampliando o dia letivo de quatro para seis horas. Com a grande expansão das matrículas no ensino secundário, os programas compensatórios evoluíram até esse nível, incluindo um programa de bolsas de estudos para alunos de baixa renda, ajudando-os a concluir o ensino médio (*Liceo para Todos*). Todas essas iniciativas do Estado beneficiam principalmente os estudantes de baixa renda.

O Chile também começou a ampliar sua educação infantil, oferecendo pré-escola a crianças de dois a quatro anos. Embora internacionalmente haja indícios ambíguos sobre o impacto da pré-escola no desempenho acadêmico futuro das crianças[2], há também a percepção de que as crianças que frequentam a pré-escola estão mais bem preparadas para responder às demandas dos professores nas escolas primárias e de que as crianças de baixa renda podem usufruir — em pré-escolas de alta qualidade — de um ambiente acadêmico mais rico, que pode ajudá-las a promover seu letramento e talentos matemáticos depois do ingresso na escola. Alguns estados e municípios brasileiros também criaram programas de pré-escola, mas são muito poucos.

Não obstante, a intervenção dos Estados brasileiro e chileno na vida das crianças é muito menor do que em Cuba. Todas as mulheres cubanas que trabalham, por exemplo, têm acesso a creches e programas de pré-escola para crianças muito pequenas (maternal). Os outros 60% de famílias ou mais (em que as mulheres com filhos pequenos não estão trabalhando) recebem instruções de funcionários municipais sobre como proporcionar um ambiente melhor para as crianças em casa, a fim de fomentar o desenvolvimento cognitivo infantil.

O papel do governo cubano, que implica um relacionamento de poder entre o indivíduo e o Estado, é incompatível com noções modernas de democracia e liberdade. No entanto, ironicamente, em termos de garantir as melhores oportunidades de sucesso para as crianças na escola, o contexto social, que proporciona o "imperativo moral" do êxito na educação e um controle rígido sobre as opções familiares é, neste caso, muito mais adequado para superar decisões familiares e juvenis baseadas em classe social que reproduzem a desigualdade e são hostis à sociedade da meritocracia. O Estado cubano é hierárquico, não democrático e restringe a liberdade individual. No entanto, é muito mais provável que uma criança cubana com um histórico familiar rural ou urbano de baixa renda seja bem-sucedida na escola e tenha acesso a um emprego administrativo do que a mesma criança no Brasil ou no Chile. Talvez mais importante, uma criança cubana com um perfil de baixa renda tem a garantia de uma infância livre do medo da fome, do desabrigo ou do isolamento.

Esse imperativo moral é similar à estrutura moral imposta sobre as famílias e as comunidades pelo fundamentalismo religioso. As normas e regulamentações religiosas restringem consciente e especificamente as opções individuais, mas estão em consonância com as noções ocidentais de democracia política, pois a adesão às normas religiosas é voluntária, ainda que as pressões da comunidade a favor da obediência possam ser intensas. Da mesma forma, nas democracias ocidentais, as forças armadas são organizadas hierarquicamente, limitando conscientemente a opção, e, em grande medida, fazendo valer suas regras fora do sistema judiciário civil. Não é por acaso que as escolas pertencentes às ordens religiosas sejam associadas com maior disciplina moral e que as famílias esperem que essas escolas exerçam controle estrito sobre as opções das crianças. Embora as crianças das escolas religiosas particulares chilenas obtenham melhores notas nas provas do que as de origem socioeconômica semelhante das escolas públicas, ao menos parte dessa diferença, senão toda ela, deve-se ao viés de seleção. Os resultados nos Estados Unidos também indicam pouca ou nenhuma diferença nas notas das provas entre os estudantes das escolas particulares e públicas, sempre que se considerem as diferenças de origem socioeconômica entre os estudantes. No entanto, o resultado educacional tende a ser maior entre os alunos das escolas católicas, ao menos nos Estados Unidos. As escolas em bases militares norte-americanas são muito mais bem-sucedidas academicamente com crianças de famílias de minorias desfavorecidas do que as escolas públicas e privadas externas (Smrekar *et al.*, 2001)[3], sugerindo que um ambiente muito mais estruturado e controlado, com sanções tanto para os pais como para os filhos, somado a um sistema de apoio social e a um bom sistema de saúde, tem um impacto positivo sobre o desempenho e o resultado educacional das crianças de famílias menos instruídas.

A estrutura do ambiente social também diferencia a maneira pela qual as escolas atuam nos três países. No Chile, é o Ministério da Educação que desenvolve um currículo nacional obrigatório em todas as escolas, públicas e particulares, que aceitam financiamento público. No entanto, o ministério utiliza somente meios indiretos para implementar seu currículo. Entre esses meios indiretos, incluem-se a aplicação de provas a cada dois anos, na quarta, oitava e décima séries; a publicação dos resultados para cada escola e o prêmio financeiro dos 25% de escolas (principalmente, seus professores) que obtêm os maiores ganhos em cada região. Os diretores das escolas dispõem de autonomia para tomar providências no sentido de melhorar o desempenho dos seus alunos. Os diretores de escolas públicas não contratam nem dispensam professores (os municípios fazem isso) e os professores das escolas públicas têm contratos estáveis, mas os operadores das escolas particulares (46% dos estudantes frequentam escolas particulares) têm basicamente plenos poderes para tomar, todos os anos, decisões sobre o pessoal. Para outras questões, além do currículo e da contratação e dispensa de professores, os diretores das escolas públicas também têm considerável margem de manobra para experimentar e mobilizar outros recursos e para usar a imaginação. De forma geral, portanto, além de serem solicitados a ensinar o conteúdo das matérias definidas pelo currículo nacional, os diretores têm bastante autonomia e poder de decisão no Chile.

Mas se eles sabem como ou decidem utilizar esse poder para melhorar o ensino, isso é outra questão. Tanto nas escolas públicas como nas particulares chilenas, os professores têm autonomia considerável na sala de aula. Os professores das escolas particulares podem ser demitidos em virtude de um trabalho ruim, mas os diretores das escolas não intervêm necessariamente para ajudá-los a realizar um trabalho melhor. Há pouca cultura relativa ao diretor como líder pedagógico e há uma forte cultura com respeito a salas de aula como santuários dos professores.

No Brasil, a situação é similar à do Chile, exceto pelo fato de que o governo central só fornece estruturas curriculares e livros didáticos aprovados. Os estados e os municípios escolhem o currículo que utilizarão nas escolas locais. Como no Chile, os gestores escolares têm autonomia considerável na maneira pela qual gerem as escolas, mas os professores das escolas públicas são contratados e dispensados pelos governos estaduais e municipais, e não pelas administrações escolares. No Brasil, a tendência é pôr mais ênfase na participação dos pais na escola (um modelo de cooperativa de consumidores para tomada de decisões), com base na teoria de que os pais exercerão pressão sobre os professores para que estes se esforcem mais. Como a maioria dos pais possui pouca informação sobre como mensurar a qualidade do professor ou da escola, e não tem a oportunidade de observar o professor ensinando, a participação dos pais, previsivelmente, tem pouco impacto sobre o ensino ou a gestão.

A educação chilena e a brasileira também é marcada pela grande variância de classe social média de estudantes *entre as escolas*; isso significa que as crianças frequentam escolas com crianças muito parecidas socialmente com elas. Com alto grau de escolha sobreposto à segregação residencial, as famílias chilenas e brasileiras tendem a distribuir seus filhos entre escolas conforme a origem socioeconômica. Setenta por cento das famílias entre os 20% que compõem a base da pirâmide dos assalariados chilenos, por exemplo, enviam os filhos para escolas onde os pais também estão entre os 20% inferiores da pirâmide de salários chilenos. Mais de 80% das famílias nos 20% superiores enviam seus filhos para escolas cujos alunos provêm de famílias com rendas similares (Gonzalez, 2001). A concentração de estudantes de origem socioeconômica semelhante nas mesmas escolas segmenta as escolas ao longo de linhas de classe — isso em sociedades com grande desigualdade entre as classes sociais. O resultado são escolas altamente diferenciadas, com expectativas igualmente muito diferenciadas.

Em Cuba, as escolas também se caracterizam pelas diferentes composições de classe social dos seus estudantes, mas muito menos do que no Chile ou no Brasil. Algumas escolas urbanas, como as de Havana, apresentam uma alta proporção de crianças cujos pais têm educação superior, mas mesmo as escolas nas periferias de Havana ou no centro da cidade, com uma porcentagem muito maior de cubanos da classe trabalhadora com menos educação, também têm uma porcentagem significativa de crianças cujos pais têm educação universitária. As escolas rurais cubanas podem ser pequenas e simples. Os pais das crianças das áreas rurais são menos educados. Contudo, em Cuba, as condições socioeconômicas nessas áreas são melhores, na média, do que no Brasil ou no Chile, e as escolas rurais cubanas têm professores que ensinam com o mesmo alto nível dos professores dos "melhores" bairros de Havana. Em resumo, as distâncias sociais são muito menores em Cuba, e as escolas que atendem os estudantes dos melhores bairros urbanos e aquelas das áreas rurais certamente dispõem de uma clientela diferente, mas as escolas nessas diferentes situações sociais também são menos diferentes que as escolas similares do Brasil ou do Chile.

O DILEMA DEMOCRÁTICO

O contraste entre os contextos sociais no Brasil e no Chile, de um lado, e em Cuba, de outro, aponta para as vantagens de professores e escolas onde um contexto socioestrutural impõe um imperativo moral, que protege as crianças dos excessos da desigualdade econômica e da possibilidade de opções negativas. As famílias e crianças cubanas têm a garantia de um grau de segurança social muito maior do que no Brasil ou no Chile, e isto se reflete na maneira pela qual as crianças se comportam na escola, na sua saúde, na sua incorporação das altas expectativas acadêmicas e no seu desejo de ter sucesso academicamente. Como o Estado cubano combina a aplicação dessa "proteção à criança" com a ênfase constante na qualidade educacional e no alto desempenho acadêmico, as crianças cubanas de famílias com menos educação têm muito mais oportunidades de ter sucesso academicamente que seus pares no Brasil ou no Chile. Os cubanos têm muito menos opções sociais e econômicas e muito menos liberdade individual e política, mas têm uma oportunidade muito maior de ser altamente instruídos. Na interpretação política cubana, esse direito à saúde, à segurança e ao conhecimento representa o que eles chamariam de definição "verdadeira" da liberdade humana.

O exemplo cubano justifica fortemente uma sociedade rigidamente controlada, com opções limitadas, principalmente para proteger os interesses das crianças. Um número surpreendente de chilenos — a maioria das camadas sociais mais altas, mas muitos da classe média baixa — concorda com essa noção de opções limitadas. Muitos ainda apoiam com entusiasmo a ideia de que o regime militar foi necessário para corrigir os excessos democráticos do final dos anos 60 e início dos anos 70. De fato, todas as sociedades democráticas são marcadas por uma tensão entre movimentos por maiores direitos individuais e controle social estrito. No entanto, o grau de controle político inerente ao Estado cubano nos últimos 45 anos (mais os quase 20 anos da ditadura de Batista antes disso) é muito maior que o proposto pelas visões mais extremas de controle social (em geral, provenientes de uma versão quase religiosa/moralista de Estado) que aparecem atualmente nos debates políticos dos países democráticos.

O contra-argumento em relação à liberdade individual é que, apesar dos altos custos referentes à extremidade inferior do espectro socioeconômico, uma sociedade democrática, relativamente livre de imperativos morais impostos, quer pela religião organizada ou pelo Estado (ou por uma combinação dos dois), permite a livre expressão e a criatividade necessárias para o progresso humano. Somente quando os indivíduos se sentem livres para perseguir suas paixões e interesses, libertos do Estado, o bem-estar da sociedade em geral é maximizado[4]. O preço dessa liberdade pode ser a considerável desigualdade, pobreza e sofrimento de alguns, mas, em um prazo mais longo, todos, inclusive os pobres, acabarão melhores. Empiricamente, os avanços econômicos obtidos nas democracias capitalistas ocidentais apoiam esse argumento e esses avanços são exibidos ao resto do mundo como exemplos do que pode ser alcançado nas sociedades livres. No entanto, muitas dessas sociedades livres foram marcadas por considerável regulamentação do Estado e guinadas importantes no último século relativamente ao grau de liberdade política concedido aos cidadãos.

A questão relevante suscitada pelo sistema cubano não é se Brasil e Chile deveriam optar pelo regime de partido único ou por um Estado autoritário. Em vez disso, a questão é descobrir como o Brasil e o Chile podem se aproximar do grau de segurança social, imperativo moral e controle da qualidade educacional alcançado em Cuba, dentro do contexto da democracia política. Será que mais opções em termos de escola, incentivos de mercado e participação dos pais são os melhores instrumentos disponíveis no Brasil e no Chile para melhorar a qualidade da educação? Será que uma maior descentralização e a autonomia escolar são maneiras eficazes de aprimorar a qualidade da educação? Ou esses instrumentos simplesmente refletem uma fuga mal direcionada de uma responsabilidade pública maior a favor do bem-estar infantil e do aprimoramento acadêmico?

Podemos formular o problema de outra maneira. Desde as primeiras discussões filosóficas a respeito do capitalismo, o "livre mercado", definido como o epítome da livre expressão humana, enquadrou o debate sobre o que pode e deve ser feito dentro do contexto da democracia política. Quando os militares chilenos derrubaram a democracia política do país, instalando uma ditadura, eles promoveram a política econômica do *laissez-faire*. Muitas pessoas no Chile, assim como os defensores do livre mercado nos Estados Unidos, sustentaram que essa política era equivalente ao restabelecimento de uma sociedade verdadeiramente "livre", pois a liberdade econômica (leia-se mercados não regulamentados) é a forma suprema da liberdade humana. Portanto, o movimento na direção da opção educacional, do controle pelos pais das escolas, da descentralização e da privatização estava em consonância com essa versão de ideais democráticos: quanto menos intervenção do Estado, melhor.

No entanto, há fortes indícios de que os mercados não regulamentados e o sistema de educação de mercado podem ser incompatíveis com a ideia de maior benefício para mais indivíduos. Além disso, em termos de obtenção de progresso humano, felicidade e, mais modestamente, da melhoria da aprendizagem dos estudantes em escolas, eles podem ser simplesmente ineficientes e injustos.

Nos capítulos a seguir, procuramos verificar com mais detalhes por que as crianças cubanas parecem aprender muito mais na escola que as crianças brasileiras e chilenas e compreender o que pode ser transferido da experiência cubana para outros contextos políticos muito diferentes. A comparação entre os três sistemas indica que não há um *único* fator que explica o maior desempenho educacional em Cuba. Em vez disso, há uma série de fatores que interagem, construídos uns sobre os outros, e que produzem essa diferença. A questão diante de nós é se essas diferenças estão integradas no tecido social das sociedades ou se os fatores que contribuem para o ensino de melhor qualidade e, portanto, para o melhor desempenho do estudante, são transferíveis entre contextos sociais.

3

COMPREENDENDO POR QUE VARIA O DESEMPENHO ESCOLAR

Nos últimos 30 anos, quando os pesquisadores e educadores visitavam as salas de aula de Cuba e de outros países, os alunos cubanos, de todas as séries, pareciam saber muito mais matemática e pareciam ler melhor. No final dos anos 90, uma organização internacional, a Unesco, testou alunos de 13 países latino-americanos. Aquilo em que os pesquisadores e educadores acreditaram por anos a respeito dos alunos cubanos foi confirmado.

No entanto, depois de comprovado que as notas altas nas provas cubanas concordavam com as observações casuais, como explicamos *o motivo pelo qual* os alunos cubanos se saem melhor academicamente? É porque os professores são mais capacitados? Os pais dos alunos cubanos são muito mais instruídos, de modo que as crianças têm uma "vantagem familiar" em relação às crianças dos países em que os níveis educacionais são inferiores? O ambiente social cubano estimula mais as crianças a se sair bem na escola?

Para obter as respostas a essas questões, os cientistas sociais gostam de utilizar técnicas empíricas, relacionando a aprendizagem do estudante ao antecedente familiar e à qualidade dos recursos educacionais disponíveis para os estudantes nas escolas que frequentam. Nos países em desenvolvimento, com renda mais baixa, medimos, em geral, os recursos educacionais pela educação e anos de experiência em sala de aula dos professores, pela quantidade de alunos na sala de aula (tamanho da classe), pela disponibilidade de livros didáticos para os estudantes e de materiais para os professores. A ideia por trás do estudo dessas relações é que as escolas, como empresas que produzem outros tipos de serviços, têm uma teoria de como produzir o máximo pelo menor custo. Isso sugere que as escolas têm uma ideia clara de como utilizar a melhor combinação de recursos — habilidades dos professores, livros, materiais e assim por diante — para produzir a máxima aprendizagem possível para crianças com diferentes quantidades de recursos em casa[1]. Em geral, os cientistas sociais medem a aprendizagem dos estudantes pelas notas nas provas e, em seguida, procuram determinar as combinações mais eficazes de recursos utilizadas pelas escolas por meio de modelos simplificados de "produção" educacional.

Muitos educadores criticam essa abordagem, para compreender por que os estudantes têm mais ou menos sucesso, como muito ampla e demasiadamente simplista. Para eles, as variáveis e a maneira pela qual são medidas não são capazes de captar o que realmente acontece na sala de aula ou na escola. Além disso, as notas nas provas podem medir somente parte da aprendizagem dos estudantes.

A crítica é bem fundamentada. Por exemplo, os modelos empregados pelos cientistas sociais não se baseiam realmente em nenhuma teoria de aprendizagem[2]. Os cientistas supõem que, se combinarem algumas características da família com algumas características do professor, com outros insumos da sala de aula e com outras características da escola, podem identificar o que contribui para a aprendizagem dos alunos e o que não contribui. Isso pressupõe, por exemplo, que a aprendizagem acontece só por causa da presença de certas características do professor, e não devido ao resultado de uma "química" entre o professor e os alunos.

Outro argumento sólido para a crítica é o de que os modelos se baseiam em uma teoria econômica das organizações, que supõe que as escolas funcionam como empresas em busca de lucros. Pressupõe-se que as escolas fabricam o máximo possível usando uma combinação eficiente de insumos. Portanto, supõe-se que os responsáveis pelas decisões tomadas na escola estão comprando o tempo dos professores, o tempo dos professores-assistentes, os livros, os materiais, o espaço do edifício e outros insumos a preços competitivos, de uma maneira que produz a quantidade máxima de aprendizagem dos alunos. Embora, de fato, os responsáveis pelas tomadas de decisões da escola, em algum lugar do sistema, contratem professores e comprem materiais, é difícil para eles (e para os cientistas sociais) identificar os atributos dos professores, de outros funcionários ou dos materiais escolares que se relacionem de forma consistente à maior produtividade. Da mesma forma, é difícil (ou mais difícil) identificar a combinação de pessoal que está consistentemente relacionada a uma escola mais eficiente.

Estudos recentes mostram que o bom ensino pode causar uma grande diferença no desempenho do estudante, mas estes estudos não conseguem localizar com precisão os elementos específicos (experiência docente, formação inicial e formação em serviço) que contribuem para que alguém seja um bom professor. Os bons professores parecem ser simplesmente bons professores. Presumivelmente, todos sabem quem são esses bons professores, uma vez que eles ensinam na escola já há alguns anos, mas parece ser muito mais difícil imaginar quem serão os bons professores antes de sua contratação. Da mesma forma, é difícil descobrir por que algumas escolas parecem funcionar tão bem e outras, com um grupo semelhante de professores, tão mal. A análise das escolas eficazes, como muito da análise a respeito das empresas eficazes, geralmente atribui à boa liderança o componente principal da escola ou empresa que funciona bem, mas tem dificuldade de identificar as características precisas e reproduzíveis de um bom líder.

Nós também não conhecemos as respostas para esse quebra-cabeça. No entanto, no Capítulo 5, procuramos identificar algumas diferenças importantes na maneira pela qual os sistemas educacionais funcionam no Brasil, no Chile e em Cuba. Constata-se que quase não há supervisão do professor pelos gestores da escola (ou qualquer outra pessoa) no Chile e no Brasil (ou nos Estados Unidos, a propósito), e que os professores atuam em grande medida por sua própria conta, decidindo como ensinar o currículo aos seus alunos. Isso proporciona aos professores muito bons a autonomia para inovar e assumir a responsabilidade pela aprendizagem em suas salas de aula, mas também permite que a massa de professores médios e de baixa qualidade continue ensinando de um modo que varia entre o muito pouco adequado e o completamente ineficiente.

A falta de supervisão pode ser uma acomodação entre autoridades e professores, em países onde os docentes ganham menos que outros profissionais com formação superior: os professores concordam em ensinar e em receber salários baixos ou médios, mas, em troca, os gestores concordam em lhes dar liberdade para trabalhar por sua própria conta, não os perturbando com supervisão rígida e altas expectativas. Portanto, a autonomia pode não estar baseada em nenhuma teoria de ensino eficaz e ser apenas a consequência da má vontade de muitos governos em pagar salários mais altos em troca de maiores demandas.

Os modelos de produção educacional dos cientistas sociais apresentam outros problemas. Um deles é que os estudantes de famílias com mais recursos acadêmicos decidem, em geral, frequentar escolas que também têm mais recursos acadêmicos. Geralmente, os "melhores" professores terminam trabalhando em escolas com estudantes que apresentam melhor desempenho. Como resultado de todas essas dificuldades, essa abordagem ampla normalmente capta somente uma pequena parte da variância do desempenho dos estudantes, mesmo dentro de um mesmo país, e muitas das "explicações" sobre o desempenho do estudante são tendenciosas, pois não conseguem distinguir capacidades acadêmicas não observadas nos estudantes das contribuições de insumos escolares específicos.

Um segundo problema com essas estimativas é que as escolas fazem muito mais do que concentrar seus esforços no desempenho acadêmico dos estudantes. Escolas e pais esperam que as crianças aprendam na escola o comportamento adequado em relação a outras crianças e em relação aos adultos que não são seus pais. Para muitos professores e pais, isso é quase tão importante quanto aprender bem matemática e leitura, e os pais muitas vezes escolhem as escolas porque sentem que seus filhos provavelmente estarão mais seguros ali ou aprenderão valores adequados, e não por causa da excelência acadêmica. O bom comportamento e as notas mais altas nas provas podem estar relacionados e, portanto, os dois produtos não são necessariamente excludentes, mas podem ser.

Medir os valores que as crianças adquirem na escola é difícil; assim, os cientistas sociais raramente tentam. Mas deixar esse objetivo escolar fora da equação omite muito do que fazem as escolas, incluindo os motivos para contratar certos tipos de professores e não outros. Ignorar um produto importante também pode influenciar seriamente as estimativas de como as escolas produzem o progresso acadêmico.

O terceiro problema é que os modelos de produção educacional não incluíram fatores externos à casa e à escola que influenciam o desempenho do estudante. Esses fatores externos abrangem os recursos comunitários e o sistema de apoio público para as crianças. Eles podem ser tão ou mais importantes que as características dos pais ou os recursos escolares, afetando o grau de motivação dos jovens para se sair bem academicamente. Esses fatores associados ao "contexto social" foram caracterizados como "efeitos entre os pares" ou a influência que o conjunto dos estudantes em uma escola tem sobre os comportamentos individuais. No entanto, a atitude dos estudantes em relação à escola representa os valores familiares e comunitários no cenário escolar. Os efeitos dos pares também podem ocorrer em nível regional ou nacional, se os governos nacionais promovem com êxito determinados valores sobre o desempenho acadêmico e a mobilidade social, que motivam um grande número de estudantes a querer se sair bem na escola.

Apesar dessas imperfeições, se os modelos são desenvolvidos e estimados com cuidado, mesmo aqueles que utilizam somente notas em provas como principal resultado escolar e os insumos familiares e escolares como os únicos fatores associados, eles podem nos fornecer indícios importantes sobre por que alguns grupos de estudantes se saem melhor na escola. Quando ingressam na escola, os estudantes vindos de famílias com muitos recursos acadêmicos, por exemplo, têm uma vantagem clara sobre os estudantes que passaram seus cinco ou seis primeiros anos de vida em um ambiente deficiente em capital cultural. Uma das principais questões em educação é se mesmo as "boas" escolas são capazes de superar esse fosso inicial. Utilizando uma abordagem ampla, os cientistas sociais nos ajudaram a compreender as possibilidades e os limites das escolas em fechar essa brecha de aprendizagem das crianças socioeconomicamente desfavorecidas (Rothstein, 2004). Muitos dos resultados são controversos, mas servem como base para a discussão de importantes questões educacionais.

Como formularíamos um modelo para começar a compreender as fontes da vantagem acadêmica dos estudantes cubanos? Podemos olhar em três direções principais: diferenças nas famílias dos estudantes, principalmente a educação dos pais e a ênfase doméstica no sucesso acadêmico dos filhos; diferenças na quantidade e qualidade dos recursos acadêmicos das suas escolas e diferenças no ambiente social dos estudantes fora da escola.

Os recursos da família de cada estudante explicam muito a respeito da variação do desempenho acadêmico, tanto nos países desenvolvidos como nos em desenvolvimento (Coleman *et al.*, 1966; Lockheed e Verspoor, 1991; OCDE, 2003; Rothstein, 2004). Portanto, uma possibilidade é que as crianças cubanas hoje em dia se beneficiam de duas gerações de investimentos governamentais sustentáveis em educação. Atualmente, os pais cubanos têm níveis educacionais maiores que os pais do restante da América Latina. Além do capital humano que os pais cubanos mais educados adicionam ao desempenho escolar dos seus filhos, também pode ser que as famílias cubanas tenham mais disposição para se empenhar no desempenho acadêmico dos seus filhos, pode ser que esperem que seus filhos sejam mais "acadêmicos" e que se saiam melhor na escola, e pode ser que se mudem (e troquem as escolas dos seus filhos) com menos frequência do que as famílias de outros países. Como discutimos no Capítulo 1, esse comportamento familiar de apoio foi chamado de "capital social" familiar (Coleman, 1988).

Os cubanos podem ter uma vantagem na qualidade da escola, principalmente na qualidade do professor, que pode estimular o desempenho acadêmico. As escolas cubanas podem ser mais eficazes, pois são capazes de recrutar professores mais bem educados e mais capazes, também por causa do melhor nível da educação cubana em relação aos outros países. Seus professores ganham salários que, embora baixos em termos absolutos, são semelhantes aos de outras profissões em Cuba. Assim, o recrutamento dos melhores e mais brilhantes para o ensino é mais fácil do que nos países com salários relativos mais baixos para os professores. Como os professores cubanos têm *status* social relativo maior, o absenteísmo docente (e discente) pode ser menor em Cuba do que em qualquer outro país latino-americano, oferecendo às crianças cubanas mais tempo de aula com os professores. As salas de aula cubanas também podem ter melhores condições físicas e mais materiais escolares do que em qualquer outro lugar.

É possível que as crianças cubanas se destaquem porque o contexto social de suas escolas é mais favorável para o desempenho acadêmico que o dos outros países latino-americanos. Em parte, o contexto social escolar representa o agregado das características familiares dos estudantes (nível socioeconômico ou o NSE[3]), como medida pela educação, profissão e renda dos pais. No entanto, essas diferenças familiares podem ter efeitos diferentes sobre a educação das crianças, dependendo do "significado coletivo" das diferenças socioeconômicas, em nível de comunidade, região ou país. O significado coletivo do NSE pode ser muito influenciado pelo modo como os indivíduos e as famílias são organizados social e politicamente; especialmente, no compromisso coletivo de reduzir (por intermédio do Estado) os efeitos mais perniciosos das diferenças socioeconômicas. De acordo com as ideias de Coleman e Robert Putnam sobre rede social, caracterizamos isso como "capital social coletivo". Em diversos contextos, a família com NSE baixo está associada a maior violência, menor acesso a educação na primeira infância, alimentação mais pobre e serviços de saúde piores (Brown *et al.*, 2003). Os estudantes das famílias com NSE baixo muitas vezes enfrentam pressões para trabalhar fora de casa após a escola (Post, 2002). Eles podem frequentar escolas em que os alunos de famílias com NSE baixo estejam concentrados. Carentes de grupos suficientemente grandes de colegas e pais com maiores aspirações acadêmicas e sociais, os estudantes e seus professores, nessas escolas, muito provavelmente reforçam as baixas expectativas acadêmicas que a sociedade atribui aos jovens de baixa renda (Sennett e Cobb, 1973; Willis, 1981). Em comparação, o efeito da origem socioeconômica em nível escolar sobre o desempenho do estudante pode ser muito diferente em Cuba, pois suas famílias de baixa renda e menos instruídas enfrentam condições que são menos hostis ao sucesso acadêmico das crianças. As crianças cubanas podem se beneficiar não somente de pais mais educados e professores mais bem instruídos, mas também podem frequentar a escola em um ambiente social que fomenta o maior desempenho acadêmico de crianças de classe socioeconômica média e inferior[4].

No restante deste capítulo, focalizamos esse terceiro fator: os aspectos do capital social em relação à educação. O capital social — especialmente quando diz respeito aos valores comunitários, às redes e aos controles sociais mais amplos — representou um ponto cego para os pesquisadores na compreensão da aprendizagem do estudante. Nas comparações entre países, regiões ou mesmo comunidades, o capital social familiar e o coletivo (isto é, o ambiente social das escolas) são provavelmente cruciais para a compreensão das diferenças no desempenho acadêmico dos estudantes, principalmente quando os contextos variam significativamente. Cuba é singular em sua organização social e, por isso, também no contexto social da educação. Assim, antes de seguirmos adiante, no próximo capítulo, para avaliar a influência do contexto social no desempenho do estudante e distinguir essa influência dos efeitos das características da origem familiar dos estudantes e dos recursos escolares, precisamos examinar melhor quais características do contexto social ou do capital social tornam esses elementos tão importantes para o progresso acadêmico.

O CONTEXTO FAZ DIFERENÇA: O PAPEL DO CAPITAL SOCIAL

Para o sociólogo James Coleman, o capital social não é "uma entidade única, mas uma variedade de diferentes entidades, com dois elementos em comum: todas se compõem de algum aspecto das estruturas sociais e promovem determinadas ações dos atores — sejam pessoas ou empresas — dentro da estrutura (...) O capital social é parte natural e integral da estrutura de relações entre os atores. Não está alojado nos próprios atores ou nos implementos físicos da produção" (Coleman, 1988, p. S98). Portanto, as relações e as redes que aumentam a produtividade dos indivíduos ou o desempenho acadêmico (o que, por sua vez, aumenta a produtividade) são definidas como capital social. Aplicando esse conceito à criação do capital humano da próxima geração, Coleman sustentou que a origem familiar do estudante é "analiticamente separável em, no mínimo, três componentes diferentes: capital financeiro, capital humano e capital social", com o capital social sendo as "relações entre as crianças e os pais (e, quando as famílias incluem outros membros, os relacionamentos com eles também)" (Coleman, 1988, p. S110). De acordo com Coleman, mesmo que a família possua um nível elevado de capital humano (educação dos pais), a criança poderá não obter plenos benefícios se isso não for complementado pelo tempo e esforço familiar para melhorar o desempenho e o resultado escolar da criança, que é parte do capital social familiar.

Coleman também discutiu o capital social fora da família, isto é, nas relações sociais dos pais com os outros adultos da comunidade e com as instituições sociais[5]. Por exemplo, as associações voluntárias de pais geram capital social, ajudando a solucionar problemas sociais comunitários, criando confiança e desenvolvendo e impondo normas sociais para adultos e crianças (ver Putnam, 1993, 2000). Isso dá ao capital social seu caráter de bem público. Coleman não discute os efeitos dos pares diretamente, mas as relações entre os pares também constituem capital social (com implicações tanto positivas como negativas no desempenho e no resultado acadêmico). Nos bairros, nas regiões e até nos países, as redes e os canais de informação da organização social podem contribuir para uma maior produtividade coletiva, em uma gama de atividades. Entres esses fatores, incluem-se os sistemas legais igualitários e que funcionam sem percalços, a confiança, o entendimento entre as gerações, as normas sociais e a cooperação cívica.

A contribuição do capital social vai além das predições das características do capital humano familiar e individual. Coleman utiliza o conceito de capital social para descrever as relações na família e entre os adultos da comunidade como um fator importante, que explica os resultados educacionais. Podemos estender esse conceito para incluir o capital social gerado pelo Estado, que influencia a produção educacional. O capital social gerado pelo Estado oferece uma ferramenta conceitual que vai além da comparação entre famílias e comunidades dentro dos países, comparando também contextos políticos e sociais entre os países. Quando os Estados-nação conseguem gerar capital social por si mesmos, pode-se esperar encontrar benefícios para crianças com NSE mais baixo em escolas de bairros, regiões e até países socialmente mais integrados, mais seguros, mais cooperativos e mais coesos, quando em comparação com crianças com NSE mais baixo que frequentam escolas com recursos acadêmicos iguais em contextos sociais menos favoráveis.

Parte da discussão do conceito de capital social enfatiza comportamentos individuais ou familiares que produzem melhores resultados sociais para os membros da família. Alguns estudiosos concentram-se em instituições cooperativas em Estados democráticos, onde os indivíduos aderem *voluntariamente* a organizações que promovem redes de instituições (democráticas). Essas redes criam melhores resultados econômicos e sociais para os membros dessas sociedades, somados ao que eles produzem como indivíduos (Putnam, 1993, 2000).

Os próprios Estados, democráticos ou autoritários, também ajudam a criar capital social. É mais difícil para os Estados autoritários, mas mesmo estes podem ser bem-sucedidos em sociedades mais propensas a tolerar governos autoritários, desde que gerem condições materiais e sociais aprimoradas. Coreia do Sul, Taiwan e Cingapura, por exemplo, foram governados por regimes autoritários comprometidos com o desenvolvimento coletivo amplo. Suas políticas ajudaram a criar um contexto social para o alto crescimento econômico, para o elevado desempenho acadêmico e para uma considerável mobilidade social (Amsden, 1989; Amsden e Chu, 2003; Evans, 1995)[6].

Os regimes autoritários dos países socialistas também tentaram produzir capital social. Os Estados revolucionários da Rússia, da China, do Vietnã e de Cuba procuraram gerar novas estruturas sociopolíticas pela coletivização da riqueza. Esses Estados socialistas exortaram a supressão da individualidade em troca do bem social maior, definido pelo fim da exploração capitalista, pelos incrementos de produção e pela melhoria dos serviços sociais (Fagen, 1969; Skocpol, 1979). Os Estados socialistas não foram tão bem-sucedidos como as sociedades capitalistas na conexão entre o capital social e a produtividade econômica individual e coletiva. Ao contrário do que afirma a teoria marxista, o socialismo de Estado não é tão bom em matéria de acumulação de capital quanto o capitalismo de mercado, apesar de uma ideologia social de sacrifício individual pelo bem coletivo. Recentemente, a China e o Vietnã alcançaram altas taxas de crescimento econômico, mas em grande medida por permitir a emergência de mercados e relações de produção capitalistas ao lado de empreendimentos estatais. Ou os valores socialistas não são tão complementares quanto a competição individual e a maior produtividade individual ou a produção estatal é tão ineficiente que mesmo a presença de valores socialistas não consegue superar essas ineficiências.

Apesar dessas deficiências, os Estados socialistas tiveram mais êxito que os Estados capitalistas no desenvolvimento da educação em massa de qualidade, da saúde pública universal e de outros serviços sociais (Carnoy e Samoff, 1989). O ensino fundamental e médio nesses Estados socialistas autoritários é de qualidade, porque eles investiram pesadamente na educação e por causa do outro capital social gerado pelo Estado socialista. O Estado põe grande ênfase na igualdade e na redução da diferença de classe social. Ele visa a garantir a saúde e a segurança das crianças e a eliminar o trabalho infantil. Em consequência, as famílias confiam na capacidade do Estado para produzir educação de qualidade para todos. Isso, por sua vez, leva ao desenvolvimento de uma cultura juvenil e de normas sociais, em que mesmo grupos de NSE mais baixo valorizam o sucesso acadêmico. O socialismo complementa a distribuição da educação em massa e de outros serviços sociais melhor que o individualismo e a competitividade louvados pelas sociedades capitalistas democráticas (Carnoy e Samoff, 1989). Ao mesmo tempo, um Estado autoritário comprometido com uma educação de qualidade pode impor as condições contextuais para produzi-la, em vez de recorrer ao capital social gerado pelas famílias ou à regulação indireta das opções individuais[7].

Previamente, discutimos como Cuba está formalmente organizada em torno de escolhas limitadas, enquanto que no restante da América Latina a sociedade é definida como "livre e democrática". Os países capitalistas democráticos latino-americanos possibilitam, teoricamente, uma gama de opções a todas as famílias. Essas escolhas incluem decisões sobre o local de trabalho, a escola frequentada pelos filhos e, em muitas regiões de baixa renda, até se é o caso de enviar os filhos à escola. Fora de Cuba, as famílias latino-americanas também dispõem de mais "opções" de moradia e têm muito mais probabilidade de mudar de casa que as famílias cubanas, cujo movimento residencial é restrito. No entanto, isso também significa que as crianças cubanas têm muito mais probabilidade de permanecer na mesma escola[8]. O Estado cubano concebe um contexto social para educação que dá apoio ao sucesso do estudante. Esse é especialmente o caso para os estudantes de classe social inferior e suas famílias. Em outros países, essas famílias podem fazer "opções" prejudiciais ao melhor desempenho acadêmico.

Os professores e os gestores de outros países também têm mais "opções" que em Cuba, onde os funcionários escolares são supervisionados muito mais de perto que no restante da América Latina. Nos demais países latino-americanos, os professores dispõem de mais autonomia em suas salas de aula para variar seus estilos de ensino e para cobrir — ou não — o currículo prescrito. Embora não tenhamos dados do absenteísmo dos professores nos países tratados neste estudo, a partir de nossas observações em três deles — Brasil, Chile e Cuba (e estudos empíricos em outros) —, a existência de quantidades significativas de faltas, principalmente nas áreas rurais, reduz expressivamente o tempo real de aulas na maioria dos países latino-americanos, mas não tem papel ativo em Cuba (Alcazar *et al.*, 2004; Marshall, 2003; Rogers *et al.*, 2004).

Avaliar o impacto do capital social familiar ou coletivo sobre os resultados dos estudantes não é simples. O capital social, à medida que se relaciona com as escolas, é geralmente discutido em termos de redes entre estudantes ou entre os pais dos alunos que frequentam a escola. Coleman utiliza indicadores das relações familiares com a comunidade (por exemplo, quantidade de vezes que a família se mudou e se ela frequenta uma igreja), para mensurar o impacto do capital social em relação ao risco de evasão do ensino médio. Outras medidas, mais indiretas, dos impactos do capital social familiar são o grau de variação do NSE médio familiar através dos bairros e escolas e a concentração de estudantes com desempenho academicamente baixo e alto em escolas ou salas de aula específicas. Em geral, isso é chamado de "efeito dos pares" (*peer effect*, no jargão em inglês), que tem elementos do capital social. Também pode ser o efeito das redes dos pais (ou da ausência dessas redes), quando pais altamente instruídos ou menos instruídos estão concentrados em diferentes escolas (ver, por exemplo, Betts *et al.*, 2003; Willms, 1989).

Os pais altamente instruídos, com mais renda, têm mais probabilidade de ser ativos nas escolas dos filhos, em parte porque dispõem de mais tempo e em parte porque se sentem mais capacitados a se envolver nas atividades escolares (Benveniste, Carnoy e Rothstein, 2002). Essa observação implica que as escolas com estudantes de classe social mais alta têm capital social maior, assim como capital humano maior, pois os pais, nessas escolas, criam redes e beneficiam todos os alunos da escola, e não somente seus próprios filhos.

Nosso desafio é ir além do efeito do capital social familiar para avaliar os efeitos do capital social gerado pelo Estado. Acreditamos que o capital social gerado pelo Estado, em suas diversas formas, tem um impacto importante na atmosfera da sala de aula (comportamento do estudante) e, dessa maneira, afeta o tempo que os professores gastam ensinando habilidades cognitivas. Também pode moldar a organização escolar e influenciar bastante o papel administrativo dos diretores escolares; o controle que as autoridades têm sobre o comparecimento do professor e do aluno (Marshall, 2003); as expectativas que os pais têm com relação aos professores (e os professores com relação aos pais), no complexo processo da educação das crianças; o senso de responsabilidade e o compromisso dos professores e dos diretores escolares com a melhoria da aprendizagem dos estudantes e o foco da escola no ensino, principalmente nas escolas de baixa renda.

Posteriormente, neste livro, comparamos a gestão geral dos sistemas educacionais brasileiro, chileno e cubano. Também medimos as diferenças entre o que é ensinado e como é ensinado pelos professores nesses três países. Mas, antes de entrar em mais detalhes sobre o que acontece nos sistemas escolares, nas escolas e nas salas de aula, vamos observar o cenário mais amplo, a partir dos modelos supersimplificados de como as escolas produzem o desempenho acadêmico.

4

COMPARANDO O DESEMPENHO ACADÊMICO EM CUBA AO DE OUTROS PAÍSES LATINO-AMERICANOS

Agora passamos a avaliar quanto da diferença de desempenho entre os estudantes cubanos, brasileiros e chilenos (e de outros países latino-americanos) está relacionada com as diferenças de origem familiar, escolar e de contexto social entre os países[1].

Medir quão bem as crianças aprendem o que é ensinado na escola é por si só um desafio. Para os educadores, precisamos de múltiplas medidas de aprendizagem, incluindo provas com base no currículo prescrito, avaliações do portfólio de trabalho dos alunos e avaliações dos docentes. No entanto, a maioria dos estudos recorre somente às provas, e os estudos internacionais valem-se necessariamente de provas apenas indiretamente relacionadas ao currículo ensinado em algum país específico.

Além disso, gostaríamos de saber quais fatores da escola contam mais na aprendizagem dos alunos. Para fazer isso corretamente, devemos saber quanto os alunos aprendem em um *determinado ano letivo*, ou seja, o ganho em termos de notas. Assim, podemos estimar uma relação mais clara entre o desempenho do estudante e os atributos do professor e outros insumos naquele ano letivo. Na realidade, gostaríamos de medir o desempenho do estudante no início e no fim do ano e de obter boas informações sobre seu(s) professor(es) naquele mesmo ano.

Começando com James Coleman, em meados dos anos 60 (Coleman *et al.*, 1966), os sociólogos e economistas procuraram compreender o efeito dos insumos escolares sobre o desempenho do estudante. Em geral, eles estimavam essas relações para uma amostra específica de alunos, em um ponto específico no tempo. Esses alunos não mostraram ganho em termos de nota em um determinado ano letivo. As estimativas incluíam variáveis como formação inicial do professor e experiência docente, origem e situação familiar dos alunos e tamanho da sala de aula. Em geral, a análise comparativa concentra-se em uma variável específica, como tamanho da sala de aula, para grupos diferentes de estudantes ou em diferentes pesquisas (Hanushek, 1986; Krueger, 1999). Como os estudiosos raramente conseguiram encontrar pesquisas que coletassem os mesmos dados para diferentes grupos de alunos, em ambientes educacionais potencialmente diferentes, as comparações do passado focalizaram necessariamente na origem de cada estudante e nas diferenças dos insumos escolares, em vez de se concentrarem nas possíveis diferenças de contexto social entre as escolas e no impacto desse contexto sobre o desempenho do estudante[2].

Os estudos da educação, usando uma metodologia consistente através dos países, fornecem a base para a análise dessas diferenças contextuais. Graças às provas internacionais, como a Terceira Pesquisa Internacional em Matemática e Ciências (Timss, na sigla em inglês), sabemos que os alunos de Cingapura, da Coreia do Sul e do Leste Europeu tendem a apresentar um desempenho muito melhor em matemática do que os alunos dos Estados Unidos. O volume de recursos dedicados à educação, tanto em casa como na escola, não explica claramente por que isso ocorre. Comparações mais detalhadas do processo educacional, entre países academicamente muito bem-sucedidos e países similares, mas menos bem-sucedidos, claramente não atendem aos padrões da distribuição aleatória dos alunos entre situações diferentes. No entanto, quanto aos assim chamados experimentos naturais, as comparações parecem indicar um efeito dos diferentes ambientes sociais sobre o desempenho dos alunos (Knight e Sabot, 1990).

A pesquisa internacional realizada em 1997-98 pelo Laboratório Latino-Americano de Avaliação da Qualidade da Educação (Llece, na sigla em espanhol), da Unesco, baseou-se em estudos mais antigos e mais abrangentes, como a Avaliação Educacional Internacional (IEA, na sigla em inglês) e a Timss. A avaliação do Laboratório testou quatro mil alunos da terceira e da quarta séries de 13 países latino-americanos. A prova incluiu questões de matemática e linguagem (espanhol, exceto no Brasil, onde os alunos foram testados em português), administradas a amostras representativas (cerca de dois mil alunos urbanos e dois mil rurais) das terceira e quarta séries e comparáveis através da aplicação de técnicas psicométricas padronizadas (Llece, 1998).

Como a Timss, a pesquisa do Llece procurou enfrentar o desafio de avaliar os estudantes em países que utilizavam currículos diferentes. Em alguns países, como o Brasil, o currículo varia entre os estados e os municípios, enquanto em outros países latino-americanos o currículo é nacional. Os diretores escolares, os pais e os professores responderam questionários, que forneceram dados sobre a família (nível socioeconômico, por exemplo), os alunos (sexo e motivação, por exemplo), os professores (educação, formação inicial e expectativas, por exemplo) e as escolas (condições da sala de aula e disponibilidade de livros didáticos, por exemplo). A pesquisa não coletou dados sobre o currículo utilizado e, em geral, não é tão detalhada quanto a Timss. Portanto, não podemos comparar o tipo de currículo nos países latino-americanos pesquisados.

Além disso, nem todos os dados dos países são de igual "qualidade". Muitas perguntas do questionário não foram respondidas por todos, de modo que variáveis importantes em diversos países são carentes de quantidades significativas de respostas. Portanto, quando estimamos as equações de regressão, a quantidade de observações é muito menor do que quatro mil.

Também é razoável perguntar se as notas muito altas em Cuba resultam da escolha de um grupo seleto de escolas ou de um grupo seleto de alunos nas escolas pesquisadas. Os pesquisadores do Llece voltaram para Cuba para testar novamente os alunos de cinco escolas selecionadas aleatoriamente entre as cem originalmente pesquisadas. Eles não constataram diferenças significativas nos resultados. Mas isso não responde à questão sobre a representatividade das cem escolas em relação ao conjunto das escolas primárias cubanas. Nossas próprias observações em sala de aula, em dez escolas (rurais, urbanas e na periferia da cidade), sugeriram diferenças importantes no nível de desempenho dos alunos cubanos da terceira série em comparação com os níveis dos alunos brasileiros e chilenos. No entanto, essas observações de sala de aula não respondem plenamente ao ceticismo sobre a aleatoriedade da pesquisa cubana (e também a aleatoriedade das pesquisas dos outros países).

Apesar dessas omissões e das limitações com respeito aos dados, o Laboratório da Unesco coletou informações valiosas, que podemos utilizar para representar os capitais sociais familiar e coletivo (que chamaremos de contexto social da educação) nas funções de produção educacional. Os dois tipos de capital social variam consideravelmente entre os estudantes e entre as escolas na maioria dos países latino-americanos, mas variam muito menos em Cuba. Por sua vez, o contexto social cubano (capital social coletivo) difere significativamente do contexto social do restante da América Latina.

A pesquisa do Llece não é a primeira a fornecer informações comparativas sobre o desempenho dos estudantes latino-americanos, mas é a mais extensa e completa realizada até hoje. Embora cheio de problemas típicos de dados faltantes e não tão detalhado quanto a Timss, o estudo parece ser suficientemente completo em sete países (Argentina, Bolívia, Brasil, Chile, Colômbia, Cuba e México), permitindo uma análise razoável entre eles[3]. O foco nesta análise é nos nossos três países de interesse — Brasil, Chile e Cuba —, mas também queremos verificar a comparação entre os estudantes desses três países com os de outros países latino-americanos.

Defendemos a tese da importância do capital social gerado pelo Estado para explicar essas diferenças; se esta tese se sustenta, devemos poder mostrar que nossos indicadores de contexto social são correlatos significativos do desempenho dos estudantes, levando em conta sua origem familiar e as diferenças de recursos de suas escolas. Também devemos poder mostrar que as diferenças de contexto social entre Cuba e outros países estão relacionadas com as notas maiores da prova dos estudantes cubanos. Para o Brasil e alguns outros países, este realmente parece ser o caso. Para o Chile, porém, as diferenças do contexto social ajudam pouco para compreender por que os estudantes chilenos têm notas tão mais baixas que os cubanos.

Criamos dois conjuntos de estimativas para comparação. Um deles junta os alunos de terceira e quarta séries em uma amostra única e controla a série em que o estudante foi testado (Willms e Somers, 2001). Ainda que essa abordagem não seja ideal do ponto de vista metodológico, como seria, por exemplo, a medida do ganho em desempenho do mesmo aluno no final da terceira série e no final da quarta série, por exemplo, pressupomos que a terceira e a quarta séries são suficientemente prematuras na vida escolar do aluno para que as características medidas em sala de aula de terceira e quarta séries sejam semelhantes às das duas séries anteriores.

O segundo conjunto de estimativas avalia o que pode ser chamado de "ganho em nota", utilizando os resultados da prova dos alunos da quarta série como variável dependente e a nota média dos alunos da terceira série, da mesma escola, como variável independente. O número de alunos da quarta série dos quais temos as notas da prova e outras informações é menor que o de alunos da terceira série, mas é suficiente para relacionar o desempenho dos alunos da quarta série com sua origem familiar, as características da escola e o contexto social da escola. Essa abordagem tende a superestimar os ganhos "reais" em nota dos alunos de alto desempenho e alto nível socioeconômico. Ao mesmo tempo, subestima os ganhos reais dos alunos com NSE mais baixo; assim, o efeito estimado do NSE individual, do capital social familiar e do possível capital social coletivo ainda é influenciado para cima, em comparação com uma estimativa que mede o desempenho individual longitudinalmente. Outro problema com esses dados específicos é que, em Cuba, os alunos, tanto de terceira como de quarta série, saíram-se bem nessa (mesma) prova; a diferença (ganho) foi relativamente pequena e era muito menos significativa do que em outros países, onde as notas dos alunos da terceira série foram consideravelmente menores. Em Cuba, podemos estar subestimando os "ganhos" que os alunos com NSE mais alto teriam se a prova fosse mais difícil. Previsivelmente, o controle da nota dos alunos da terceira série elimina essencialmente o efeito da origem familiar média dos estudantes em sala de aula ou na escola, em relação ao desempenho de cada estudante[4].

As variáveis disponíveis para medir as diferenças das características dos alunos e de suas famílias são o sexo do estudante, sua autoconfiança, a educação de seus pais, se estes leem para os filhos, o nível de educação que os pais esperam que seus filhos atinjam e a quantidade de livros que a família tem em casa. Essas variáveis são correlacionadas com o capital humano familiar (educação dos pais), mas variam suficientemente para proporcionar uma medida independente, que pode representar o capital social. Em diversos países da nossa amostra, há grupos desfavorecidos que podem, além do NSE, ser identificados pela cultura indígena ou pela linguagem falada, que é diferente do espanhol dominante (Bolívia, México, Chile, Colômbia), ou pela raça (Brasil, Cuba). Esses dados não estão disponíveis nesta pesquisa.

As variáveis que utilizamos para medir os recursos escolares são estas: se o estudante possui livros didáticos de matemática e linguagem, a formação do professor de terceira e quarta séries, se o professor frequenta a formação em serviço, a condição física da sala de aula e a disponibilidade de materiais em classe. Logicamente, a formação inicial e em serviço do professor deveriam ser importantes para explicar as diferenças no desempenho dos alunos, especialmente quando o conhecimento do conteúdo da disciplina a ser ensinada deveria, em teoria, ser maior entre os professores com níveis mais altos de educação[5]. No entanto, como temos somente dados sobre o professor presente na época da pesquisa, essa omissão pode reduzir o efeito do professor. Da mesma forma, a "qualidade" da formação do professor de nível universitário, por exemplo, pode variar enormemente de país para país. Diversos países, por exemplo, talvez não ensinem matemática nos programas de Pedagogia. Outras características do professor que não foram medidas, como o conhecimento do conteúdo a ser ensinado, seriam então muito mais importantes para descrever sua capacidade de ensino.

Como mencionado, o Llece não mediu o tempo dedicado aos diversos aspectos de um típico currículo de matemática de terceira e quarta séries. Essa é uma falha evidente na tentativa de determinar a contribuição do sistema escolar e das diferenças escolares para o desempenho do estudante. A Timss de 1995 se concentrou no currículo de matemática de sétima e oitava séries, e variáveis demonstraram ser importantes para explicar as diferenças, por exemplo, no desempenho dos alunos da oitava série dos Estados Unidos quando comparados com alunos de países europeus e asiáticos (Schmidt *et al.*, 2001). Assim, a oportunidade para aprender é um elemento sem dúvida importante para entender quanto os estudantes de fato aprendem, explicando provavelmente parte da diferença das notas na prova cubana. Portanto, devido à falta de dados mais completos, provavelmente estamos subestimando os efeitos da escola. Por outro lado, uma análise dos dados da Timss de 1995, usando tanto variáveis sobre a oportunidade para aprender quanto o contexto social como o definimos neste livro, revela que o contexto é importante, mesmo quando a oportunidade para aprender está incluída no modelo estimado de ensino (Carnoy, Marshall e Socias, 2004).

Adicionamos diversas outras medidas de organização escolar ao modelo: o grau de autonomia do diretor da escola, como reportado pelo diretor; se a escola é particular ou pública e se a escola é urbana ou rural. É possível que a autonomia do diretor seja uma função do grau de privatização do sistema escolar e nós testamos essa relação. Nossos resultados indicam que, embora os diretores possam "sentir-se" autônomos, o efeito da autonomia na explicação das diferenças de desempenho dos estudantes entre os países é maior na Bolívia, no Brasil e no Chile, onde é muito alta a proporção de estudantes na amostra que frequentam escolas particulares (Bolívia e Chile) ou onde a gestão do sistema educacional é altamente descentralizada (Brasil).

Empregamos quatro variáveis representativas do capital social coletivo: (1) se o estudante frequentou a pré-escola; (2) se o estudante trabalha depois da escola (dentro ou fora de casa); (3) a quantidade de brigas em sala de aula reportadas pelos alunos de cada classe; (4) a origem socioeconômica média dos estudantes da escola, extraída da análise dos componentes principais da análise fatorial[6]. Cada uma dessas variáveis indica algo sobre o contexto social (capital social gerado pelo Estado) em que os alunos recebem sua educação. Essas mensurações do capital social gerado pelo Estado vão além da origem familiar individual e das diferenças de recursos escolares. Cada uma representa algum aspecto de quanto cada país valoriza, controla e aprimora o ambiente em que as crianças vivem e aprendem.

O grau de acesso à pré-escola, por exemplo, reflete quanta ênfase as localidades ou os países põem na inclusão de todas as crianças pequenas em um ambiente educacional mais estimulante. Embora a renda per capita nos Estados Unidos seja maior do que na Europa, os países escandinavos e a França investiram pesadamente na pré-escola universal, ao contrário dos Estados Unidos. Aqueles países têm optado, como sociedades, pela educação da primeira infância, refletindo seus pontos de vista políticos referentes ao relacionamento do Estado com as famílias. Nos Estados Unidos, as diferentes regiões do país variam na quantidade de pré-escolas e creches subvencionadas oferecidas às famílias de baixa renda (Loeb *et al.*, 2007). Esses resultados indicam que a frequencia do estudante à pré-escola não é nem um insumo escolar, nem apenas uma opção da família do estudante, mas uma função de opções públicas coletivas, principalmente em relação à pré-escola para famílias de baixa renda.

Da mesma forma, quando uma quantidade significativa de crianças pequenas trabalha fora de casa, isto indica que a sociedade não dá apoio material suficiente para reduzir o estímulo às famílias de baixa renda para enviar os filhos pequenos para trabalhar como assalariados[7]. Muitos analisam a decisão referente ao trabalho infantil como uma questão familiar, por boas razões — há elementos importantes de funções de utilidade familiar na opção de fazer uma criança trabalhar ou não (ver, por exemplo, Glewwe e Jacoby, 1994; Post, 2002). No entanto, a política social do Estado — principalmente o grau de serviços do setor público, o acesso à educação (principalmente nas áreas rurais) e o apoio material a famílias de baixa renda — também tem influência importante na frequência média do trabalho infantil fora de casa (Post, 2002). Como Post já demonstrou, é importante fazer uma distinção entre o trabalho fora e dentro de casa[8].

Outro representante do investimento em capital social é a frequência das brigas em sala de aula reportadas pelos alunos (resultado da soma das respostas individuais dos alunos em cada escola, dividida pela quantidade de estudantes pesquisados nessa escola). As crianças que vivem em regiões de baixa renda, em todos os países latino-americanos, exceto em

Cuba, estão expostas à violência cotidiana e, portanto, sustentamos, têm mais probabilidade de perturbar sua classe ou brigar na escola. Isso está parcialmente associado às características da família de cada estudante, mas também é função do aparato jurídico e policial do Estado em nível local e nacional. Esse aparato pode se recusar a controlar a violência, ou ser incapaz de o fazer, ou ainda pode ser parte essencial da cultura da violência, como é o caso em diversos países latino-americanos[9].

A variável NSE média dos alunos da escola é uma medida mais complexa do capital social, como já discutimos. Ao contrário das outras variáveis que utilizamos para representar o capital social, o próprio NSE médio da escola mede somente a soma do NSE de cada estudante, em cada uma das escolas[10]. Por que o NSE médio da escola afetaria o desempenho de cada aluno para além da média do capital humano familiar individual? Em primeiro lugar, os pais criam redes e associações que influenciam as relações com seus filhos, em termos de expectativas do desempenho acadêmico e do nível de escolaridade deles, e também influenciam o desempenho e as expectativas do professor com relação aos alunos: é provável que, quanto mais alto o NSE, mais desse capital social seja gerado pelos pais na escola. Em segundo lugar, os pares (mesmo crianças de terceira e quarta séries) também criam redes e associações que influenciam o desempenho acadêmico de cada aluno: provavelmente, quanto mais alto o NSE médio, mais os pares criam redes de apoio acadêmico[11].

COMPREENDENDO POR QUE AS NOTAS DOS ESTUDANTES NA PROVA SÃO DIFERENTES NOS DIVERSOS PAÍSES

Uma vez estimado o modelo para cada país, queremos estimar o impacto do modelo no desempenho dos estudantes de cada país, admitindo que alunos, escolas e contexto social das escolas tenham as mesmas características médias de Cuba. Chama-se a isso "simulação" do desempenho do aluno. A simulação ajuda a responder questões do tipo "e se". Por exemplo: e se os alunos brasileiros da terceira série tivessem pais com a mesma educação, frequentassem escolas com os mesmos recursos e estudassem no mesmo ambiente social dos alunos cubanos da terceira série? Quão bem se sairiam academicamente os estudantes brasileiros da terceira série se as famílias, as escolas e as relações diárias brasileiras fossem semelhantes às de Cuba? Nossas simulações do desempenho do aluno são uma maneira de examinar essa situação hipotética.

As simulações recalculam o desempenho do estudante em cada um dos outros seis países da pesquisa do Llece, utilizando os coeficientes estimados da equação associada a cada país e inserindo os valores médios das variáveis dos questionários de Cuba[12]. Isso permite fazer uma estimativa do impacto da diferença em "recursos" (diferenças na educação familiar, no capital social familiar, nos insumos escolares e no contexto social escolar) nas diferenças em desempenho dos alunos[13]. Como discutiremos posteriormente, o volume de capital social associado à origem socioeconômica média das famílias nas escolas é questionável. Por isso, fizemos duas estimativas do impacto do efeito do contexto social escolar cubano: uma inclui a origem socioeconômica escolar média na definição de contexto social; a outra, não.

MÉDIAS DAS VARIÁVEIS POR PAÍS

O desempenho dos alunos, como medido pelas provas de matemática e linguagem aplicadas pelo Llece, varia significativamente entre os países. As médias e os desvios-padrão (quando relevantes) para cada variável que deriva dos questionários respondidos pelos alunos, seus pais e o pessoal das escolas são detalhados nas Tabelas 1 e 2; as definições são listadas na Tabela 17 do Anexo. A Tabela 1 registra as médias das variáveis para todos os estudantes da amostra, da terceira e da quarta séries. A Tabela 2 registra os resultados somente dos estudantes da quarta série; essa é a amostra que utilizamos para estimar as notas na prova dos alunos da quarta série, controlando pela média das notas dos alunos da terceira série da mesma escola. As variáveis, em sua maioria, são índices; assim, por exemplo, a educação dos pais é medida em uma escala de 0 a 6 e a quantidade de livros em casa, em uma escala de 1 a 4.

TABELA 1
Médias e desvios-padrão para as variáveis incluídas na análise

Variáveis	PAÍS							
	Argentina	Bolívia	Brasil	Chile	Colômbia	Cuba	México	Total
Desempenho em matemática	276,7 (42,0)	257,5 (44,1)	265,8 (44,3)	259,2 (41,2)	253,7 (37,9)	356,0 (68,2)	257,7 (43,0)	279,4 (61,9)
Desempenho em linguagem	290,7 (49,9)	252,2 (52,4)	271,8 (47,3)	280,8 (53,0)	257,1 (50,1)	341,0 (51,0)	255,0 (53,9)	279,6 (60,4)
Características do estudante/família								
Sexo feminino	0,50	0,51	0,50	0,52	0,49	0,52	0,50	0,50
Autoconfiança do estudante	2,46 (0,41)	2,42 (0,42)	2,29 (0,39)	2,32 (0,52)	2,40 (0,42)	2,52 (0,29)	2,40 (0,41)	2,40 (0,40)
Educação dos pais	3,38 (1,58)	3,10 (1,65)	1,91 (1,52)	3,12 (1,44)	2,55 (1,49)	4,22 (1,27)	2,84 (1,40)	3,07 (1,63)
Leitura para o filho	2,75 (1,39)	2,37 (1,40)	2,65 (1,54)	2,80 (1,38)	2,35 (1,45)	3,60 (0,82)	2,38 (1,43)	2,72 (1,41)
Nível esperado de escolaridade	5,28 (1,24)	5,35 (1,26)	4,83 (1,56)	5,14 (1,21)	5,03 (1,38)	5,71 (0,80)	4,45 (1,68)	5,14 (1,37)
Livros na casa	2,93 (0,90)	2,57 (0,88)	2,42 (0,88)	2,66 (0,90)	2,38 (0,91)	2,65 (0,89)	2,33 (0,91)	2,54 (0,91)
Característica do professor/escola								
Quarta série	0,51	0,52	0,48	0,52	0,53	0,50	0,50	0,51
Materiais em sala de aula	7,22 (2,64)	4,35 (3,01)	6,74 (2,35)	7,10 (2,83)	5,01 (2,62)	5,83 (1,19)	6,52 (2,34)	5,95 (2,65)
Estudante tem livro didático de linguagem	0,66	0,69	0,87	0,94	0,70	0,97	0,96	0,84
Estudante tem livro didático de matemática	0,43	0,54	0,81	0,87	0,60	0,95	0,92	0,76
Formação do professor								
Só ensino médio	0,40	0,89	0,71	0,26	0,66	0,09	0,60	0,52
Nível superior	0,57	0,06	0,29	0,74	0,32	0,91	0,40	0,47
Outra	0,03	0,04	0,00	0,00	0,02	0,00	0,00	0,01
Sessões de formação em serviço do professor	7,44 (5,40)	7,42 (5,93)	4,96 (5,61)	3,26 (4,64)	3,85 (3,24)	3,96 (6,79)	4,65 (4,30)	4,98 (5,54)
Condição da sala de aula	0,68 (0,28)	0,59 (0,39)	0,69 (0,28)	0,66 (0,30)	0,69 (0,28)	0,77 (0,28)	0,77 (0,27)	0,69 (0,31)
Autonomia do diretor	2,34 (0,36)	2,44 (0,42)	2,41 (0,38)	2,38 (0,36)	2,50 (0,32)	2,42 (0,32)	2,22 (0,43)	2,39 (0,38)
Escola rural	0,09	0,19	0,18	0,22	0,31	0,38	0,32	0,26
Escola particular	0,25	0,40	0,20	0,39	0,24	—	0,18	0,23
Contexto social								
Estudante frequentou pré-escola	0,89	0,73	0,77	0,67	0,69	0,94	0,86	0,79
Trabalha fora de casa	1,48 (0,18)	1,77 (0,29)	1,49 (0,20)	1,50 (0,22)	1,72 (0,29)	1,04 (0,11)	1,62 (0,25)	1,51 (0,34)
Trabalha em casa	2,50 (0,17)	2,60 (0,14)	2,50 (0,15)	2,37 (0,14)	2,56 (0,17)	2,72 (0,14)	2,42 (0,13)	2,54 (0,17)
Crianças livres de trabalho	2,18 (0,21)	2,08 (0,17)	2,21 (0,16)	2,21 (0,16)	2,14 (0,26)	1,94 (0,28)	20,6 (0,21)	2,10 (0,23)
Brigas em sala de aula	0,30 (0,17)	0,26 (0,17)	0,27 (0,14)	0,26 (0,12)	0,30 (0,21)	0,07 (0,09)	0,28 (0,15)	0,24 (0,17)
Fator NSE (escola)	0,47 (0,82)	−0,04 (0,87)	−0,47 (0,85)	0,12 (0,75)	−0,37 (0,83)	0,90 (0,49)	−0,22 (0,81)	0,07 (0,91)
Número de casos (linguagem)	1.402	2.825	2.065	2.127	2.451	3.053	2.378	16.311
Número de casos (matemática)	1.402	2.797	1.999	1.305	2.421	3.019	2.305	15.248

TABELA 2
Médias e desvios-padrão para as variáveis incluídas na análise somente da quarta série

Variáveis	PAÍS							
	Argentina	Bolívia	Brasil	Chile	Colômbia	Cuba	México	Total
Desempenho em matemática	286,0 (42,0)	258,7 (43,8)	277,6 (44,9)	268,9 (41,4)	260,8 (36,4)	357,5 (66,2)	266,1 (42,0)	285,2 (59,9)
Desempenho em linguagem	301,3 (47,6)	253,9 (49,3)	283,4 (47,2)	293,1 (51,9)	268,7 (48,3)	343,1 (51,2)	266,4 (54,1)	287,5 (58,6)
Características do estudante/família								
Sexo feminino	0,51	0,52	0,51	0,51	0,51	0,52	0,48	0,51
Autoconfiança do estudante	2,44 (0,40)	2,36 (0,41)	2,29 (0,39)	2,29 (0,43)	2,39 (0,40)	2,52 (0,30)	2,39 (0,40)	2,39 (0,39)
Educação dos pais	3,32 (1,58)	3,07 (1,63)	1,92 (1,52)	305 (1,45)	2,54 (1,47)	4,24 (1,27)	2,81 (1,41)	3,05 (1,62)
Leitura para o filho	2,73 (1,39)	2,38 (1,41)	2,63 (1,57)	2,80 (1,37)	2,38 (1,45)	3,58 (0,87)	2,33 (1,42)	2,71 (1,42)
Nível esperado de escolaridade	5,28 (1,24)	5,33 (1,33)	4,77 (1,57)	5,10 (1,23)	5,06 (1,34)	5,68 (0,86)	4,41 (1,69)	5,12 (1,39)
Livros na casa	2,93 (0,90)	2,58 (0,88)	2,44 (0,88)	2,67 (0,92)	2,41 (0,91)	2,66 (0,90)	2,34 (0,90)	2,56 (0,91)
Característica do professor/escola								
Materiais em sala de aula	7,17 (2,61)	4,26 (3,06)	6,72 (2,23)	7,12 (2,88)	5,05 (2,65)	5,83 (1,18)	6,50 (2,39)	5,92 (2,67)
Estudante tem livro didático de linguagem	0,65	0,69	0,88	0,94	0,69	0,97	0,97	0,84
Estudante tem livro didático de matemática	0,48	0,52	0,84	0,89	0,59	0,96	0,93	0,76
Formação do professor								
Só ensino médio	0,40	0,90	0,74	0,25	0,66	0,09	0,59	0,52
Nível superior	0,58	0,07	0,26	0,75	0,33	0,91	0,41	0,47
Outra	0,02	0,03	0,00	0,00	0,01	0,00	0,00	0,01
Sessões de formação em serviço do professor	7,55 (5,76)	7,75 (6,26)	4,92 (5,78)	3,42 (5,85)	3,86 (3,09)	3,87 (6,92)	4,69 (4,56)	5,05 (5,86)
Condição da sala de aula	0,66 (0,29)	0,60 (0,40)	0,68 (0,29)	0,66 (0,30)	0,69 (0,28)	0,78 (0,28)	0,78 (0,27)	0,69 (0,31)
Autonomia do diretor	2,33 (0,35)	2,45 (0,42)	2,41 (0,38)	2,38 (0,36)	2,49 (0,32)	2,43 (0,32)	2,21 (0,42)	2,39 (0,38)
Escola rural	0,12	0,19	0,18	0,22	0,29	0,39	0,34	0,26
Escola particular	0,24	0,41	0,19	0,39	0,25	—	0,17	0,23
Contexto social								
Estudante frequentou pré-escola	0,89	0,70	0,77	0,65	0,70	0,96	0,87	0,79
Trabalha fora de casa	1,49 (0,17)	1,77 (0,28)	1,49 (0,19)	1,50 (0,22)	1,72 (0,28)	1,03 (0,12)	1,63 (0,25)	1,51 (0,34)
Trabalha em casa	2,51 (0,17)	2,60 (0,14)	2,50 (0,15)	2,37 (0,15)	2,55 (0,17)	2,73 (0,14)	2,43 (0,14)	2,54 (0,19)
Crianças livres de trabalho	2,17 (0,22)	2,08 (0,17)	2,20 (0,16)	2,22 (0,17)	2,13 (0,25)	1,95 (0,27)	2,06 (0,21)	2,10 (0,23)
Brigas em sala de aula	0,30 (0,17)	0,25 (0,17)	0,27 (0,14)	0,25 (0,13)	0,30 (0,21)	0,07 (0,09)	0,28 (0,15)	0,24 (0,17)
Fator NSE (escola)	0,43 (0,81)	−0,04 (0,85)	−0,49 0,84)	0,11 (0,77)	−0,36 (0,81)	0,92 (0,49)	−0,26 (0,81)	0,07 (0,90)
Número de casos (linguagem)	718	1.458	983	1.101	1.283	1.550	1.199	8.292
Número de casos (matemática)	718	1.444	948	694	1.269	1.517	1.166	7.756

Os alunos cubanos superam em desempenho acadêmico os alunos dos outros países com mais de um desvio-padrão de diferença na prova de linguagem e com um desvio-padrão entre 1 e 1,5, aproximadamente, na prova de matemática. A diferença do desvio-padrão equivalente a 1 significa que, quando os estudantes dos outros países acertam 50% das questões da prova, os alunos cubanos acertam, em média, mais de 84%. A diferença do desvio-padrão equivalente a 1,5 significa que os alunos cubanos acertam, em média, 90% das questões, enquanto os estudantes dos outros países acertam 50%. Os estudantes argentinos também se saem melhor que seus colegas de outros países participantes, seguidos pelos estudantes chilenos e brasileiros.

Os recursos que podem afetar o desempenho dos estudantes também variam entre os países. Entre os países latino-americanos, os estudantes cubanos têm pais altamente instruídos, que provavelmente leem para seus filhos e que esperam que seus filhos se destaquem na escola. Os alunos cubanos e mexicanos têm probabilidade muito maior de dispor de livros didáticos e os professores dos alunos cubanos geralmente têm um nível maior de formação inicial. As crianças da escola primária cubana também apresentam maior probabilidade de frequentar a escola rural, provavelmente enfrentarão muito menos incidentes de violência em suas salas de aula e têm muito menos probabilidade de trabalhar fora de casa do que seus colegas em outros países latino-americanos.

Essas diferenças são importantes — principalmente, as diferenças no contexto familiar e as diferenças no contexto social escolar — para explicar, ao menos em parte, a razão pela qual as crianças das escolas cubanas superam em desempenho as crianças de outras escolas latino-americanas.

EXPLICANDO O DESEMPENHO DO ALUNO EM CADA PAÍS

O objetivo destas estimativas é avaliar o grau de influência do capital social familiar, do capital social coletivo e de outros fatores nas *diferenças* de desempenho entre os estudantes de diferentes países, principalmente entre Cuba, Chile e Brasil, de um lado, e os outros quatro países que analisamos, de outro. Para isso, precisamos primeiro estimar a relação entre o desempenho do estudante e esses fatores "explanatórios" em cada país. Em seguida, utilizamos essas estimativas para simular quão bem os alunos de cada país se sairiam se tivessem recursos familiares e escolares semelhantes aos de Cuba e se frequentassem escolas em um contexto social similar ao dos alunos cubanos.

As estimativas relativas ao desempenho dos alunos em cada país sugerem o seguinte[14]:

- As características do aluno e de seus pais são importantes para explicar o desempenho do aluno em cada país. Como é típico, as meninas de todos os países tiraram notas mais baixas em matemática que os meninos (exceto em Cuba e no México) e mais altas em linguagem (exceto na Bolívia). A autoconfiança do aluno explica muito o seu desempenho, mas provavelmente reflete quão bem um estudante está realmente se saindo na escola; assim, talvez não deva ser interpretada como uma contribuinte do melhor desempenho. A relação positiva entre a educação dos pais e o desempenho do estudante também é estatisticamente significativa em cada um dos países. O capital social familiar, principalmente as expectativas dos pais com relação à escolaridade do filho (número de anos de educação), e o índice da quantidade de livros em casa geralmente têm um impacto expressivo sobre o desempenho do estudante na escola. As expectativas dos pais, como a autoconfiança do estudante, também podem ser efeito — e não causa — do melhor desempenho do aluno na escola.
- Em geral, os insumos escolares específicos não são muito importantes para explicar o desempenho dos alunos em matemática. No entanto, os livros didáticos e os materiais de sala de aula ajudam a explicar o desempenho em linguagem em determinados países.
- As variáveis do capital social gerado pelo Estado, como o capital social familiar, são importantes para explicar as diferenças de desempenho entre os alunos. As diferentes variáveis do capital

social do Estado tendem a se correlacionar, de modo que as variáveis mais importantes diferem entre os países. O impacto da origem socioeconômica média de cada turma é grande e estatisticamente significativo no desempenho individual de cada aluno na Argentina, no Brasil e no Chile; o quanto o aluno trabalha fora de casa afeta negativamente seu desempenho na Argentina, no Brasil, na Colômbia e no México; e as brigas em sala de aula têm efeitos especialmente grandes em todos os países, exceto Chile e México. Um dos motivos para o impacto significativo do trabalho fora de casa no desempenho do aluno no México, mas não, por exemplo, no Chile, pode ser o fato de que há um número maior de jovens trabalhando fora no México do que no Chile (Post, 2002), em parte porque a idade média dos alunos de terceira e quarta séries é maior no México do que no Chile. O mesmo pode se dar no Brasil e na Colômbia, embora provavelmente não na Argentina. Em alguns países, a frequência à pré-escola — ou a estímulos acadêmicos precoces — também tem efeito importante no desempenho dos alunos de terceira e quarta séries. No entanto, é evidente que os entrevistados interpretaram a pré-escola como sinônimo de maternal, o que explica a alta proporção de alunos com pré-escola em quase todos os países (Tabelas 1 e 2) e o efeito supostamente menor da pré-escola.

ESTIMANDO O "VALOR AGREGADO"

Há um problema importante na tentativa de estimar o efeito dos insumos escolares no desempenho dos alunos medido pelos resultados de terceira e quarta séries combinadas (ver Anexo A para essas estimativas — Tabelas 18 e 19). O desempenho de terceira e quarta séries resulta do impacto cumulativo de características do professor, recursos escolares e condições da sala de aula sobre o aluno, ao longo de três a quatro anos, em uma única turma ou em diversas turmas. Assim, o desempenho medido pela prova do Llece não é somente um produto dos professores e dos materiais em sala de aula de terceira e quarta séries. Ao controlar o NSE médio dos alunos de terceira e quarta séries de cada escola, estamos parcialmente considerando o desempenho escolar nas séries anteriores. O NSE médio em uma escola deveria ser fortemente correlacionado ao desempenho dos alunos quando eles ingressaram na escola, mas pode não ser suficiente para isolar os efeitos das séries anteriores.

Nos casos em que os alunos de mais de uma turma foram testados em uma única escola, é impossível identificar as variações de recursos entre as turmas. As variáveis de contextos familiar e social tendem a ser mais estáveis ao longo do tempo do aluno na escola; em geral, a origem familiar do estudante ou sua probabilidade de trabalhar fora de casa com 10 ou 11 anos de idade não muda depois da primeira ou da segunda série. Assim, essas medições tendem a estar mais correlacionadas do que, por exemplo, a qualidade do professor e a medida cumulativa do desempenho. Portanto, as estimativas relatadas nas Tabelas 18 e 19, no Anexo, provavelmente superestimam o impacto das variáveis dos insumos familiares e do capital social do Estado e subestimam o impacto dos insumos escolares. A natureza dos dados limita nossa capacidade de corrigir esse viés. Os estudos longitudinais do desempenho dos estudantes, em que as notas dos alunos na prova são medidas em dois pontos do tempo (ou mais) e os recursos escolares disponíveis para o aluno são identificados em cada um dos dois (ou mais) momentos, permitem estimativas muito melhores dos efeitos dos insumos escolares. Mesmo assim, essas estimativas podem ser tendenciosas, pois pais mais motivados colocam seus filhos em escolas com mais recursos e as características familiares dos estudantes podem não medir adequadamente a motivação dos pais.

Embora não tenhamos dados longitudinais que meçam os ganhos de cada estudante, temos as notas individuais da prova da quarta série e as notas médias dos alunos da terceira série da mesma escola. Pressupondo que os alunos da terceira série da escola nesse ano tiraram, em média, notas quase iguais às dos alunos da quarta série um ano antes, incluir a nota média da terceira série como variável independente significa que os coeficientes das outras variáveis independentes da equação são estimativas da nota da quarta série, "descontada" a nota média da terceira série. No que diz respeito a cada aluno e às variáveis de sua origem familiar, as estimativas desses coeficientes representam a relação deles com as notas de cada estudante da quarta série, usando como controle a nota média da prova da terceira série, em cada turma/escola. Para as variáveis da turma/escola e do contexto social, os coeficientes representam a relação de cada variável com a nota média da prova da quarta série na turma/escola, usando como controle a nota média da prova da terceira série, na mesma escola — quase um "valor agregado" da escola.

Previsivelmente, os resultados para cada país indicam que o controle da nota individual na prova da quarta série por meio da nota média da terceira série na mesma escola reduz a importância das variáveis do capital social familiar e do capital social do Estado como explicação para o desempenho do aluno. Logicamente, a nota adicional que os alunos conseguem na quarta série é menos afetada pelas variáveis do capital social do que o nível absoluto do seu desempenho acadêmico nesta série. Em geral, os coeficientes para as brigas em sala de aula e para o trabalho fora de casa declinam em valor; mesmo assim, em diversos países — Argentina, Brasil e México, para o trabalho, e Argentina, Bolívia, Colômbia e Cuba, para brigas —, eles continuam a ser estatisticamente significativos. Esta descoberta indica que aqueles coeficientes representam um efeito do capital social que é mais do que apenas a soma das diferenças de NSE entre os alunos. Como se esperava, a variável que mede o NSE médio dos estudantes na escola deixa de ter importância, em geral, quando se inclui a nota média na prova da terceira série como controle. De modo inesperado, no entanto, as variáveis relacionadas à escola geralmente não se tornam mais importantes nesses estudos com "valor agregado". Isso pode ocorrer porque não conseguimos associar os professores aos seus alunos da quarta série, mas é mais provável que ocorra por causa da especificação insatisfatória, por exemplo, das características do professor, que podem explicar as diferenças de desempenho dos alunos. As medições são provavelmente muito próximas para explicar a variação dos resultados dos alunos (ver Tabelas 20 e 21 do Anexo).

SIMULANDO O DESEMPENHO DO ESTUDANTE POR MEIO DA EQUALIZAÇÃO DOS INSUMOS AOS NÍVEIS CUBANOS

Simulamos as notas dos estudantes em cada país estimando uma equação para cada um e admitindo que as médias das características de aluno/família, das características escolares e do contexto social são as mesmas dos estudantes cubanos. Com isso, "eliminam-se" as diferenças associadas à família, à escola e ao contexto social entre Cuba e os outros países, mas o efeito dessas variáveis sobre o desempenho do estudante permanece específico de cada país. Este método permite explicar uma parte significativa da brecha entre as notas cubanas e as notas dos outros países. Podemos fechar a brecha muito mais no caso das notas em linguagem do que das notas em matemática (Figuras 2 e 3). Em linguagem, o Brasil e o Chile fecham com cerca de meio desvio-padrão abaixo da nota

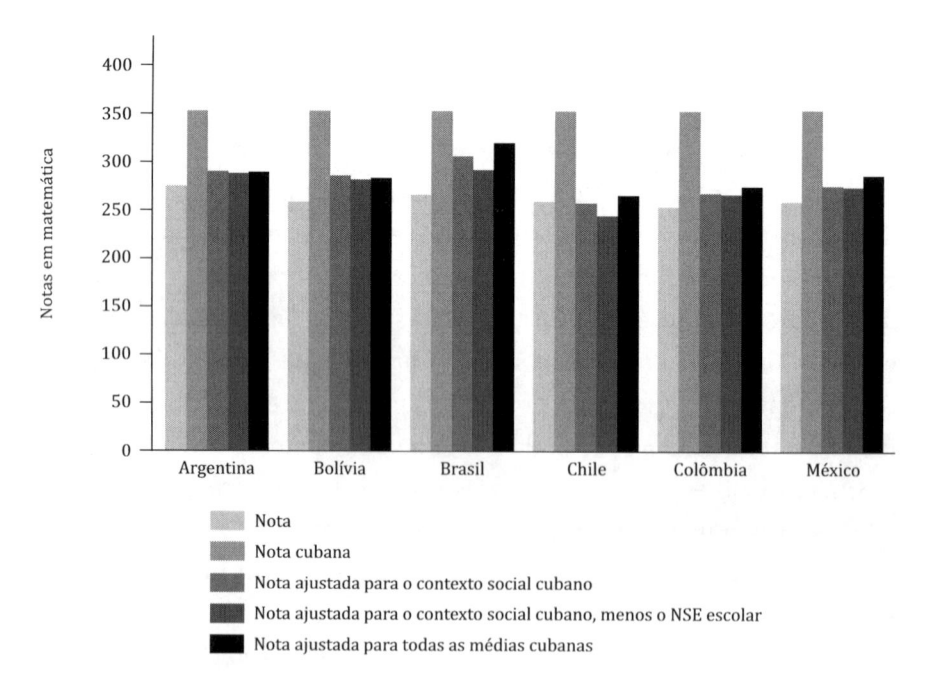

FIGURA 2 Comparação entre as notas de matemática nas terceira e quarta séries de Cuba e as estimativas de notas de matemática em outros países, aplicadas a estes as características cubanas de família, escola e contexto social.

Fonte: Tabela 1 e Tabela 18

cubana. Mas, em matemática, mesmo a maior redução da brecha — para os alunos brasileiros — deixa-os com mais de um desvio-padrão abaixo da média cubana.

O resultado mais revelador, porém, é que, tanto em matemática como em linguagem, a maior parte da brecha é explicada por meio da equalização do capital social do Estado ao padrão cubano. Fechamos a maior parte da brecha ao "permitir" que os alunos dos outros países não trabalhem, assim como os alunos cubanos não trabalham, e ao reduzir os distúrbios em sala de aula aos níveis cubanos. Supomos que valores menores das duas variáveis são indicadores importantes do capital social gerado pelo Estado cubano, um fator que está ausente em grande medida nos outros países. O Chile parece ser o único país em que a alteração do contexto social para os níveis cubanos representa pouco para fechar a brecha entre o desempenho dos alunos chilenos e cubanos.

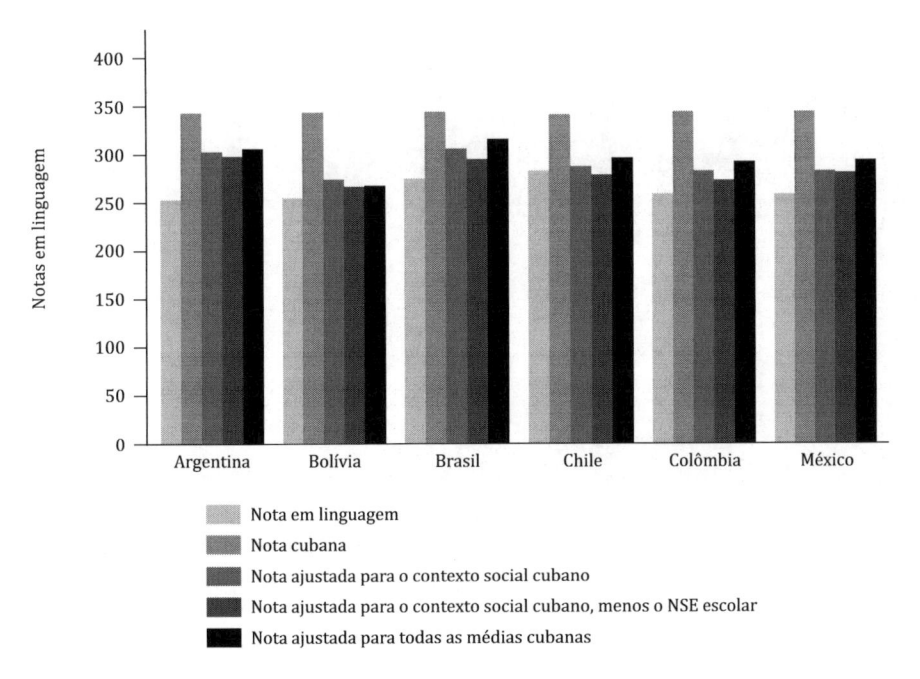

FIGURA 3 Comparação entre as notas de linguagem nas terceira e quarta séries de Cuba e as estimativas de notas de linguagem em outros países, aplicadas a estes as características cubanas de família, escola e contexto social.

Fonte: Tabela 1 e Tabela 19

Isso é importante porque indica que, para os dois países em que estamos especialmente interessados — Brasil e Chile —, a mudança do contexto social (aumento da educação dos pais, redução da violência na escola, redução do trabalho infantil fora de casa) pode ter um impacto importante sobre o desempenho do aluno no Brasil, mas não muito no Chile. Aparentemente, as condições sociais para as crianças chilenas, embora longe do ideal, são muito melhores do que para as crianças brasileiras, a ponto de tornar a política social menos relevante para elevar as notas dos alunos chilenos ao nível cubano. Fica implícito que outros fatores, que não pudemos captar com nossa análise simulatória, desempenham um papel muito mais importante na explicação das notas mais baixas da prova chilena. Essas notas podem estar relacionadas ao ensino ou a uma interação entre o contexto social e o ensino não detectada pelos dados da Unesco.

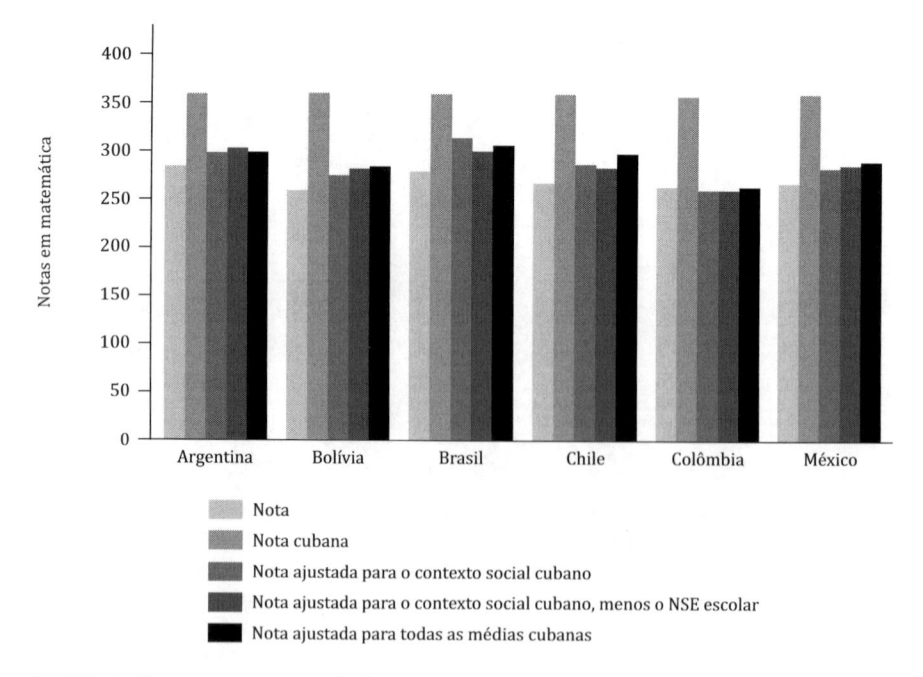

FIGURA 4 Comparação entre as notas de matemática na quarta série de Cuba e as estimativas de notas de matemática em outros países, ajustadas às notas médias de terceira série, e aplicadas a esses outros países as características cubanas de família, escola e contexto social.

Fonte: Tabela 2 e Tabela 20

Quando utilizamos a amostra de alunos de quarta série e a estimativa de suas notas, levando em conta a nota média de terceira série, o papel das variáveis do contexto social deve ser reduzido, pois a nota média da terceira série deve captar uma parte importante das diferenças de contexto de cada país e entre os países. Os efeitos referentes à família também devem declinar, mas como as notas individuais da quarta série estão sendo controladas somente para as médias das escolas, as variáveis familiares podem continuar a desempenhar um papel semelhante. As variáveis escolares devem se tornar mais importantes na explicação das diferenças das estimativas com "valor agregado".

As Figuras 4 e 5 indicam que, com exceção de Bolívia e Chile, o efeito de simular o "ganho em nota" na quarta série, usando as médias cubanas para as variáveis do contexto social, como trabalho fora de casa e brigas em sala de aula, tem um impacto menor do que quando são utilizados

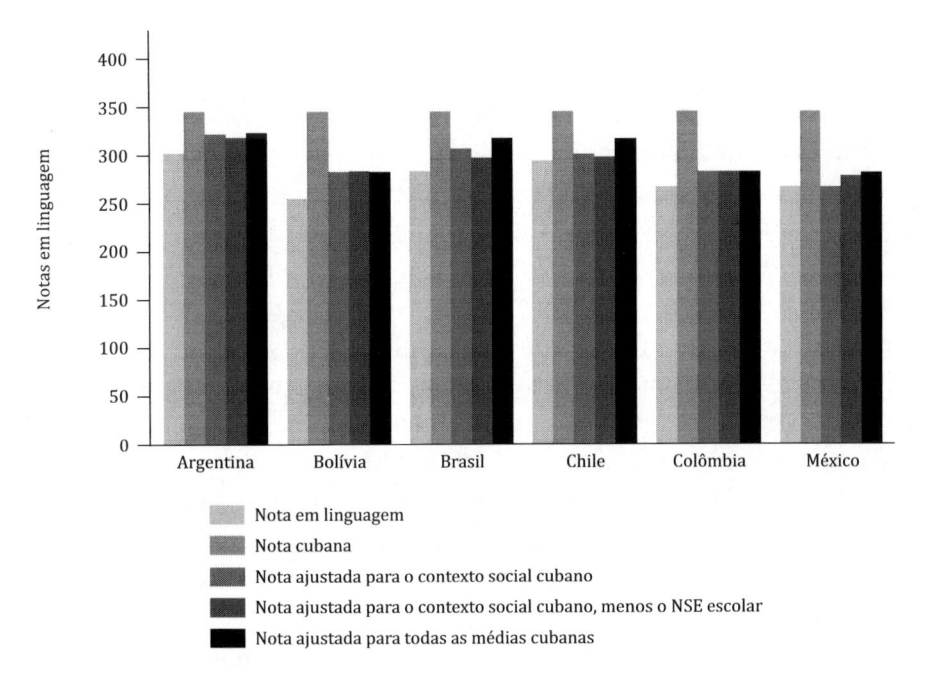

Nota em linguagem
Nota cubana
Nota ajustada para o contexto social cubano
Nota ajustada para o contexto social cubano, menos o NSE escolar
Nota ajustada para todas as médias cubanas

FIGURA 5 Comparação entre as notas de linguagem na quarta série de Cuba e as estimativas de notas de linguagem em outros países, ajustadas às notas médias de terceira série, e aplicadas a esses outros países as características cubanas de família, escola e contexto social.

Fonte: Tabela 2 e Tabela 21

níveis "absolutos" de desempenho. No entanto, na maioria dos países, o efeito é ainda maior nas diferenças de desempenho do que aquele das variáveis da origem familiar, incluindo a do capital social familiar. Exceto no México, as variáveis familiares continuam a ter quase o mesmo efeito sobre os ganhos, e, em geral, as variáveis escolares aumentam um pouco seu pequeno impacto geral na explicação dos ganhos em nota da quarta série[15].

RESUMO

Estimar relações entre insumos e produtos em educação a partir de dados de avaliações transversais suscita problemas sérios. Os dados da pesquisa do Llece estão longe de ser perfeitos. Muitos dos entrevistados não responderam todas as perguntas do questionário. Assim, a base de dados está repleta de valores ausentes, reduzindo em diversos países a quantidade de casos "aproveitáveis" em nossa análise de regressão a um número bem abaixo do número de alunos que fizeram as provas.

Não obstante, é possível perceber algumas coisas importantes a partir dessa análise macroeducacional, com relação aos fatores que podem afetar o desempenho do estudante nos países em desenvolvimento. Nossas equações e simulações indicam que o contexto social — que definimos como o capital social gerado pelo Estado — é muito importante para explicar por que os alunos em alguns países (particularmente em Cuba) tiram notas muito maiores que os de outros países latino-americanos. Isso é verdade mesmo quando estimamos o desempenho de cada aluno na quarta série, usando como controle o desempenho médio na terceira série da mesma escola. A importância contínua do trabalho assalariado do aluno e da violência em sala de aula para explicar os ganhos da quarta série na Bolívia, no Chile e na Colômbia, em relação a Cuba, sugere que o contexto social da educação provavelmente afeta o progresso em todas as séries.

Mais especificamente, nossas estimativas indicam o seguinte:

- A frequência do trabalho infantil fora de casa, um importante indicador do grau do capital social gerado pelo Estado, também é um importante correlato do progresso acadêmico na América Latina, especialmente na Argentina, no Brasil e no México. O trabalho infantil fora de casa é praticamente inexistente em Cuba, em vivo contraste com os outros países da nossa amostra, apesar da renda per capita menor e da riqueza média individual menor em Cuba. Esse fato ajuda a explicar ao menos parte da diferença entre as notas mais altas na prova dos alunos cubanos, na escola primária, e as notas mais baixas na prova dos estudantes dos outros países.

- Os níveis muito mais baixos de brigas em sala de aula relatadas em Cuba também explicam o melhor desempenho do aluno cubano, principalmente em comparação com Argentina, Bolívia e Colômbia. Provavelmente esse fator também resulta mais da maior pobreza e desorganização social do país do que do gerenciamento da classe.
- A autonomia do diretor da escola também parece ser um fator importante, embora indireto, para explicar as diferenças de desempenho dos estudantes entre os países.
- A crença sobre os efeitos positivos e significativos da pré-escola (medidos aqui pela porcentagem dos estudantes com alguma pré-escola) não é, em geral, confirmada por nossa análise. No entanto, a definição de pré-escola no questionário do Llece é vaga e, provavelmente, só está medindo se um aluno frequentou o maternal.
- Da mesma forma, a crença sobre a escola particular (como um todo) como mais eficaz que a escola pública tampouco se confirmou, exceto possivelmente no caso do efeito da autonomia do diretor no Chile, para os ganhos em nota de matemática. Sustentamos que isso pode ser uma *proxy* de um efeito da escola particular.

Assim, parece que, embora possamos explicar somente parte da diferença entre o desempenho dos alunos cubanos na prova e o desempenho dos estudantes de outros países, a parte que conseguimos explicar é tão relacionada com as diferenças de contexto social entre Cuba e os outros países, como com o NSE de cada estudante, mesmo em nossas estimativas ditas de valor agregado. Além disso, entre um terço e metade do efeito da origem familiar do aluno sobre seu desempenho parece estar relacionado ao capital social familiar. Em geral, as variáveis da escola não são importantes para explicar as diferenças entre os países, pelo menos não da forma como foram medidas na pesquisa do Llece, e tampouco conseguimos constatar essa importância através da macroabordagem entre turmas e escolas dentro do mesmo país[16].

Grande parte da diferença nas notas entre Cuba e os outros países continua sendo um mistério. Assim, a interação ou os fatores não medidos também podem desempenhar um papel importante na compreensão de por que os estudantes cubanos se saem tão bem. Segundo nossas simulações, mesmo que o Chile, por exemplo, tivesse educação dos pais, recursos escolares e contexto social tão bons quanto os de Cuba, os alunos da quarta série do sistema escolar chileno, que é relativamente eficaz, tirariam notas cerca de um desvio-padrão abaixo dos estudantes cubanos em matemática e 0,4 desvio-padrão abaixo em linguagem.

Essas descobertas representam importantes diferenças — ainda não explicadas — no desempenho dos estudantes. Sobretudo o mistério das notas baixas em matemática na maioria dos países causa perplexidade. Estarão os cubanos dedicando mais tempo ao ensino de matemática e linguagem do que os professores dos outros países? A questão da pesquisa do Llece sobre o tempo dedicado à matéria gerou resultados confusos. Serão os professores cubanos melhor preparados para ensinar matemática e linguagem? Será o currículo cubano mais exigente? A pesquisa não dá respostas adequadas a essas questões tão importantes. As diferenças educacionais relatadas entre os professores de cada país e entre os países, por exemplo, detectam pouco da variação relativa ao conhecimento real do conteúdo e às habilidades de ensino.

Não obstante, a provável importância do capital social familiar e, em particular, do capital social coletivo, para explicar as diferenças de notas, especialmente entre Cuba e Brasil, mesmo quando essas notas são expressas em termos de "valor agregado", é uma contribuição significativa para a compreensão das diferenças de desempenho. Esses resultados começam a mostrar o que as escolas têm de fazer para ajudar a fomentar o capital social das famílias e o que o Estado tem de fazer para fomentar um maior capital social coletivo para a comunidade e o país. Os achados deste estudo indicam que o *capital social coletivo*, como expresso na redução do grau de violência em classe ou na redução da necessidade de os alunos trabalharem fora de casa, contribui para as diferenças de desempenho dos estudantes em cada turma e nas escolas; essa noção é importante para explicar que o aumento do desempenho acadêmico é uma função que envolve mais do que apenas elevar os níveis educacionais dos pais ou aumentar a qualidade dos recursos utilizados diretamente pelas escolas.

No próximo capítulo, começamos a tentar investigar essas brechas não explicadas, usando as informações coletadas a partir do conjunto de dados locais e das entrevistas nas escolas para avaliação da organização do sistema educacional, do currículo e dos padrões dos três países: Brasil, Chile e Cuba.

5

O LONGO CAMINHO: DA CONSTRUÇÃO DO CURRÍCULO À APRENDIZAGEM DO ALUNO

Estudamos como os governos podem afetar o desempenho do aluno, influenciando o contexto da vida das crianças fora da escola. Uma discussão mais tradicional diz respeito a como os governos podem melhorar o desempenho do aluno aprimorando a organização da própria escola. Agora passamos a analisar as principais diferenças a respeito de como os sistemas escolares do Brasil, do Chile e de Cuba *transmitem* sua educação.

A maneira pela qual os governos transmitem a educação pode fazer diferença no quanto as crianças aprendem, e o contexto sociopolítico é importante na modelagem das políticas educacionais do Estado para a transmissão da educação. Esse contexto é exemplificado pela dependência cubana em relação a uma administração pública rigidamente dirigida para controlar o processo educacional, pela ênfase chilena nos incentivos de mercado e pelo esforço brasileiro de "corrigir" seu sistema educacional drasticamente desigual mediante reformas financeiras. Nenhuma dessas três estruturas políticas resulta de pesquisa empírica sobre a melhor maneira de abordar a eficiência e a equidade educacional. Em vez disso, cada conjunto de políticas resulta de visões políticas a respeito do que constitui a "eficiência" social. Como discutimos no Capítulo 1, o Estado cubano acredita em um sistema hierarquicamente dirigido para atingir seus objetivos; o Estado chileno e o brasileiro escolheram ser muito mais indiretos. Não obstante, os tomadores de decisão na área de educação dos três países estão abertos a diversas abordagens para melhorar a aprendizagem dos estudantes. Os ministérios fazem opções dentro do contexto sociopolítico e essas opções estratégicas são importantes.

A "tecnologia" de todos os sistemas escolares depende do currículo construído pelo Estado e dos professores formados para transmiti-lo. O currículo pode ser nacional, com o governo central publicando livros didáticos baseados no currículo obrigatório, ou, no outro extremo, as escolas e os professores podem escolher os currículos mediante a seleção de livros didáticos elaborados para as editoras por educadores ou especialistas em conteúdo curricular. Cuba representa a primeira opção. Ao longo dos anos, desde a chegada do governo revolucionário ao poder, o Ministério da Educação cubano desenvolveu, com a ajuda dos modelos do Leste Europeu, um currículo de matemática e ciência baseado em um único padrão central. O ministério também desenvolveu um currículo nacional de espanhol, um currículo de estudos sociais que atende seus objetivos socialistas e cubanos e assim por diante. O Chile elaborou os parâmetros curriculares nacionais, recentemente reformados (1997), e as editoras privadas produzem livros didáticos com base nesses parâmetros, esperando que suas publicações sejam adotadas pelo Ministério da Educação. O ministério adquire um único livro didático para cada série, em cada disciplina (não necessariamente da mesma editora), para ser distribuído a todas as escolas publicamente subvencionadas do país. O Brasil também tem parâmetros curriculares projetados em nível federal e, como no Chile, as editoras privadas produzem os livros didáticos que concorrem pela adoção. O governo federal aprova a lista dos livros didáticos e, em seguida, os estados e os municípios escolhem e distribuem os livros para cada escola em suas jurisdições.

O currículo que um sistema escolar nacional, um sistema provincial ou um município utiliza pode ser consistente e integrado, considerado "bom" pelos especialistas da área, ou pode ser incoerente e abaixo do padrão. Os Estados Unidos, por exemplo, foram criticados por um currículo de matemática que tem "um quilômetro de extensão e poucos centímetros de profundidade" (Schmidt *et al.*, 2001), pois os livros didáticos comerciais estadunidenses, que tendem a definir o currículo em diversos estados, procuram abranger o máximo de conteúdos possíveis, para atrair o maior número de estados e distritos escolares. É assim que as editoras estadunidenses vendem seus livros didáticos.

Mesmo que o currículo seja muito bom, ele pode ser implementado de forma muito desigual, a não ser que os professores tenham o conhecimento do conteúdo e a formação pedagógica para ensinar conteúdos em nível avançado a seus alunos. Como os professores em quase todos os países não estão entre os melhores alunos das faculdades, seu nível de conhecimento do conteúdo, principalmente em matemática e ciência, depende quase inteiramente do nível de matemática ou ciência exigido no ensino médio. Nos Estados Unidos, por exemplo, os estudantes do ensino médio precisam estudar muito menos matemática do que, por exemplo, a média dos estudantes da França, da República Checa, de Cingapura ou da Coreia do Sul. Um candidato à faculdade de Educação no Brasil e no Chile sabe menos matemática do que a média dos formandos do ensino médio em Cuba. Assim, um professor primário formado em um Instituto de Pedagogia cubano está mais bem preparado em matemática do que os professores do ensino primário de outros países latino-americanos. Entre os três países que estamos estudando, isso é especialmente verdade no Brasil, onde uma alta porcentagem de professores do primeiro ciclo do ensino fundamental nunca teve aulas de matemática após a oitava série.

Na realidade, os professores também devem estar familiarizados com os objetivos específicos do currículo. Para os novos professores, isso significa que eles devem ter formação universitária adequada tanto ao conteúdo curricular — por exemplo, matemática e linguagem para os professores do primeiro ciclo do ensino fundamental — como à melhor maneira de ensinar o conteúdo específico. Já os professores experientes, para manter sua capacidade à altura do padrão, devem ter acesso a desenvolvimento profissional e apoio pedagógico em serviço.

Em geral, esse não é o caso. O Chile e o Brasil diferem na maneira pela qual organizam o ensino: o Brasil possui um sistema federal; o sistema do Chile é mais centralizado em termos de responsabilidade por reformas, mas mais descentralizado em nível de escola, em decorrência da alta porcentagem de alunos nas escolas privadas subvencionadas. No entanto, nos dois países, são fracas as conexões entre a melhoria do currículo (o *hardware* do processo de ensino) e sua aplicação eficaz.

O Ministério da Educação chileno, por exemplo, intervém ativamente no desenvolvimento de um currículo nacional de relativa qualidade, na definição dos requisitos para um dia escolar mais longo e na revitalização das escolas de baixo desempenho. No entanto, a responsabilidade pela implementação dessas reformas recai sobre as escolas e os professores em sala de aula, que têm autonomia quase total para fazer isso. Além disso, como em muitos outros setores econômicos, a formação inicial da força de trabalho para as escolas — os professores de ensino primário — é realizada independentemente do empregador, nesse caso o Ministério da Educação, que pode apenas tentar influenciar as universidades autônomas a formar professores à altura do padrão inerente ao novo currículo.

Quando visitamos uma grande e conceituada escola pública de classe média baixa na cidade portuária de Concepción, no Chile, perguntamos ao diretor se ele visita as salas de aula com regularidade para observar seus professores. Ele respondeu que seus professores eram tão competentes que ele não precisava observá-los. Além disso, acrescentou, na cultura escolar chilena, a sala de aula é domínio do professor e o diretor tem de pedir permissão para entrar.

As situações chilena e brasileira são típicas da maioria dos sistemas educacionais nesse aspecto. No entanto, como refletido no sistema de vale-educação (*voucher*) implantado pelo regime militar no início dos anos 80, a educação chilena é profundamente influenciada por uma ideologia que deposita fé indevida nas forças de mercado para a melhoria do ensino e da aprendizagem. O sistema de vale-educação fornece o mesmo volume de recursos financeiros governamentais por estudante, com base na frequência escolar mensal, a todas as escolas municipais públicas e às escolas privadas dispostas a aceitar as subvenções governamentais. Até 1993, as escolas privadas que aceitavam vales-educação não podiam cobrar mensalidades; em 1993, essa restrição foi afrouxada, visto que ela proibia as escolas associadas ao sistema de filtrar estudantes para admissão. Cerca de 38% dos estudantes dos ensinos fundamental e médio agora frequentam escolas privadas associadas ao sistema de vale-educação; 9% vão a escolas privadas independentes (não associadas ao sistema de vale-educação) e 53% estão nas escolas públicas. Assim, o intervencionismo ativo a partir do centro é bastante limitado pelos mecanismos de mercado quando se trata de implementar reformas. Esses mecanismos de mercado, na prática, são geralmente estímulos fracos para implementação ou melhoria da educação, por diversas razões. A mais importante é que os diretores e os professores não são formados para saber como responder aos estímulos do mercado a fim de aumentar a aprendizagem dos estudantes. Como os diretores de escolas carecem de liderança pedagógica e de capacidade gerencial, assim como de autoridade supervisora (muitas vezes até nas escolas privadas), o professor individualmente acaba assumindo a maior parte da responsabilidade pela implementação das reformas e pela melhoria da aprendizagem dos estudantes. Os professores com grande capacidade podem ter sucesso, ao contrário dos professores com baixa capacidade. O Brasil não possui um sistema de vale-educação, mas o sistema público altamente descentralizado é assolado por muitos dos mesmos problemas, por muitas das mesmas razões, como as que são encontradas nos sistemas que utilizam vale-educação. No Brasil, como os diretores de escola são muito autônomos, mas variam significativamente em capacidade gerencial, as escolas são muitas vezes deficientemente organizadas e os professores recorrem às suas próprias estratégias.

Há diversos motivos pelos quais os professores têm considerável e, em muitos casos, total autonomia nas salas de aula. Um dos motivos, como mencionado, é a falta de capacidade de inúmeros diretores de escola para assumir a liderança pedagógica. Para ter uma influência positiva sobre o que acontece nas salas de aula, os diretores de escola (ou os diretores assistentes) precisariam ser respeitados pelos professores como bons "tutores" ou "gestores" pedagógicos, exatamente como em qualquer outro tipo de trabalho. Na ausência dessa capacidade gerencial, os professores necessariamente se encarregam de definir como aplicam o currículo obrigatório. Uma segunda razão para essa autonomia é que, em diversos países, os professores não são bem pagos e optaram necessariamente pela autonomia (menos controle externo sobre o desempenho) como compensação para o que eles enxergam como salário baixo e pouco prestígio. Em geral os sindicatos dos professores insistem sobre os "direitos" dos professores, assim como sua autonomia na sala de aula, na discussão sobre avaliação docente. Às vezes, essa autonomia é apresentada na forma de "*status* profissional" dos professores, um símbolo de independência em relação à supervisão direta.

Uma terceira razão é que, quando os professores são bem formados e dominam o conteúdo, pode haver vantagens reais em ter autonomia docente. Essa autonomia inclui *flexibilidade*, permitindo que os professores respondam às diferenças nos estilos de aprendizagem dos alunos, e *inovação*, que leva os professores a desenvolver novas maneiras de ensinar ou a utilizar o currículo e materiais adicionais. Quando a maioria dos educadores pensa sobre autonomia docente, eles têm em mente professores altamente capacitados. Se todos os professores fossem assim, provavelmente todas as crianças teriam um desempenho acadêmico em um nível muito mais alto do que elas realmente têm. O que fazem os formuladores de políticas educacionais a respeito da realidade da qualidade do ensino? Eles devem continuar agindo com base em um ideal ou devem propor um plano que encare o nível da capacidade existente no sistema?

A Figura 6 esquematiza a natureza desse problema em países como o Brasil e o Chile[1]. *As políticas governamentais (nacionais, estaduais ou municipais) bem-intencionadas, como definir parâmetros curriculares novos e mais exigentes, estão debilmente integradas à prática escolar real, pois há pouca ou nenhuma estrutura de supervisão e assistência pedagógica para assegurar que o currículo seja implementado ou que as práticas de ensino em sala de aula sejam eficazes na transmissão do currículo.* Além disso, a formação do professor influencia sobremaneira a natureza da prática escolar, mas as políticas governamentais estão timidamente integradas a essa formação; assim, a preparação universitária dos professores não se adapta necessariamente à maior capacidade requerida pelas iniciativas do próprio governo para proporcionar uma educação melhor. Finalmente, a prática escolar influencia os resultados acadêmicos dos estudantes; dessa forma, a claudicante implementação da política governamental

```
┌─────────────┐                    ┌─────────┐                    ┌───────────┐
│  Políticas  │    Integração      │         │    Integração      │ Resultados│
│governamentais│ ──────────────▶   │ Prática │ ──────────────▶   │    dos    │
│ (nacionais, │       fraca        │ escolar │       forte        │ estudantes│
│ estaduais ou│                    │         │                    │           │
│ municipais) │                    └─────────┘                    └───────────┘
└─────────────┘                         ▲
        \                               │
         \  Integração         Integração │ fraca
          \ muito fraca                  │
           \                    ┌────────────────┐
            \                   │   Capacidade,  │
             ─────────────────▶ │   educação e   │
                                │ desenvolvimento│
                                │ profissional dos│
                                │   professores  │
                                └────────────────┘
```

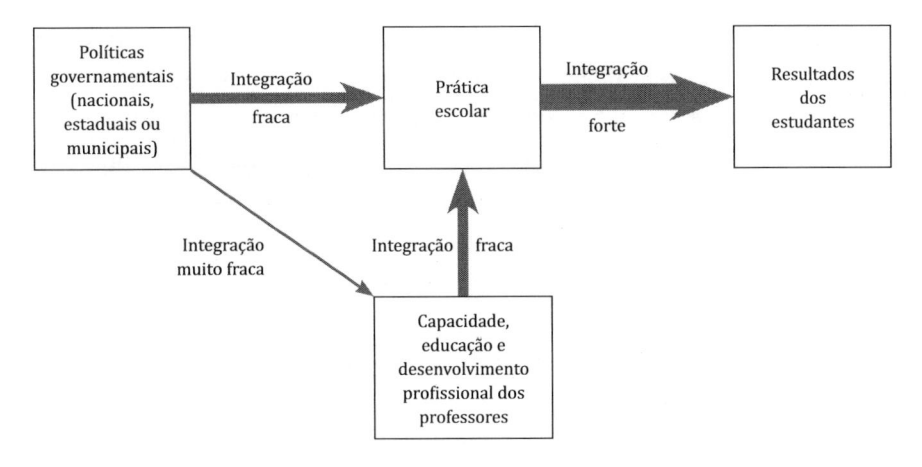

FIGURA 6 Brasil e Chile: relações entre os componentes do sistema educacional

resulta em pouca melhoria da prática escolar ou do desempenho dos estudantes.

Em Cuba, por outro lado, as conexões entre os diversos componentes desse modelo são mais fortes. Os professores têm mais conhecimento do conteúdo, em virtude da maior quantidade de conteúdo que aprendem nas escolas de ensino fundamental e médio. *O sistema educacional cubano também apresenta a enorme vantagem de recrutar para o magistério os melhores alunos do ensino médio, pois os mercados privados não determinam as estruturas salariais cubanas.* A ausência dessa "precificação" dos serviços de mão de obra, típica dos mercados privados, cria problemas em outros setores da economia cubana, mas os serviços públicos, como educação e saúde, beneficiam-se dos custos artificialmente baixos da mão de obra de qualidade.

Em Cuba, as reformas propostas pelo governo e o currículo nacional estão intimamente conectados à formação do professor e ao desenvolvimento profissional, pois ambos são dirigidos pelo ministério e garantem que a formação dos professores esteja focada na transmissão eficaz do currículo nacional. Além da formação inicial dos professores, a maior parte da preparação do professor acontece no trabalho, onde os novos são orientados de perto por professores experientes e pelos diretores e vice-diretores da escola. O trabalho desses supervisores é *definido* especificamente, para assegurar que os professores ensinem o currículo obrigatório de modo eficaz e que os alunos aprendam esse currículo.

Nossas observações a respeito da formação do professor, da supervisão do professor (formação em serviço) e da prática escolar nos três sistemas nos levam a concluir que Cuba oferece às crianças em suas escolas mais oportunidades de aprendizagem do que o Brasil e o Chile, e faz isso sobretudo de quatro maneiras:

- O currículo cubano não aborda tanto conteúdo quanto alguns livros didáticos (no Brasil), mas, basicamente, todos os estudantes cubanos estudam todo o conteúdo do currículo cubano especificado. No Brasil e no Chile, o escopo curricular varia muito de escola para escola. Em comparação com Cuba, o que se vê nos livros didáticos brasileiros e chilenos não é necessariamente uma medida do conteúdo a que as crianças são expostas durante o ano letivo.
- Os professores da escola primária cubana têm um nível mais alto de conhecimento de conteúdo, especialmente em matemática, graças principalmente aos maiores níveis de matemática que aprendem no ensino médio. Isso pode ser chamado de efeito do "círculo virtuoso". Os estudantes são melhor preparados no conhecimento do conteúdo e, dessa maneira, o currículo que ensinam, quando se tornam professores, pode ser mais exigente.
- A formação do professor cubano é organizada rigidamente em torno do ensino do currículo nacional obrigatório. A teoria pedagógica e o desenvolvimento da criança também são uma parte importante da formação do professor, mas não em detrimento de aprender a alcançar os objetivos curriculares.
- Os professores são supervisionados de perto em seu trabalho em sala de aula pelos diretores e vice-diretores. Toda escola cubana está focada no ensino e a responsabilidade principal dos gestores escolares é assegurar que os alunos estão alcançando os objetivos acadêmicos claramente especificados.

Como mencionamos antes, Cuba testa os estudantes no final do primeiro ciclo e depois do segundo ciclo do ensino fundamental, mas esse teste é realizado pelo município e é utilizado principalmente como uma maneira de o ministério verificar o desempenho geral do sistema. Os resultados não são divulgados à sociedade. Portanto, a prova do estudante em Cuba é empregada fundamentalmente para que se avalie o sistema internamente, como um meio de autorregulação do ministério para tomada de decisões, e não como um mecanismo governamental para regular um sistema descentralizado (Brasil e Chile) ou como uma medida do produto em um sistema de mercado (Chile).

No restante deste capítulo, entramos em detalhes sobre esses pontos e outras características dos sistemas de educação que contribuem para as diferenças no desempenho dos estudantes.

CURRÍCULO

Chile e Cuba têm um currículo nacional obrigatório, que é implantado nacionalmente. Todas as escolas cubanas devem seguir o currículo nacional. Todas as escolas chilenas, públicas ou privadas, devem proporcionar, no mínimo, o currículo nacional. As escolas públicas e particulares subvencionadas utilizam os livros didáticos selecionados pelo ministério (por um grupo de especialistas) em cada série e em cada disciplina. O Ministério da Educação brasileiro aprova um conjunto de livros didáticos, que estão de acordo com os parâmetros curriculares nacionais, e, em seguida, as secretarias estaduais, as secretarias municipais e as escolas escolhem seus livros didáticos entre os livros aprovados. Analisamos os livros didáticos nacionais de matemática da terceira série de Cuba e do Chile. No Brasil, com sua adoção descentralizada dos livros didáticos, revisamos os *parâmetros* nacionais de matemática da terceira série e três dos livros didáticos de matemática aprovados para a terceira série.

Os conteúdos abordados nos cinco livros didáticos da terceira série (três do Brasil) e mais os requisitos dos parâmetros curriculares brasileiros do primeiro ciclo do ensino fundamental (da primeira à quarta séries) não são muito diferentes. Todos abordam subtração e adição complexas, contagem do tempo e o início da multiplicação e da divisão simples;

também abrangem todas as formas geométricas. O livro didático cubano e dois dos livros brasileiros cobrem linha paralela e linha perpendicular. Os livros didáticos brasileiros e chilenos são diferentes do livro didático cubano, já que apresentam unidades sobre frações simples. O livro didático cubano apresenta mais trabalhos sobre vários dígitos e sobre geometria (ângulos, linhas paralelas, triângulos e retângulos) do que os outros livros. Dois dos livros didáticos brasileiros apresentam divisão de dois números com resto. Isso não é abordado no Chile ou em Cuba.

Esses são detalhes, mas as diferenças principais residem basicamente em três áreas: (1) o papel do livro didático — em Cuba, o livro didático é claramente um suplemento para as aulas dos professores, oferecendo muitos conjuntos de problemas, mas relativamente pouca explicação detalhada, enquanto que no Brasil e no Chile o livro didático parece ser um "roteiro" para o professor e, em geral, muito mais "amigável" para o estudante; (2) a variação nos livros didáticos brasileiros — os dois livros mais recentemente publicados (Bonjorno e Bonjorno, 2001; Marsico *et al.*, 2004) abordam algumas operações matemáticas e conteúdos que são muito mais avançados que o outro livro didático brasileiro (Sarquis Soares, 1997); (3) o nível inferior de conteúdo do livro didático chileno, em comparação com dois dos livros didáticos brasileiros e com o livro didático cubano.

O livro didático chileno é uma adaptação em espanhol de um livro didático estadunidense para a terceira série, originalmente publicado pela editora Addison-Wesley, em 1991 (Salgó *et al.*, 2001). Possui diversos elementos dos currículos estadunidenses de matemática: explicações muito amigáveis para a criança, com figuras claras, que exemplificam bem o conceito. Na Unidade 4, apresenta ao aluno a subtração dos números, requerendo "transporte" e, em seguida, na Unidade 5, leva o estudante ao conceito de multiplicação. A Unidade 6 introduz as formas geométricas; a Unidade 7 apresenta a divisão simples; a Unidade 8, o tempo; a Unidade 9, pesos, comprimento e temperatura; a Unidade 10, frações simples explicadas por meio de fatias de torta e coleções de cubos.

O livro didático cubano também foi publicado em 1991 (Villalón Incháustegui *et al.*, 1991). Possui desenhos muito simples, que não são tão claramente explicativos do conceito matemático sendo ensinado. Por outro lado, os problemas de matemática são muito mais difíceis desde o início. Por exemplo, na página 32, o livro didático cubano pede para os alunos fazerem conversões de metros para centímetros e para milímetros, dividindo por 10, 100 e 1.000. A divisão é apresentada muito antes e os problemas de adição usando colunas de números com três e quatro dígitos aparecem na página 60 e o "transporte" para subtração, na página 80, aproximadamente na mesma época do ano letivo do livro didático chileno. Os problemas matemáticos propostos ao longo do livro didático cubano também quase não são explicados, mas são muito mais difíceis, e há muitos mais deles. A multiplicação e a divisão são discutidas ao mesmo tempo, como inversas uma da outra, e a seção sobre geometria é muito mais avançada do que no livro didático chileno e um tanto mais do que nos livros didáticos brasileiros. Menos conteúdos são abordados e mais páginas são dedicadas a cada conteúdo do que no livro brasileiro.

Os dois livros didáticos brasileiros mais recentemente publicados diferem em suas abordagens. Bonjorno e Bonjorno (2001) são mais tradicionais, tratando de sistemas numéricos nas Unidades 1 e 2, adição na Unidade 3, subtração na Unidade 4, multiplicação na Unidade 5, divisão nas Unidades 6 e 7, frações nas Unidades 8 e 9, decimais na Unidade 10, medidas (dinheiro, distância, peso, capacidade e tempo) nas Unidades 11-15 e geometria (formas, ângulos) na Unidade 16. Marsico *et al.* (2004) começa com sistemas numéricos nas Unidades 1 e 2; noções de geometria na Unidade 3; dinheiro na Unidade 4; adição, subtração, multiplicação e divisão na Unidade 5; volta para geometria na Unidade 6; noção de equação matemática na Unidade 7; preços e compra e venda na Unidade 8; frações na Unidade 9; tempo na Unidade 10; decimais na Unidade 11; medidas de comprimento, peso e capacidade nas Unidades 12-14. Nos dois livros didáticos, muitos fundamentos são tratados em poucas páginas para cada conteúdo.

Assim, embora os livros didáticos brasileiros e chilenos sejam muito mais amigáveis para o usuário, o livro didático cubano dedica mais tempo e exercícios à adição, subtração, multiplicação e divisão, e mais tempo à geometria. Se os estudantes brasileiros abordassem todos os conteúdos dos dois livros didáticos mais recentemente publicados, eles estariam aprendendo mais matemática do que os alunos cubanos e chilenos da terceira série. E, se os alunos cubanos abordassem todos os conteúdos do livro didático cubano, eles provavelmente estariam mais bem versados em operações básicas com números (adição e subtração complexas, multiplicação e adição simples) e em geometria do que os alunos chilenos e brasileiros, mas não saberiam frações, decimais e medidas de tempo, peso e capacidade.

Isso indica que o currículo cubano é muito mais focado no bom ensino de um conjunto limitado de habilidades do que na cobertura de um vasto conteúdo. O currículo cubano da terceira série abrange mais que o currículo nacional chileno, mas é consideravelmente mais limitado em escopo que os dois livros didáticos brasileiros. Assim, em termos de "tecnologia" utilizada nas salas de aula da terceira série, a tecnologia cubana não é tão "sofisticada" quanto a tecnologia brasileira. No entanto, é importante saber quanto do livro didático é realmente aplicado na sala de aula. É excelente ter um alto nível de tecnologia disponível, mas se os trabalhadores e os gestores não sabem como utilizá-la ou não a utilizam eficazmente, a produtividade não é mais alta do que se a tecnologia não estivesse disponível.

No próximo capítulo, confirmamos que os professores cubanos ensinam realmente o que está apresentado no livro didático cubano e parecem abordar todo o seu conteúdo como matéria do curso. Além disso, a pesquisa no Chile revela que, em apenas algumas escolas chilenas, a matemática ensinada na terceira série excede a do livro didático nacional. No Brasil, a avaliação do currículo é mais difícil, pois as escolas podem escolher entre diversos livros didáticos para o ensino da matemática na terceira série. Consideramos três desses textos e observamos diversas salas de aula, mas não conseguimos obter nenhum dado sobre o escopo do currículo ou que livros didáticos são usados em que lugar. Podemos confirmar que, nas salas de aula que observamos, estava sendo ensinado muito menos que em Cuba ou no Chile. No entanto, não temos dúvida de que alguns estudantes de escolas públicas brasileiras dispõem de maior oportunidade de aprendizagem do que em Cuba e na maioria das escolas públicas chilenas.

Os currículos e sua aplicação são um reflexo desses diversos sistemas. O sistema cubano procura preparar todas as crianças para um nível razoavelmente alto de competência em matemática, desenvolvendo sistematicamente um conjunto mais limitado de habilidades e conhecimentos, em todas as escolas. O currículo utilizado é de alto nível, mas aborda menos conteúdos do que o do Brasil ou mesmo o do Chile. Dadas as habilidades relativamente altas em matemática dos professores cubanos da escola primária, esse currículo relativamente sólido é aplicado quase uniformemente em todas as escolas. A reforma curricular chilena, no final dos anos 90, visou a elevar o conhecimento no sistema, mas dentro dos limites de um professorado formado de modo deficiente e com habilidades em matemática mais limitadas do que as dos professores cubanos. O professor médio chileno pode satisfazer as demandas do currículo, mas muitos não conseguem nem isso, principalmente nas escolas de renda mais baixa. Por outro lado, muitas escolas de classe média alta parecem ensinar mais matemática na terceira série do que a incluída no livro didático, refletindo a grande desigualdade da origem socioeconômica dos estudantes entre as escolas chilenas. No Brasil, parece que há pouca conexão entre o que os professores são capazes de ensinar, ou o que os alunos são capazes de aprender, e o conteúdo apresentado nos livros didáticos da terceira série. Os livros didáticos parecem mais construções teóricas, pouco relacionadas com a capacidade do professor de ensinar matemática (que é muito baixa, em média, no Brasil) ou com a prática em sala de aula. Essa desconexão é inerente à gestão altamente descentralizada das escolas. Assim, no sistema brasileiro altamente desigual, algumas escolas são seguramente capazes de abordar o currículo por meio dos dois livros didáticos mais exigentes, mas essas escolas são uma minoria. A grande maioria dos professores aborda somente algumas unidades e muitos com pouca profundidade.

CAPACIDADE E FORMAÇÃO DOCENTE

Capacidade docente

Podemos considerar a capacidade docente como o conhecimento do conteúdo e as habilidades do professor em sala de aula (pedagógicas e de gestão). Poucos países medem a capacidade docente diretamente.

Às vezes, os professores têm de concorrer por postos de ensino por meio de provas (concursos) ou são certificados pelo Estado em um processo que inclui uma prova escrita. O México possui uma prova escrita como parte do sistema geral de avaliação voluntária do professor, ligado à promoção e à remuneração do professor (*Carrera Magisterial*), mas nem o Brasil, nem o Chile* e tampouco Cuba testam ou certificam os professores diretamente[2]. Em Cuba, como as faculdades de Educação são geridas diretamente pelo Estado, a graduação está intimamente ligada à certificação, mas o governo não avalia formalmente o conhecimento do conteúdo ou as habilidades em sala de aula do professor. No Brasil e no Chile, a graduação em uma instituição de formação docente resulta na certificação automática, sem qualquer outra regulação governamental. O governo tampouco define padrões mínimos de conhecimento em relação ao conteúdo a ser ensinado.

Portanto, temos de deduzir a capacidade docente, observando a formação docente e o ensino em sala de aula ou utilizando variáveis que representem esse fator (*proxy*). Originalmente, pretendíamos avaliar os professores de matemática da terceira série, apresentando-lhes um conjunto de problemas relativos ao currículo da terceira série, mas isso se revelou difícil, pois os diretores escolares relutaram em permitir a avaliação de seus professores. A maioria dos estudos recorre aos dados de formação docente (nível de educação), na suposição de que os professores com melhor formação têm níveis mais altos de conhecimento do conteúdo. Em nossa análise empírica dos alunos de terceira e quarta séries dos países latino-americanos participantes do Llece, utilizamos essa variável *proxy* para avaliar a capacidade docente.

Em dois dos países que estudamos, Chile e Cuba, cerca de três quartos dos professores de escola primária tinham formação docente de

---

* Desde 2003 o Chile possui um Sistema de Avaliação do Desempenho Profissional Docente acordado entre o Ministério da Educacão, a Associação Chilena de Municipalidades e o Sindicato de Professores do Chile. Utilizam quatro instrumentos para avaliar os professores: 1) projeto e implementação de uma unidade pedagógica; 2) avaliação final da unidade pedagógica; 3) reflexão sobre a atividade docente; 4) filmagem de uma aula (N. do E.).

nível superior. No Brasil, somente cerca de um quarto dos professores da terceira e da quarta séries da amostra da Unesco tinha formação desse nível. A maioria dos professores remanescentes tinha concluído o ensino fundamental (oitava série) e apresentava três a quatro anos de formação docente no nível médio (escola normal ou magistério). A maioria dos professores brasileiros que ensinavam da primeira à quarta séries se encaixava nessa categoria, embora alguns professores tivessem ainda menos instrução. Na região Nordeste, mais pobre, em 2000, 68% dos professores que ensinavam da primeira a quarta séries eram formados na escola normal do ensino médio e 20% tinha oito anos de escolaridade ou menos. No Nordeste rural, 34% dos professores, em 2000, apresentavam oito anos de escolaridade ou menos (Banco Mundial, 2001).

De acordo com nossa análise dos dados do Llece da Unesco, o fato de um professor ser formado em nível superior faz uma diferença considerável no desempenho do estudante em matemática, na terceira e na quarta séries, no Brasil e no Chile, mas não em Cuba (ver Anexo A). Esse resultado faz sentido, mas *não* por causa da excelência da formação docente nas universidades em comparação com a das escolas normais ou magistério: em vez disso, a partir de nossas entrevistas, consideramos que é devido às melhores habilidades básicas em matemática dos professores brasileiros e chilenos, que concluíram o ensino médio e, em seguida, fizeram formação docente no nível superior. Em comparação com os professores (mais velhos) que concluíram somente oito anos do ensino fundamental e, em seguida, fizeram sua formação docente em escolas normais ou magistério, os professores do ensino fundamental com formação superior, no Brasil e no Chile, concluíram quatro anos mais de cursos de matemática. Os professores com formação em escola normal ou magistério também apresentam maior probabilidade de ensinar em regiões e escolas de renda mais baixa. Com variação considerável do desempenho dos estudantes entre as regiões, principalmente no Brasil, parte da variação é devida provavelmente às diferenças nas habilidades básicas do professor em linguagem e matemática.

Também faz sentido que, em Cuba, as diferenças na formação docente não tenham um efeito significativo no desempenho dos estudantes dos quatro primeiros anos do ensino fundamental, por dois motivos:

primeiro, os professores cubanos (mais velhos), com formação na escola normal ou magistério, podem ensinar em províncias mais pobres, mas as diferenças de desempenho dos alunos cubanos são muito menores entre as escolas rurais e urbanas e entre as regiões do que no Brasil e no Chile. Segundo, mesmo aqueles, em Cuba, que concluíram somente a nona ou décima série (esses são os níveis mínimos de escolaridade que permitem o ingresso na escola normal ou nas instituições de formação docente), nos anos anteriores à implantação do presente sistema, eram muito mais bem preparados em matemática e linguagem do que os formados nos oito anos do ensino fundamental do Brasil e do Chile e até possivelmente do que os formados no ensino médio nestes dois países.

Além disso, os formados no ensino médio que se candidatam a faculdades de Educação em universidades brasileiras e chilenas tradicionalmente não foram tão bem preparados no conhecimento desses conteúdos no ensino médio como aqueles que se candidatam a outras carreiras, particularmente matemática e ciência. De acordo com um relatório do Banco Mundial sobre professores e formação docente no Brasil, "os estudantes [do ensino médio] candidatos aos programas de formação docente tiraram as menores notas no vestibular, quando comparados aos estudantes candidatos a outras disciplinas de graduação; as taxas de atrito eram altas nessas faculdades, evidenciando baixa motivação (...) Atualmente, os aumentos salariais estimulados pelo Fundef estão mudando o panorama (...) As altas taxas de desemprego em outros setores também tornaram o magistério uma profissão mais atraente, com inúmeras pessoas se candidatando para ingressar na carreira" (Banco Mundial, 2001, p. 21). Mesmo assim, prossegue o relatório, nas regiões mais pobres, é difícil encontrar indivíduos altamente qualificados em número suficiente para prover as salas de aula carentes de professores.

O Chile deu um passo importante ao recrutar os melhores alunos do ensino médio para o magistério e ao triplicar os salários dos professores nos últimos 13 anos. Portanto, os ganhos dos professores cresceram substancialmente em relação aos salários de outras profissões. Em seguida, as notas médias de ingresso no ensino superior dos estudantes interessados nas faculdades de Educação começaram a subir entre 1998 e 2001[3]. Se for verdadeira a premissa de que aquilo que os estudantes aprendem no ensino médio tem um efeito importante no seu conhecimento do conteúdo mais adiante, como professores, o nível de conhecimento do conteúdo dos novos professores deverá começar a subir quando as turmas de 2004 e 2005 ingressarem no mercado de trabalho.

Cuba tem tido uma vantagem marcante em relação ao Brasil e ao Chile na capacidade de recrutar, para a formação docente, os formados do ensino médio com melhor desempenho acadêmico. As diferenças salariais em Cuba, entre os professores e outros profissionais, são pequenas desde o início dos anos 60. Em combinação com programas de matemática e ciência relativamente fortes nas escolas secundárias cubanas, que criam um ensino de matemática vigoroso nas primeiras séries, o conhecimento do conteúdo dos professores cubanos, mesmo aqueles ensinando nas séries da escola primária, é maior do que o dos professores brasileiros e chilenos. Com o crescimento da indústria do turismo, do qual Cuba depende por causa de moeda forte, a capacidade governamental de recrutar pessoas para o magistério está mudando, como assinalamos no Capítulo 1, mas permanece a preparação sólida entre todos os estudantes no conhecimento do conteúdo.

As habilidades pedagógicas, por outro lado, devem ser desenvolvidas em cursos de formação docente, na prática de ensino supervisionada e nos anos iniciais de trabalho em sala de aula. Passemos para as diferenças que observamos nos três países nesse tipo de capacitação.

Formação docente

Os sistemas de formação docente e desenvolvimento profissional variam de país para país. Por mais estranho que possa parecer, a formação docente, na maioria dos países, é realizada por universidades, que são independentes do aparato estatal que opera o sistema educacional. Os cursos para formação de professores são organizados por professores universitários da área de Educação, com base no que eles consideram que um professor deve saber; o que inclui uma dose excessiva de "teorias" de ensino, desenvolvimento curricular, sociologia da educação e psicologia infantil. Em geral, os alunos desse curso observam os professores ensinando em escolas como parte do seu trabalho de curso e, em seguida, o aluno ensina durante um semestre, em seu último ano de universidade ou faculdade de Pedagogia.

Pensando melhor, no entanto, isso não é tão estranho. Os profissionais da maioria das áreas são formados em universidades e obtêm seus diplomas sem sequer um semestre de prática, a não ser que trabalhem durante as férias ou em tempo parcial durante o ano letivo. Os médicos são uma exceção, já que eles, em geral, fazem uma residência supervisionada.

No entanto, a separação entre formação docente e monitoramento estatal das habilidades docentes cria problemas sérios na construção da capacitação docente que poderia implementar um currículo mais exigente e mais poderoso. Primeiro, os que ensinam nos cursos superiores de formação docente podem ser pouco familiarizados com os currículos mais novos utilizados nas escolas. Segundo, os professores universitários buscam prestígio e o prestígio está associado com a abstração. O ensino de raciocínios abstratos aos alunos que estudam para ser professor pode ser muito útil, mas o raciocínio abstrato dissociado da solução de problemas práticos de ensino e aprendizagem em sala de aula não os ajuda a se tornarem bons professores.

As faculdades de Educação nos três países também são claramente separadas das outras faculdades das universidades, uma divisão que dá aos estudantes de Educação relativamente pouca oportunidade de frequentar cursos de outras disciplinas. Assim, a não ser que os professores sejam recrutados pelas faculdades de Matemática, Ciência ou Letras e recebam uma formação breve e especializada, o nível de conhecimento do conteúdo, principalmente para os que estudam para ser professor do ensino fundamental, provavelmente estará na extremidade inferior do espectro dos formados do ensino superior. De fato, provavelmente a maioria dos professores do ensino fundamental nunca frequentou um curso de matemática ou ciência depois do ensino médio. Portanto, como discutimos anteriormente, a capacidade do professor do ensino fundamental para ensinar matemática ou ciência depende muito da qualidade do ensino e dos cursos obrigatórios que ele fez no ensino médio. Os professores do ensino médio são mais especializados e melhor preparados, mas como eles fazem seus cursos sobre o conteúdo na faculdade de Educação, não são avaliados em relação aos alunos universitários de Matemática, Letras e Ciência. Em consequência, eles provavelmente terão menos conhecimento do conteúdo do que, por exemplo, um aluno de matemática ou física. Isso poderia ser aceitável se os estudantes de Educação tivessem que atingir os mesmos padrões exigidos dos estudantes das demais faculdades. Mas este não é, em geral, o caso.

A maioria dos professores no Brasil e no Chile é formada atualmente em universidades públicas autônomas. Uma avaliação recente da formação docente no Brasil "caracterizou os programas iniciais de formação docente como ineficazes: quando oferecidos pelas escolas normais, são fracos academicamente; e, quando oferecidos pelas universidades, apresentam um viés teórico excessivo. Em ambos os casos, os estágios em escolas de ensino básico são limitados, com pouca conexão entre a teoria e a prática" (Banco Mundial, 2001, p. 22). Em uma recente visita ao Chile, constatamos que, apesar das iniciativas do ministério para garantir que a oferta das universidades de formação docente inicial focalizasse a capacitação docente baseada na utilização dos novos parâmetros curriculares nacionais, o ensino nessas faculdades de Educação permanecia muito teórico: a capacitação para o conteúdo era mínima, principalmente no caso dos professores do ensino fundamental, e o componente prático do ensino era, em muitos casos, minimamente supervisionado (OCDE, 2003).

Entrevistamos diversos alunos que estudavam para ser professor do ensino médio, tanto no Chile como em Cuba. No Chile, os estudantes destacaram que sua formação proporcionava oportunidades muito limitadas de praticar e desenvolver pedagogias apropriadas. A maior queixa deles era que aprendiam muita coisa sobre a teoria do ensino (por exemplo, nós observamos uma classe estudando sociologia crítica) e sobre o conteúdo (por exemplo, literatura espanhola), mas tinham muito pouca formação no ensino do currículo nacional. Como um aluno do quarto ano de uma universidade do Sul do Chile nos disse: "Sei muita coisa sobre a teoria do ensino e muita coisa sobre espanhol, mas quase nada sobre *ensinar* espanhol". Em Cuba, o currículo nacional está no centro da formação docente. Os estudantes nas faculdades de formação docente aprendem teoria, mas se concentram muito mais na aprendizagem de como ensinar o currículo de modo eficaz.

A avaliação da formação docente no Brasil também constata que a prática pedagógica na maior parte das faculdades de formação docente é tradicional e frontal, e, como no Chile, desconectada das novas diretrizes curriculares.

Como seria de se esperar, a formação docente inicial em Cuba tem controle centralizado. Embora existam institutos de nível superior para formação docente em cada província, seus currículos são desenvolvidos pelo Ministério da Educação e elaborados em torno do ensino dos currículos oficiais dos ensinos fundamental e médio, utilizando técnicas de ensino bem desenvolvidas, com base nas filosofias educacionais de estudiosos como Vygotsky, Makarenko e Dewey. Nesses institutos, em geral, os educadores foram professores e obtiveram títulos superiores em Educação ou na área do conteúdo específico. Há um objetivo claro na formação docente: ensinar os futuros professores a ensinar o currículo nacional, servir como guia social e pedagógico para os estudantes, e, no caso dos que ensinarão alunos do ensino fundamental, educar seus alunos, atuando quase como pais durante o primeiro estágio da educação desses jovens.

No entanto, Cuba enfrenta o mesmo problema do Chile e do Brasil com respeito à separação dos institutos pedagógicos das faculdades disciplinares, que ensinam os conteúdos específicos; daí a qualidade da capacitação dos professores do segundo ciclo do ensino fundamental e ensino médio nos conteúdos específicos, em comparação com os estudantes universitários que não fazem as licenciaturas. Cuba atravessa um momento histórico interessante em virtude da reforma do segundo ciclo do ensino fundamental (da sétima a nona séries). O ministério está formando quatro mil novos professores especialmente recrutados[4] para esse nível de ensino, em um programa intensivo de dois anos de duração, dos quais somente o primeiro compreende cursos; no segundo ano, os cursos são combinados com a prática supervisionada em sala de aula. Os novos professores ensinarão matemática, ciência e linguagem com base em um exigente currículo de estilo europeu. Muitos professores atualmente especializados no ensino de um único conteúdo também serão convertidos em professores polivalentes.

Será que os graduados brilhantes do ensino médio podem ser convertidos em professores competentes do segundo ciclo do ensino fundamental com dois anos de formação docente? O experimento de utilizar professores com formação de curto prazo para acelerar a reforma do segundo ciclo do ensino fundamental é repleto de dificuldades. Espera-se que esses jovens professores — não muito mais velhos do que os estudantes que ensinarão — ofereçam educação de qualidade em diversas matérias, entre a sétima e a nona séries. Os professores mais velhos, nas mesmas escolas, que se tinham especializado em uma única área do conhecimento, agora devem ensinar diversas matérias além da sua especialidade. A ideia por trás da reforma é melhorar a qualidade, usando o modelo da escola primária de um único professor para quase todas as áreas do conhecimento durante diversos anos. O sucesso desse modelo dependerá muito do conhecimento do conteúdo e do sucesso da estratégia de formação de curto prazo seguida pelo ministério cubano.

Encontramos alguns desses estudantes *emergentes* no Instituto Superior de Educação Salvador Allende, em Havana. Eles impressionam pelo seu entusiasmo e são muito articulados, assim como muitos dos estudantes que conhecemos no Chile. A principal diferença que observamos entre Cuba e Chile é que os estudantes cubanos são formados em núcleos, com cada núcleo supervisionado por um professor tutor, que acompanhará esses alunos e supervisionará suas futuras atividades de ensino. Outra diferença é que a formação se concentra inteiramente no ensino do currículo obrigatório. Assim, o conhecimento pedagógico e do conteúdo é ensinado usando o currículo do segundo ciclo do ensino fundamental. Portanto, a prática, e não a teoria, está no centro da formação docente.

É perfeitamente compreensível que os estudantes de Educação que têm a intenção de se tornar professores desejem estudar as diversas obras admiráveis escritas sobre Educação sob as perspectivas sociológica, filosófica, histórica, econômica e política. Se os professores têm de ser líderes intelectuais, eles precisam se preparar intelectualmente e não só vocacionalmente. Conversamos com diversos professores e todos gostam desses cursos estimulantes intelectualmente, que os fazem refletir criticamente sobre a Educação e o papel do professor. Os professores também consideram úteis esses cursos, no sentido de que a leitura dessas perspectivas ajuda a situar os professores e o ensino em um contexto social e educacional mais amplo.

Isto posto, parece que os programas de formação docente em países como o Brasil e o Chile não contrabalançam esses cursos úteis e estimulantes intelectualmente com o foco necessário nas habilidades vocacionais que são importantes para se tornar um bom professor.

GARANTINDO A OPORTUNIDADE PARA APRENDER

O quanto os alunos aprendem na escola depende muito dos conceitos aos quais eles são expostos, da quantidade de tempo que eles se dedicam ao estudo desses conceitos e de quão eficientes seus professores são para comunicar tais conceitos. Tanto a cobertura do currículo como a "qualidade" dessa cobertura são cruciais em relação à oportunidade para aprender. Se os professores e os estudantes faltam com muita frequência, ou o professor é incapaz de explicar conceitos-chave, ou utiliza métodos para fazer o tempo passar na sala de aula, mas faz pouco para promover as habilidades dos estudantes, os alunos não aprenderão muita coisa. No entanto, essas condições prevalecem com regularidade nas escolas latino-americanas. Elas refletem baixas expectativas e uma gestão totalmente inadequada do sistema educacional.

Tanto as expectativas como a gestão do sistema educacional são fortemente influenciadas pelo contexto sociopolítico de cada país. As atitudes dos professores e dos gestores em relação às famílias de classe social mais alta e mais baixa e aos filhos destas dependem muito da estrutura de classes sociais do país, assim como dos pontos de vista dos funcionários da escola sobre os diversos grupos raciais, povos indígenas e papéis dos sexos. Como o Estado controla a gestão educacional, nosso estudo busca compreender como os três países diferem no tratamento do problema da gestão. A questão mais ampla é como as iniciativas do governo garantem a todos os estudantes uma oportunidade mínima para aprender. Que sistema de gestão o governo utiliza para implantar seus parâmetros curriculares e que sistema garante uma oportunidade de aprendizagem para todos os estudantes? Os principais elementos do sistema de gestão educacional preocupam-se com a supervisão do trabalho docente e com a profundidade com que o sistema monitora a aprendizagem do aluno.

Supervisionando o trabalho do professor

Muitas habilidades docentes são aprendidas na prática, enquanto os professores estão dando suas aulas. Esse processo começa quando a pessoa está estudando para ser professor, continua no primeiro emprego como professor e prossegue por alguns anos. A maneira pela qual os professores são orientados e supervisionados durante essas primeiras experiências pode fazer uma grande diferença na sua capacidade de ensinar de maneira eficaz. Esta tutoria tem dois componentes importantes: em primeiro lugar, admitindo que o currículo recomendado é uma base eficaz para o ensino das habilidades acadêmicas aos alunos, a tutoria pode ser uma ferramenta fundamental para a compreensão de como aplicar o currículo de maneira eficaz; em segundo, "bons" professores e supervisores capacitados podem ajudar os novos professores a se tornarem melhores pedagogos e gestores de sala de aula, trabalhando intimamente com eles durante muitos anos.

Quando a tutoria e a supervisão pedagógica não são parte integrante da gestão escolar, os novos professores têm de aprender na prática, com pouca ou nenhuma orientação. Alguns se tornam efetivos por sua própria conta no ensino do currículo. Convertem-se em bons professores, baseados no talento natural, na sensibilidade sobre quão bem eles estão se comunicando com os alunos e no alto nível de consciência da sua prática. No entanto, deixados a aprender por sua própria conta, os professores, em sua maioria, incorrem em padrões que não são eficazes e nem sequer percebem isso, ou não se importam. Em todos os sistemas de ensino, alguns professores encaram o magistério como mais uma forma de obter um salário e, se puderem evitar aparecer no trabalho e ainda continuar recebendo, eles farão isso. Para um sistema educacional de grande escala funcionar adequadamente, ele deve ter um mecanismo de gestão que, além de desenvolver, através da experiência, importantes habilidades de ensino-aprendizagem, deve garantir que os professores apareçam para trabalhar e proporcionem a oportunidade requerida de aprendizagem para todos os alunos.

Nossas observações no Brasil e no Chile indicaram que seus sistemas de gestão educacionais estão muito aquém desse padrão. Já em Cuba, sugeriram que seu sistema de gestão é muito mais focado *no ensino*. Além disso, os professores em Cuba estão acostumados a ser observados em suas salas de aula por gestores escolares e "avaliados" construtivamente. Os professores principiantes são orientados de perto para assegurar uma "transição" para a prática do ensino. Nas escolas primárias cubanas, um único professor é tradicionalmente responsável por um grupo de crianças da primeira à quarta séries. Nesse sistema, não se pode responsabilizar os outros professores se a criança não estiver fazendo progressos. Além disso, uma maior responsabilidade recai tanto sobre os professores como sobre os supervisores, para garantir que os professores estejam implementando o currículo conforme o plano e que as crianças do grupo estejam se saindo tão bem quanto as dos outros grupos, na mesma escola e no mesmo município.

E no Brasil e no Chile, onde a organização da educação torna os professores desses dois países muito menos propensos que os professores cubanos a cumprir os objetivos curriculares? Nós visitamos cerca de 30 escolas no Chile, 25 no Brasil e dez em Cuba, e entrevistamos os diretores, os vice-diretores e os professores de cada escola. Também visitamos faculdades de Educação em universidades nos três países e entrevistamos os representantes dos sindicatos dos professores e os funcionários dos ministérios. Com base na quantidade substantiva de informações qualitativas coletadas, identificamos os seguintes problemas *organizacionais* principais, além dos problemas relativos à capacidade e formação docente discutidos anteriormente:

- Os professores principiantes obtêm uma supervisão confusa em suas novas escolas; na maioria das vezes apenas as avaliações

obrigatórias são feitas pelos supervisores; nas escolas rurais, muitas vezes, nem mesmo isso.
- Os professores no Brasil e no Chile ganharam o "direito" de ter quase total autonomia em suas salas de aula; portanto, são raramente observados por seus gestores.
- Em geral, não se espera que os gestores escolares no Brasil e no Chile sejam líderes pedagógicos ou sejam formados para isso. Por sua vez, tanto devido à autonomia dos professores, como em virtude da sua falta de capacidade de melhorar efetivamente a prática de ensino docente, os diretores e os vice-diretores relutam em criticar o desempenho profissional dos professores, exceto em casos extremos.
- O tradicional sistema de supervisão, importado da Europa, de "inspeção" escolar, nunca alcançou, no Brasil ou no Chile, os mesmos níveis de implementação da França ou da Itália, por exemplo, onde os inspetores desempenham um papel político importante e mesmo assim não fazem muita supervisão. No Chile, os *supervisores* recentemente substituíram os inspetores. Os *supervisores* também desempenham um papel limitado, intervindo pouco para melhorar a prática de ensino, embora possam fazer isso se lhes for outorgado poder e se prevalecer um relacionamento diferente entre professor e supervisor. Portanto, hoje, não há supervisão relevante do desempenho profissional do professor.
- Nos últimos dez anos, tanto o Brasil como o Chile procuraram melhorar a atividade docente, a implementação curricular e a qualidade da prática docente na sala de aula com formas de supervisão "indireta", isto é, testando o desempenho dos estudantes e, no caso do Brasil, incluindo maior participação dos pais. Desde 1995, o Chile vem usando resultados de provas para pagar bônus aos professores das escolas que obtêm os maiores ganhos em cada região nas provas Simce para a quarta e a oitava séries. Indubitavelmente, a prova aplicada aos estudantes tem tido um efeito positivo sobre a consciência dos professores de que o desempenho dos seus alunos nessas provas é importante (Mizala e Romaguera, 2001). Por sua vez, isso tem motivado al-

guns professores a melhorar sua prática de ensino. No entanto, até agora, não há evidência de que esses incentivos ao professor melhorem o desempenho do estudante[5] e há algumas indicações de que não melhoram (Carnoy et al., 2005).

- Portanto, quer por motivos ideológicos, quer porque os tomadores de decisão educacionais sentem que não podem reforçar a supervisão direta, a dependência brasileira e chilena da aplicação de provas e de outras formas de supervisão "indireta" (incentivos) aparentemente dificultam a melhoria do ensino.

É sintomático da inexistência de supervisão e apoio pedagógico que não se pratique nenhuma "indução" sistemática dos novos professores à prática da sala de aula. Uma equipe da Organização para a Cooperação e Desenvolvimento Econômico (OCDE), analisando o sistema educacional chileno, concluiu que "não existe política de indução formal, apesar do fato de diversas pesquisas indicarem os efeitos de longo prazo das experiências formativas precoces do novo professor. Embora, sem dúvida, ocorram alguns casos em que o grupo mais antigo proporciona alguma orientação e assistência aos professores que iniciam suas carreiras, quando isso acontece é por causa da boa vontade e não por qualquer exigência" (OCDE 2004, p. 135). Da mesma forma, o Banco Mundial revela sobre os professores nos estados brasileiros:

> Os recém-formados dos programas de formação docente, poucos dos quais com adequada exposição à sala de aula, são frequentemente assoberbados pela complexidade de decisões a tomar em classe, pela multiplicidade de tarefas a serem realizadas e pelos problemas disciplinares dos alunos (...) A falta de um processo sistemático para orientar ou treinar professores principiantes durante o primeiro ou segundo ano torna esse período de suas carreiras mais difícil do que o necessário e pode ter um impacto duradouro sobre a moral e o desempenho (Banco Mundial, 2001, p. 36-37).

A falta de apoio aos novos professores no Brasil e no Chile[6] integra-se numa tradição maior de *laissez-faire* das escolas, onde se espera que os professores ensinem por sua própria conta e que os diretores escolares "administrem" as operações diárias da escola, embora sem se envolver nas salas de aula. Essa tradição mudou no Chile, mas na direção de incentivos ou responsabilização (*accountability*) em todo o sistema, e está mudando no Brasil em uma direção semelhante. Os dois países estão evitando a avaliação docente e o apoio mais direto ao professor, que é a regra em Cuba. A estratégia chilena, fomentada por agências internacionais como o Banco Mundial e o Banco Interamericano de Desenvolvimento, resultou em melhorias, mas não no grau necessário para alcançar os resultados desejados.

A principal forma de responsabilização (*accountability*) utilizada no Chile é a prova nacional dos estudantes em todos os níveis, com as médias dos resultados das escolas divulgadas publicamente e usadas para recompensar financeiramente as melhores escolas. Como discutido anteriormente, os resultados da prova têm servido para diversos propósitos, mas, mais recentemente, tornaram-se uma referência do desempenho do estudante, prestando informações aos pais em relação à escolha da escola (o Chile possui um sistema de escolha nacional), e servem como indicador para os bônus salariais do professor. No entanto, não há sanções — a não ser a potencial desaprovação dos pais — para as escolas ou os professores pelo fato de não obterem ganhos nas notas da prova.

Apesar de 20 anos de aplicação de provas, na típica escola pública chilena o novo currículo é adotado de forma desigual e os diretores se concentram no trabalho administrativo e não na pedagogia da sala de aula. Na típica escola particular, o diretor concentra-se no recrutamento dos estudantes e na busca do lucro financeiro. Embora a maioria das escolas esteja muito consciente das suas notas na prova, poucos diretores ou professores são capazes de — ou estão dispostos a — utilizar os dados fornecidos pelo ministério para avaliar as práticas de ensino em sala de aula, exceto para reconhecer deficiências óbvias. Em última análise, o sistema recorre à experiência dos funcionários da escola para realizar melhorias, uma vez que eles são abastecidos com as informações sobre o desempenho dos estudantes nas provas da quarta e da oitava séries. Embora algumas escolas se mobilizem em torno desses resultados na prova, a maioria não faz mais do que exortar os professores a aumentar as notas sem fornecer roteiros para fazer isso.

As escolas chilenas também concorrem entre si por estudantes. A maioria dos diretores admitiu que procurou atrair alunos aumentando as notas na prova, melhorando as instalações físicas (incluindo a aquisição de mais computadores por estudante) e diminuindo os distúrbios entre os estudantes. No entanto, os fatores mais importantes para atrair as famílias às escolas privadas parecem ser a classe socioeconômica média dos pares (incluindo a ausência de estudantes de pior comportamento nas escolas privadas) e o acesso à escola de ensino médio do mesmo estabelecimento, com o potencial de aprovação na prova de ingresso à universidade. O rápido crescimento da educação com gestão privada e recursos públicos desacelerou nos anos 80, mas prosseguiu nos anos 90 e, como resultado, a educação municipal perdeu centenas de milhares de alunos para concorrentes privadas, geralmente escolas novas e "pró-lucro" (significando que eram geridas por indivíduos que obtêm renda da escola), que foram criadas em resposta ao sistema de vale-educação (*voucher*). No entanto, os pesquisadores não foram capazes de descobrir efeitos positivos no desempenho dos estudantes nas escolas públicas ou em todas as escolas tomadas em conjunto, em municípios com uma maior densidade de escolas privadas, onde há, portanto, mais concorrência (Hsieh e Urquiola, 2002; McEwan e Carnoy, 1999).

Uma das razões para a dificuldade em identificar um "efeito da concorrência" positivo é que a mudança das escolas municipais para as escolas privadas associadas ao sistema de vale-educação parece ser marcada pelo fenômeno do *crème de la crème*, isto é, a prática das escolas privadas de atrair os melhores alunos das escolas públicas — a nata da nata. Esse fenômeno tenderia a diminuir as notas médias na prova ao longo do tempo nas escolas municipais, mesmo que a concorrência possa tender a aumentar as notas nessas mesmas escolas. É difícil identificar os dois efeitos separadamente. Portanto, a concorrência pode estar estimulando as escolas municipais a um maior esforço, aumentando as notas na prova, mas essas mesmas escolas municipais podem, ao mesmo tempo, estar admitindo estudantes mais difíceis de ser ensinados.

Em 1996, o Ministério da Educação chileno começou a pagar salários extra para os professores com base em diversos critérios, o mais importante deles sendo os ganhos dos estudantes da escola onde o professor trabalha de uma prova Simce (de quarta e oitava séries) para outra. Esse programa de incentivo é chamado de Sistema Nacional de Avaliação do Desempenho Docente (Sned, na sigla em espanhol). O Sned escolhe as escolas com os maiores ganhos de uma prova para outra, em cada região, e concede, a um máximo de 25% das escolas de cada região, uma subvenção adicional para cada estudante. Noventa por cento dessa subvenção adicional deve ser distribuída para os professores da escola com base no número de horas de ensino. Os outros 10% vão para os professores designados por cada escola por terem realizado um trabalho especialmente bom.

O Sned procura comparar escolas semelhantes, avaliando quais devem se qualificar para o prêmio; a origem socioeconômica dos alunos é levada em consideração, assim como a "seletividade" da escola. Se a escola é mais rigorosa na seleção dos alunos, ela recebe menos crédito pelos ganhos de uma prova para outra. No cálculo da pontuação relativa ao Sned, a nota média no último Simce de quarta, oitava e décima séries tem um peso de 37%; a diferença entre as duas últimas provas Simce disponíveis para cada série representa 28%; o desenvolvimento da lista completa de atividade representa 6% da pontuação; a taxa de retenção de alunos, a ausência de seleção e outras medidas de desempenho e igualitarismo têm um peso de 22%; a participação e a opinião dos pais representam 5%; 2% cabem à igualdade de oportunidade (ver Mizala e Romaguera, 2001, para detalhes sobre os critérios de avaliação das escolas no Sned).

De acordo com Mizala e Romaguera, a maioria dos professores concorda que um sistema de premiação com base no desempenho docente faz sentido. Eles sustentam que isso indica que a resistência docente ao pagamento de incentivos declinou e que o corpo docente está pronto para aceitar algum tipo de variação salarial com base na capacidade docente de melhorar o desempenho dos alunos.

Porém, mesmo se esse fosse o caso, para o Sned ter algum significado educacional, deveria haver um relacionamento positivo entre o pagamento de incentivos por meio dos prêmios do Sned e os ganhos do desempenho dos alunos da quarta à oitava séries (quanto as escolas melhoram o desempenho dos alunos nos últimos quatro anos do ensino fundamental). Consideremos, por exemplo, que um grupo de escolas de uma região ganhe prêmios do Sned em 1996 ou 1998 ou 2000. Qual foi a correlação entre os prêmios recebidos (entre 0 e 3) e quão bem os alunos se saíram na prova da oitava série, em 2000, em relação à nota na prova da quarta série, em 1996? Haverá um conjunto de escolas que esteja respondendo em consonância ao pagamento de incentivos, melhorando o progresso dos alunos entre a quarta e a oitava séries, ou o Sned é mais como uma loteria, com algumas escolas se saindo bem em um ano e outro grupo de escolas se saindo bem no outro ano, mas sem relação com os ganhos em notas dos alunos na quinta, sexta, sétima e oitava séries? Os professores de certas escolas são organizados pelos diretores ou se organizam por conta própria para obter os prêmios do Sned, especialmente nas provas da quarta série?

Apesar da existência do Sned desde 1996, as notas médias na prova do Simce não aumentaram significativamente. A não ser que haja um realinhamento das escolas — algumas em ascensão constante (as que estão respondendo ao Sned) e outras em queda constante (as que não estão respondendo ao Sned) —, os dados sobre as notas do Simce indicam que o Sned *não* está apresentando um impacto sistematicamente positivo sobre o desempenho dos alunos. A quantidade de prêmios recebidos está muito relacionada com a nota na prova da quarta série de 1996, mas não com o ganho em nota da escola entre a quarta e oitava séries, entre 1996 e 2000. Como as notas do Simce constituem um elemento importante na determinação dos prêmios do Sned, o fato de que o prêmio parece ter tido pouco impacto no ganho em nota do Simce é significativo. Aparentemente, as escolas têm mais facilidade em se sair bem na prova da quarta série e mais dificuldade em melhorar as notas entre a quarta e a oitava séries.

A suposição subjacente em relação ao Sned é que os diretores escolares e os professores inovarão, trabalharão mais duro e, de maneira geral, encontrarão maneiras de melhorar o desempenho dos alunos para obter mais dinheiro. No entanto, podem existir muitos motivos pelos quais esse sistema não funcione. O sistema supõe, por exemplo, que os professores sabem como melhorar a aprendizagem dos alunos, mas não estão dispostos a fazer isso a menos que obtenham prêmios em dinheiro. Há poucos indícios, porém, de que os professores estejam, de fato, refreando o uso pleno de suas competências, porque os melhores professores não ganham mais do que os piores. Um segundo motivo é que a capacidade escolar de aumentar as notas na prova da quarta série não é a mesma que a capacidade de ajudar os alunos a aprender mais durante um período de quatro anos. Além do ensino para a prova do Simce, os professores (e os diretores escolares) podem não saber como melhorar a aprendizagem de série para série. As escolas não estão sendo avaliadas por ganhos de uma única turma, mas sim por ganhos *entre turmas* (Carnoy *et al.*, 2005).

Isso não significa que não existam bons professores no Chile ou que nenhum diretor atue como líder pedagógico. Em Santiago, visitamos uma escola pública, em uma região de baixa renda, na zona oeste da cidade. A escola possui diversas crianças com dificuldades de aprendizagem (91 dos 646 alunos, entre a primeira e oitava séries, foram assim designados). No entanto, nos últimos anos, graças a um diretor dinâmico, que está comprometido com a melhoria da aprendizagem na escola, as notas na prova subiram bastante. A escola é capaz de competir com sucesso com as escolas primárias privadas das proximidades, que não precisam receber alunos com necessidades especiais.

Essa escola nos proporcionou um bom exemplo do significado implícito e dos limites da utilização dos dados da prova e da "boa" supervisão pedagógica no Chile. Em 2002, uma classe de quarta série de um professor (entre as três classes de quarta série da escola) apresentava notas na prova de matemática muito mais baixas que as das outras classes de quarta série da mesma escola, mas tinha resultados melhores em linguagem. O diretor e o assistente pedagógico revelaram que, durante o ano letivo, haviam notado as dificuldades do professor com o currículo de matemática — uma capacidade de observação que, para orgulho de ambos, não é comum na maioria das escolas chilenas. Eles pediram a outro professor para assumir o ensino de matemática naquela classe, mas o outro professor declinou. Aparentemente, a gestão não tinha o conhecimento ou o poder para lidar diretamente com as dificuldades do professor no ensino da matemática, através de alguma orientação e assistência criteriosa ou através de cursos práticos. Uma escola particular chilena poderia ter dispensado esse professor no final do ano, mas uma escola pública não pode.

Visitamos uma escola pública rural com uma única sala, em uma região pobre, onde um professor experiente estava submetendo 13 crianças de primeira a sexta séries, muitas obviamente brilhantes e com vontade de aprender, ao ensino mais irresponsável e ineficaz que já vimos. Os pais pareciam não ter consciência da baixa qualidade de educação que seus filhos estavam recebendo. Até onde pudemos perceber, nenhuma agência governamental estava oferecendo alguma supervisão mínima sobre esse ensino medíocre do currículo obrigatório. No entanto, a cinco quilômetros dali, visitamos outra escola, uma escola particular subvencionada, que oferecia ensino razoavelmente bom e onde crianças do mesmo nível socioeconômico estavam aprendendo muito mais.

Também visitamos escolas primárias privadas subvencionadas que selecionavam seus alunos e tinham listas de espera. Em uma delas, o diretor tinha adotado abordagens inovadoras de ensino, mas, mesmo assim, o nível de redação dos alunos, nas primeiras séries, era surpreendentemente insatisfatório. Isso suscita outra questão: padrões relativamente baixos podem manter os conceitos escolares de qualidade do trabalho discente relativamente baixos. Pouco estava sendo feito para melhorar o desempenho dos alunos nessa escola, pois, pelos padrões chilenos — medidos pela prova do Simce —, as crianças da escola tinham um bom desempenho e a quantidade de candidatos excedia em muito as vagas disponíveis.

No Brasil, a avaliação indireta ou a "responsabilização" (*accountability*) do modelo chileno, através de incentivos proporcionados pela concorrência ou prêmios financeiros por notas de prova mais altas, é praticamente inexistente*. A prova do Sistema Nacional de Avaliação da Educação Básica (Saeb) é aplicada em uma amostra de estudantes de cada estado; assim, escolas individuais não são avaliadas pela prova. Os resultados do Saeb são publicados, indicando as diferenças regionais e a

---

* O estado de São Paulo implementou, em 2008, um sistema de bônus nas escolas estaduais paulistas. O estado do Rio de Janeiro passou por experiência semelhante (N. do E.).

melhoria ou não do desempenho médio dos estados ao longo do tempo. Isso é útil para a avaliação comparativa, mas não para assegurar que os professores estejam fazendo o melhor trabalho possível no ensino do currículo aos estudantes*.

A natureza altamente descentralizada da educação brasileira depositou a maior parte da responsabilidade pela idealização e implantação dos planos de melhoria instrucional sobre os estados e os municípios. Em Minas Gerais, por exemplo, onde filmamos diversas salas de aula, a governança escolar é altamente descentralizada e as escolas são bastante autônomas. Os professores e a comunidade selecionam os diretores a partir de uma lista de candidatos apresentada pela Secretaria de Educação. Um conselho eleito, composto por alunos, professores e representantes da comunidade, administra a escola. Eles têm opções em relação à pedagogia e ao currículo e têm acesso a alguns fundos discricionários para inovações nas duas áreas. Teoricamente isso deveria melhorar o ensino, mas os professores em Minas Gerais também dispõem de muita autonomia em suas salas de aula. Exatamente como no resto do Brasil, eles só são obrigados a mudar seus métodos de ensino se alguém realmente observá-los ensinando e tiver a capacidade e a legitimidade para ajudá-los a mudar. Essa não é uma atividade regular dos conselhos escolares. A noção de que, com base em critérios claramente definidos de ensino eficaz, os conselhos escolares podem punir ou premiar os professores, ou até recomendar que os professores busquem assistência para o desenvolvimento profissional, não faz parte da cultura de governança escolar.

O sistema de inspetoria ainda existe como a forma principal de supervisão. Os inspetores visitam a escola, talvez analisando os planos escolares e observando algumas salas de aula, mas quase não oferecem formação em serviço e/ou apoio pedagógico. Uma forma de supervisão externa está sendo criada em alguns estados. O supervisor se parece mais com um "facilitador". Ele(a) traz materiais para a escola, realiza seminários e assim por diante. Uma tendência parece ser aprimorar o pessoal da supervisão, exigindo que eles tenham maior nível educacio-

---

* Desde 2005, a Prova Brasil permite obter resultados de desempenho acadêmico dos alunos de quarta a oitava séries, por escola (N. do E.).

nal e tenham lecionado por, no mínimo, dois anos. Eles também têm de concorrer pelo cargo.

O gestor escolar é responsável pelos problemas da escola. Os supervisores não verificam a frequência docente: isso é responsabilidade do gestor. Outra tendência é realizar um trabalho melhor de preparação dos diretores, para que se responsabilizem pela supervisão e atuem como líderes pedagógicos. No entanto, tal como se encontram hoje, os gestores de escolas brasileiras, como seus colegas chilenos, são basicamente burocratas, que ficam em suas salas lidando com minúcias administrativas.

O coordenador pedagógico no Brasil é a coisa mais próxima de um supervisor interno e/ou formador de professores. No entanto, nossa experiência nas escolas coincide com a dos pesquisadores que entrevistamos e com o relatório do Banco Mundial sobre o ensino brasileiro (2001), ou seja, os coordenadores pedagógicos são de utilidade limitada e não parecem despender qualquer tempo nas salas de aula. Em vez disso, eles organizam seminários com o grupo completo de professores. Ou, como um de nós descobriu, eles são aqueles que atendem ao telefone quando alguém liga para a escola.

Visitamos uma escola urbana de classe média, em um estado de renda média-baixa, considerada suficientemente boa pelos pais, tanto que as crianças presentes vinham de diversas regiões da cidade. A coordenadora pedagógica admitiu para nós que ela raramente observava os professores em suas salas de aula. Filmamos duas aulas de linguagem nessa escola e observamos que o ensino era evidentemente ineficaz: muito pouca aprendizagem acontecia. Em uma classe, os alunos perambulavam sem rumo enquanto a professora escrevia um texto no quadro-negro, de costas para a classe, para as crianças copiarem e discutirem. Um coordenador pedagógico interessado na melhoria da qualidade do ensino na escola poderia ter facilmente ajudado essa professora a ensinar melhor. Mas não é assim, aparentemente, que essa coordenadora — como a maioria dos coordenadores pedagógicos — interpreta seu trabalho.

No entanto, como no Chile, a situação no Brasil está longe de ser estática. Muitos estados e municípios estão empenhados em diversas iniciativas de melhoria, como o programa Fundescola nos estados mais pobres. O Fundescola oferece recursos às escolas para planejamento, aquisição de alguns equipamentos e desenvolvimento do pessoal. Mas esses programas não lidam com a melhoria do ensino em sala de aula. O Congresso Nacional aprovou uma resolução em março de 1997, determinando que os incentivos, além do tempo de serviço automático e dos aumentos salariais por qualificação, deveriam ser vinculados aos padrões de qualidade docente e às avaliações das competências docentes (conhecidos como Plano de Cargos e Carreira ou PCC). No entanto, "a implementação dos requisitos do PCC se verificou difícil (...) devido, em parte (...) à falta de consenso entre as partes interessadas" (Banco Mundial, 2001, p. 37).

A coisa mais próxima de um programa que aborde diretamente a qualidade de ensino está no Ceará. Esse estado criou um sistema de apoio pedagógico, em 1998. Trata-se de um conjunto de centros regionais, onde os coordenadores pedagógicos se encontram para planejar visitas às escolas, avaliar os programas de desenvolvimento profissional em andamento e oferecer um programa de formação a professores *interessados*. "Um aspecto muito avançado é que os professores da rede que apresentam mais progresso em sua prática podem tornar-se tutores e instrutores dos centros regionais e, depois, voltar para suas escolas; essa prática mostrou ter forte impacto sobre a aprendizagem e o desempenho docente em outros países" (Banco Mundial, 2001, quadro 4.4, p. 40).

Em resumo, o Brasil e o Chile recorrem muito aos professores para o ensino do currículo obrigatório, sem nenhum mecanismo institucional em vigor para garantir isso ou até para ajudar os professores, de modo sistemático, na execução desse objetivo fundamental. Nos dois países, existem muitos professores talentosos e eles ensinam eficazmente, embora, mesmo nesses casos, eles estejam propensos a apresentar padrões inferiores aos dos professores eficazes (e muitos professores ineficazes) dos países altamente desenvolvidos. O Chile recorreu à concorrência entre escolas e aos incentivos financeiros indiretos para induzir os professores a aprimorar a aprendizagem nas escolas. No entanto, como nenhuma sanção é imposta sobre as escolas que apresentam pequeno ou nenhum ganho no resultado da prova, os professores não precisam responder à concorrência ou aos incentivos e a maioria não muda a forma de ensino, a não ser que seus alunos estejam se saindo muito pior do que os alunos de outras escolas. Mesmo assim, como revelamos, as escolas públicas não conseguem demitir ou mesmo transferir professores.

Os membros da equipe gestora de uma escola cubana são *solicitados pelo sistema político* a atuar como líderes pedagógicos. Isso se converte em uma cultura escolar de supervisionar e ajudar diretamente os professores, em seus primeiros anos, para aprimorar seu ensino. Também deposita responsabilidade direta sobre cada professor da escola primária pela aprendizagem do grupo de crianças. Observamos isso em todas as escolas que visitamos: de escolas que cuidam de crianças cujos pais têm instrução relativamente elevada até escolas nos subúrbios mais "proletários" de Havana, passando por escolas rurais com apenas duas ou três salas de aula, nas províncias.

Essa cultura de supervisão e responsabilidade docente está, sem dúvida, integrada na estrutura de governo hierárquica da política e da sociedade cubana. No entanto, também está integrada numa estratégia em que o Estado assume a responsabilidade básica de assegurar oportunidade de aprendizagem para cada criança da sociedade. Os professores em Cuba são considerados profissionais e são responsáveis por implementar o currículo do Estado, mas seu profissionalismo não inclui autonomia à custa da aprendizagem dos alunos. A organização das escolas cubanas está sujeita ao imperativo categórico de atingir os objetivos do currículo em cada sala de aula e os diretores e os vice-diretores compartilham a responsabilidade com os professores, garantindo que os professores em sua escola cumpram o seu dever. Os funcionários municipais, por sua vez, compartilham a responsabilidade pelo desempenho dos alunos nas escolas do seu distrito. Os professores sabem que, se não atuarem responsavelmente para garantir que as crianças ao seu encargo aprendam o conteúdo, eles serão afastados de suas tarefas; ao mesmo tempo, os professores com quem falamos acreditavam no seu trabalho e sentiam afeição sincera pelas crianças a quem ensinavam.

Não queremos idealizar esse sistema de supervisão, pois ele está longe de ser perfeito. Nem todo professor cubano é competente e temos certeza que uma grande quantidade de ensino sofrível não aparece à primeira vista. No entanto, como mostramos no próximo capítulo, o ensino na sala de aula é, em média, mais eficaz em Cuba do que no

Brasil ou no Chile; e, a partir do que observamos, ao menos parte dessa maior eficácia deve-se ao sistema muito mais difundido de envolvimento administrativo e de vigilância em relação à qualidade do ensino. Nossas entrevistas com diretores, vice-diretores e professores cubanos concentraram-se nessa questão. Um diretor de uma escola primária, com 400 a 600 alunos, é capaz de dar o nome de cada criança com dificuldades de aprendizagem e as medidas que estão sendo adotadas para ajudar aquela criança, incluindo o envio de um professor até a casa dos pais para uma conversa com eles, a verificação dos problemas com a família e a tentativa de trabalhar as partes específicas do currículo nas quais a criança está enfrentando dificuldades.

Ao mesmo tempo, a maioria dos professores cubanos foi capacitada por meio de uma formação muito boa e uma supervisão construtiva, para ser eficaz no seu trabalho; eles não apenas se sentem responsáveis pelas crianças a quem ensinam, mas também têm as habilidades para transformar esses sentimentos de responsabilidade em altos níveis de aprendizagem dos alunos.

FREQUÊNCIA DOCENTE E DISCENTE

A questão da supervisão desempenha um papel mais evidente em relação à frequência docente e discente. A frequência dos professores é um problema crônico na América Latina e, de modo geral, nos países em desenvolvimento. Um estudo investigativo em oito países constatou taxas de absenteísmo docente de 15% no Peru e no Equador e de 25% na Índia (Kremer *et al.*, 2004, Tabela 2). Em outro estudo recente, Marshall verificou que, na Guatemala, dos 140 dias "oficiais" do ano letivo (já um número baixo comparado com muitos outros países), a escola funcionou, em média, somente 110 dias, em sua amostra de quase 60 escolas rurais (Marshall, 2003). Na Argentina, no final dos anos 90, funcionários públicos de diversas províncias revelaram que cerca de 20% dos professores se ausentavam mais de cinco dias por mês das suas salas de aula (Carnoy, Cox, Cosse e Martinez, 2004). Os sindicatos dos professores se opuseram, mas muitas províncias implantaram multas nos salários para faltas frequentes. No Brasil e no Chile, uma das reclamações mais comuns que escutamos dos diretores de escolas públicas foi a quantidade de faltas por problemas de saúde. No Chile, isso é, em parte, provocado pelo péssimo sistema de aposentadoria, que deixaria muitos professores mais velhos sem renda suficiente para sobreviver em caso de aposentadoria; assim, eles continuam lecionando até além dos 70 anos, quando, de fato, a saúde torna-se um problema.

O absenteísmo docente está relacionado ao absenteísmo discente e ambos resultam no menor desempenho dos alunos. Isso parece óbvio, mas não é simples de demonstrar. A pesquisa de Marshall, na Guatemala, utiliza métodos econométricos complexos e uma das melhores coletas de dados já feitas em escolas rurais para revelar que a frequência docente (a quantidade real de dias nos quais o professor encontra os alunos durante o ano letivo) pode ser considerada sinônimo (uma variável *proxy*) de qualidade escolar — e os pais guatemaltecos parecem reagir à qualidade escolar inferior enviando seus filhos com menos frequência à escola. Isso é particularmente verdadeiro no caso dos meninos. Marshall (2003) também demonstra que dez dias de escola a mais por ano letivo (um desvio-padrão da média de 110 dias) associa-se a um aumento de um terço de um desvio-padrão no desempenho dos alunos.

O absenteísmo docente nas escolas rurais é provocado por condições de isolamento, pela falta de vontade dos professores de viver na escola e pela falta de apoio do sistema educacional para tornar a educação rural mais tolerável e estimulante (Marshall, 2003). A Colômbia implantou o programa *Escuela Nueva* nos anos 80, incluindo encontros sociais mensais para os professores rurais, com seminários e grande quantidade de materiais especiais. As avaliações criteriosas da *Escola Nueva* indicam que o sistema funcionou para aumentar a frequência e o desempenho docente e discente (McEwan, 1998).

No Brasil, o Banco Mundial promoveu mais uma política de responsabilização (*accountability*) em relação ao absenteísmo rural: uma maior participação dos pais na avaliação dos professores rurais, com consequências salariais para frequência menor, com base no aparente sucesso do projeto Educo, de El Salvador. Essa também é uma solução atraente para a questão relativa a dias de ensino, embora existam avaliações conflitantes a respeito dos resultados do Educo (Jimenez e Sawada, 1999).

O absenteísmo docente, infelizmente, é um problema persistente, com raízes em noções de dever cívico, confiança e comprometimento, assim como de falta de supervisão e responsabilização (*accountability*) adequadas. O absenteísmo dos alunos, que há tempos está baseado nas decisões familiares sobre o valor do trabalho infantil *versus* o valor da educação adicional, agora também pode ser relacionado à percepção dos pais sobre a qualidade escolar (portanto, uma concepção mais sutil do valor da educação). O absenteísmo docente é uma variável importante, que afeta a qualidade escolar, com os pais mantendo seus filhos em casa como forma de reação, piorando o desempenho e o desempenho acadêmico dos alunos.

Dos países que estudamos, o absenteísmo docente e discente é provavelmente mais frequente no Brasil e menos frequente em Cuba. O Chile tem certo problema com o absenteísmo, mas pequeno quando comparado com o absenteísmo na maioria dos países latino-americanos. O estudo da Timss sobre ausência autorrelatada pelos alunos no Chile, por exemplo, mostrou quase o mesmo nível de muitos países desenvolvidos. Sem dúvida, isso varia entre as regiões. Em certas áreas rurais, o absenteísmo é alto, especialmente em períodos de mau tempo. Em Cuba, o absenteísmo parece muito baixo, em parte porque, se a criança ficar doente por mais de um ou dois dias, um professor geralmente irá até a casa dela, para se certificar de que tudo está bem. Entrevistamos a professora de educação infantil de uma escola rural muito pequena (29 alunos), na província de Pinar del Rio; um dos seus seis alunos faltou durante dois dias seguidos e ela mandou uma pessoa para saber sobre a criança.

Pode-se afirmar que, em Cuba, os professores evitam as ausências por medo. Pode até ser, mas também é provável que os professores, tanto em Cuba como no Chile e em muitas escolas brasileiras, compareçam com regularidade porque foram ensinados a trabalhar diariamente e a não faltar. Ficamos com a impressão, principalmente em Cuba, de que os professores são ensinados a se sentir responsáveis pelos seus alunos e pela sua aprendizagem. O contexto social da educação, a visão dos professores de si mesmos como responsáveis ou não por seus estudantes e o grau de controle do comportamento docente por alguém (diretor, município, governo central) são todos fatores importantes para influenciar a presença ou ausência dos professores no dia a dia da sala de aula. Sem esses elementos, o absenteísmo docente (e discente) torna-se um problema sério nas escolas — que precisa ser solucionado para que o sistema escolar funcione efetivamente.

É importante mencionar outra diferença entre as escolas cubanas e as escolas chilenas e brasileiras. Há muito tempo Cuba possui escola de tempo integral, das 8h15 às 16h20, com um intervalo de uma hora e meia para o almoço. As escolas chilenas só começaram a ter uma jornada de seis horas (*jornada completa*) a partir de 1998. Em geral, as escolas brasileiras funcionam em dois turnos, e até em três turnos, com a escola noturna. Para sermos justos, as escolas cubanas e as escolas chilenas com jornada completa realizam pouco trabalho acadêmico depois do almoço. Cuba possui alguns programas de televisão educativos, que todas as classes devem assistir durante 45 minutos todas as tardes; mas, além disso, o resto do tempo é quase todo de recreio e repouso. O mesmo agora também acontece no Chile. As atividades vespertinas são quase todas extracurriculares. O efeito que as horas extras apresentam sobre o desempenho acadêmico é desconhecido, embora certos estudos a respeito de jornadas escolares mais longas apresentem resultados positivos (Aronson, Zimmerman e Carlos, 1998).

RESUMO

No caso das principais variáveis que ligam a construção curricular ao ensino do currículo — capacidade docente adquirida através da formação, indução do novo docente e supervisão da prática do ensino, e desenvolvimento profissional em serviço —, o Brasil e o Chile realizam um trabalho que nem chega perto do de Cuba e esta parece ser a razão de grande parte da diferença do desempenho dos alunos entre esses países. Os professores cubanos saem do ensino médio com melhor conhecimento dos conteúdos deste nível de ensino, obtêm uma formação para o magistério centrada nos métodos práticos de ensino, com foco no currículo nacional e são supervisionados e capacitados nos primeiros anos de suas carreiras por gestores escolares e professores orientadores. Quase todas as escolas são organizadas em torno das práticas de ensino, um foco que difere do da maioria das escolas brasileiras e chilenas.

Os principais efeitos dos sistemas de supervisão de baixa qualidade do Brasil e do Chile são que muitos professores nunca aprendem a ensinar eficazmente e são incapazes de realizar um bom trabalho de ensino do currículo obrigatório. Por conseguinte, grande quantidade do conteúdo curricular nunca é oferecida a muitos alunos, e eles e seus pais muitas vezes não sabem quão pouco eles aprenderam, em comparação ao que poderiam ter aprendido, se lhes fosse dada a oportunidade.

O pior resultado da supervisão de baixa qualidade nesses países é o absenteísmo docente. Com base em nossas observações e entrevistas, o sistema brasileiro, entre os três, é particularmente vulnerável ao absenteísmo, embora não tenhamos nenhum estudo abrangente para sustentar essa assertiva. Nesse caso, os estudantes recebem um volume menor de conteúdo e ficam marginalizados da sociedade moderna. Ao contrário da baixa qualidade "oculta", onde o professor comparece, mas oferece educação de baixa qualidade, quando os professores se ausentam os pais aparentemente compreendem que a qualidade é baixa e reagem reduzindo a pressão sobre seus filhos para frequentar a escola.

Serão essas diferenças inerentes aos contextos sociopolíticos? Em parte, sim. É impossível estudar esses sistemas e observar a maneira pela qual as escolas funcionam dentro deles sem concluir que grandes diferenças existem no ambiente que cerca a educação e transmissão de conhecimentos em cada um. É muito mais fácil para um professor oferecer educação de qualidade em uma sociedade onde basicamente todas as crianças vão para a escola na idade "correta" e estão bem alimentadas, onde o sucesso educacional é importante para a maioria das famílias e onde as famílias reconhecem a dedicação dos professores e das escolas a uma educação de qualidade para seus filhos.

Mas, em parte, não. Muitas empresas brasileiras e chilenas atuam com eficiência, competindo nos mercados mundiais, supervisionando seus funcionários e gestores, ajudando-os a aumentar a produtividade, monitorando o produto e os lucros, prestando informações aos funcionários que ajudam as empresas a incrementar os lucros. Por que o sistema educacional não poderia empregar as mesmas técnicas nas suas escolas, como as utilizadas pelas empresas privadas da mesma sociedade? Isso deveria ser especialmente verdade no Chile, onde mais de 45% dos estudantes frequentam escolas privadas. No entanto, as escolas brasileiras e chilenas não copiam as empresas privadas, enquanto em Cuba, ironicamente, as escolas dirigidas pelo governo são organizadas para funcionar como muitas empresas privadas tradicionais das sociedades capitalistas. Elas supervisionam seus "funcionários-gerentes", ajudando-os a aumentar a produtividade, a conhecer melhor seus clientes e a monitorar o produto escolar com cuidado. Os municípios (e estados), no Brasil e no Chile, podem adotar esses métodos — ao menos alguns deles — mesmo dentro do atual contexto sociopolítico. Eles também podem certificar os professores recém-formados e intervir de diversas maneiras para tentar melhorar a frequência docente nas escolas rurais.

    O Brasil e o Chile podem começar a focalizar seus esforços nos fatores que funcionam em Cuba sem se tornar Estados autoritários ou incorporar completamente a ideologia (revolucionária) da sociedade cubana. Vamos explorar as implicações deste ponto no último capítulo.

6

OPORTUNIDADE PARA APRENDER E PADRÕES DE ENSINO

A qualidade de um sistema educacional depende, em última análise, da qualidade das experiências dos alunos em sala de aula. Nos capítulos anteriores, afirmamos que os alunos cubanos de terceira e quarta séries sabem mais matemática e leem melhor do que o esperado, mesmo levando em conta o nível educacional mais alto dos seus pais. Os motivos são que eles vivem em um ambiente social mais favorável ao progresso acadêmico, seus professores tendem a ser mais bem capacitados e as práticas em sala de aula são supervisionadas mais constantemente. Em resumo, os alunos cubanos frequentam escolas onde a qualidade é mais bem controlada do que nos outros dois países analisados. Não obstante, para afirmar que esses fatores estão relacionados com um melhor desempenho, devemos poder observar as experiências em sala de aula dos estudantes cubanos como qualitativamente diferentes das dos alunos brasileiros e chilenos; esses professores melhor capacitados e o controle de qualidade produzindo um processo diferente na sala de aula. Idealmente, precisaríamos avançar um passo a mais para demonstrar que essas diferenças nas experiências internas da sala de aula, de fato, tornam a aprendizagem dos alunos cubanos mais produtiva. No entanto — como discutimos posteriormente neste capítulo — não podemos avançar um passo a mais com as informações de que dispomos.

As experiências dos alunos cubanos dentro das salas de aula são realmente diferentes? Para descobrir, comparamos as práticas de ensino, utilizando dados do Brasil, do Chile e de Cuba. Os dados incluíram nossas próprias observações e as filmagens de 10 a 12 aulas de matemática da terceira série, que gravamos em cada país. Todas as aulas tinham cerca de 50 minutos. Analisamos os filmes utilizando um instrumento de observação que focalizou a estrutura da aula, o nível de atenção e participação dos alunos e outros indicadores do processo de ensino. Utilizamos um segundo instrumento para avaliar o conceito da aula, o nível de demanda cognitiva e a interação entre o professor e seus alunos. Os dois instrumentos nos ajudaram a compreender as diferenças das práticas de ensino entre os três países. Queríamos saber se essas diferenças refletem as conclusões mais amplas a que chegamos sobre a organização dos sistemas educacionais em Cuba e nos outros dois países.

As visitas à sala de aula proporcionaram uma visão interna do núcleo do sistema educacional de cada país. Naturalmente, os professores sabiam que estávamos observando e gravando suas aulas, portanto, eles estavam mais propensos a simular um espetáculo. No entanto, o espetáculo nunca poderia superar o que cada professor considerava ser um bom desempenho de ensino. Esse desempenho variou muito de sala de aula para sala de aula e mesmo de país para país. As salas de aula mais consistentemente bem organizadas foram as cubanas, onde as crianças (oito anos de idade) pareciam mais concentradas e mais atentas aos seus professores. Os professores cubanos, por sua vez, eram os mais confiantes naquilo que deviam nos mostrar naquele dia. Previsivelmente, essa confiança foi menor em uma visita não planejada que fizemos a uma sala de aula de um jovem professor cubano, que tinha começado sua carreira somente dois meses antes. Também vimos salas de aula bem conduzidas no Chile e no Brasil. No entanto, nos dois países havia menos consistência e algumas aulas — principalmente no Brasil — eram exemplos clássicos do ensino de baixa qualidade. Não observamos "ensino ruim" em Cuba, mesmo nas diversas classes com aulas dadas por professores principiantes.

Os professores das escolas públicas chilenas e de algumas das salas de aula que observamos no Brasil utilizavam o que é conhecido nos círculos educacionais como método "construtivista" de ensino[1]. Teoricamente, isso significa que os professores mobilizam seus alunos, permitindo que os estudantes direcionem seus objetivos, controlem a aprendizagem e construam o conhecimento com base no que já compreendem ou experimentam na vida diária. A ideia é que, se os estudantes podem relacionar o novo conhecimento com o que eles já sabem e também participar ativamente das atividades de sala de aula, eles se tornarão melhores solucionadores de problemas e gostarão de aprender. Eles também aprenderão a raciocinar e não somente a memorizar fatos sem sentido.

O construtivismo está alastrado na América Latina, pois é considerado um antídoto ao método de ensino do tipo "cuspe e giz", uma pedagogia tradicional, em que o professor escreve algo na lousa e, em seguida, fala sobre isso para a classe. Esse método pode ser muito aborrecido para os estudantes, principalmente se o professor não estiver naturalmente envolvido e não souber muito sobre o conteúdo que está ensinando. No pior dos casos, o professor escreve longos parágrafos de costas para a classe, enquanto os alunos se entretêm conversando com os colegas ou fazendo desenhos (observamos isso nas salas de aula que filmamos no Brasil). Da forma como é interpretado no Chile, o construtivismo tira o giz da mão do professor e coloca os estudantes em mesas, trabalhando em grupos, com materiais manipuláveis (por exemplo, blocos com números, dominós ou pedaços de papel com números escritos, que podem ser adicionados entre si para formar somas) ou em projetos especiais. Em geral, os professores fazem os alunos participar mais do que no passado.

Ficamos surpresos em constatar que as escolas particulares chilenas que visitamos, com exceção de uma escola particular de elite, onde os alunos pagam mensalidades integrais não subvencionadas por vale-educação (*voucher*), tendem a utilizar mais os métodos tradicionais de cuspe e giz (dirigido pelo professor em vez de dirigido pelo aluno) e menos trabalhos em grupo. Os alunos também tendem a ter mais autodisciplina nessas escolas, muitas vezes em classes com mais estudantes por professor do que nas escolas públicas.

Em Cuba, o método de ensino pode ser melhor descrito como participativo, mas é muito diretivo. Como na França e em muitos outros países europeus, os estudantes cubanos gastam a maior parte do seu tempo trabalhando individualmente em atividades de matemática, distribuídas pelo professor em folhas de papel. Depois da conclusão do trabalho, o professor revisa os problemas com os alunos, perguntando aos que não chegaram às respostas certas como eles abordaram os problemas e, em seguida, discutindo com o restante da classe e com cada estudante as origens dos erros. Espera-se que os alunos participem dessas discussões e eles participam. Na ocasião da nossa visita, os alunos do ensino primário tendiam a permanecer com o mesmo professor por quatro anos (falava-se em aumentar essa permanência para seis anos); assim, os alunos da terceira série e os professores que observamos se conheciam bem. Muitas vezes formulamos perguntas ao professor sobre alunos específicos e, apesar da nossa primeira visita acontecer logo no início do ano letivo, ele ou ela conseguia nos dizer tudo a respeito desses alunos: seus pontos fortes, seus pontos fracos, a situação pessoal em casa e assim por diante.

Tanto em Cuba como no Chile, os estudantes de todas as escolas que visitamos tinham acesso a computadores e programas de computador; em Cuba, cada escola tinha até mesmo um especialista em informática. No Chile, quase todas as escolas rurais tinham acesso à internet; em Cuba, não há acesso à internet, mas sim a um circuito fechado de tevê em cada escola, com programas educativos após o almoço, visando a reforçar uma ou outra aula para uma das séries, em matemática ou linguagem. Algumas escolas brasileiras também dispunham de computadores, mas não eram parte de uma iniciativa nacional, como no Chile e em Cuba, de proporcionar o acesso de todos os alunos a computadores.

Além de procurar fazer comparações entre as práticas de ensino nos três países, quantificamos nossas observações para poder fazer análises mais sistemáticas do que observamos nas salas de aula. Apresentamos esses resultados no restante do capítulo. Embora mais técnicos e maçantes que o relato de histórias sobre nossas experiências visitando escolas, esses dados vão além do aspecto "ele afirmou, ela disse" da maior parte das descrições de sala de aula. Não podemos, porém, conectar nossas observações quantificadas diretamente com o desempenho dos alunos, principalmente porque teríamos de ter considerado amostras de muito mais salas de aula e examinado as crianças dessas salas de aula, a fim de realizar a conexão. Essa é definitivamente a principal falha em nossa análise.

Isto posto, se o ensino que observamos for representativo do ensino na maioria das salas de aula em cada um desses países, estamos convencidos de que as crianças cubanas, na média, estão expostas a um ensino melhor e a maiores expectativas de quanta matemática *podem* aprender do que as crianças brasileiras e chilenas. Parte dessa diferença é, sem dúvida, resultado da melhor saúde e alimentação do aluno médio cubano da terceira série; o nível de foco nas salas de aula cubanas rivaliza com o dos países de alta renda. Encontramos alguns indícios, na comparação entre Chile e Brasil, de que uma maior ênfase na aprendizagem orientada ao aluno cria melhores oportunidades de aprendizagem para as crianças do que os métodos mecanicistas de giz e cópia, utilizados em muitas salas de aula brasileiras. No entanto, a partir de nossas observações, parece haver poucos indícios de que a pedagogia associada ao trabalho em grupo seja especialmente eficaz na produção de alto desempenho acadêmico. Em outro estudo, na zona rural da Guatemala, Jeffery Marshall (2003) revelou que o trabalho individual em classe (para a solução de um conjunto de problemas, por exemplo) está relacionado positivamente a notas mais altas e que o trabalho em grupo está dissociado de notas mais altas. Se pudéssemos ter certeza, a partir do nosso estudo, de que o trabalho individual em classe é mais eficaz no aumento das notas da prova de matemática, poderíamos afirmar que as diferenças que observamos entre as salas de aula cubanas, chilenas e brasileiras ajudam a explicar por que os alunos cubanos tiraram notas mais altas do que os alunos dos outros dois países. Mas não podemos afirmar isso: nosso trabalho apenas sugere isso.

AMOSTRA, VARIÁVEIS E MÉTODOS

Amostra e procedimento de gravação dos vídeos

As escolas que visitamos em cada país foram selecionadas de modo semialeatório. Para o Chile, nove das dez escolas urbanas integravam uma amostra maior de escolas da Grande Santiago sendo estudadas pelo projeto do Ministério da Educação chileno sobre currículo e práticas de ensino (Ministerio de Educación, 2002). Essas escolas incluíam tanto escolas públicas como escolas associadas ao sistema de vale-educação. Uma escola particular "pura" (sem vale-educação) adicional foi escolhida ao acaso. Todas as filmagens foram feitas em agosto de 2000. No Brasil, o pessoal ligado às escolas estaduais do estado do Rio de Janeiro escolheu três escolas estaduais para nós em Niterói (a cerca de 20 minutos do Rio). Selecionamos quatro escolas estaduais na Grande Salvador, na Bahia, de uma lista de escolas estaduais elaborada pela Secretaria Estadual de Educação da Bahia. Também escolhemos, aleatoriamente, uma escola rural fora de Brasília e duas escolas pertencentes ao projeto Escola Ativa, na zona rural próxima de Salvador. Finalmente, uma escola municipal e uma escola estadual, em Belo Horizonte, foram selecionadas aleatoriamente pelos funcionários locais. As salas de aula brasileiras foram filmadas em agosto de 2001 e julho de 2002. Em Cuba, visitamos duas salas de aula em uma escola de Havana, em novembro de 2002, e sete escolas na área de Havana e duas escolas rurais no distrito de Pinar del Rio (cerca de duas horas ao oeste de Havana), em fevereiro de 2003. Nós designamos os tipos de escola que quisemos visitar (em Havana, nos arredores urbanos de Havana e na zona rural, em uma província diferente), e o ministério selecionou as escolas dentro dessas categorias. A Tabela 3 fornece uma lista expandida da amostra.

As gravações foram de uma única aula de matemática da terceira série, em cada escola (exceto para uma escola de Havana, onde gravamos duas aulas).

Na maioria dos casos foi possível filmar toda a aula, do início ao final, mas, em outros casos, a aula já tinha começado ou nossa fita de 60 minutos acabou antes do final da aula. Tivemos autorização dos diretores e dos professores antes de cada sessão de gravação. Para tornar o procedimento de gravação o mais discreto possível, ficamos em um canto na maior parte da aula. Na maioria dos casos, a escola recebeu um aviso prévio de que alguém viria filmar uma aula. Isso foi especialmente necessário no Chile, onde as escolas possuem considerável autonomia, e em Cuba, onde um sistema muito centralizado impõe que essa permissão para visitar as escolas seja obtida a partir das diversas autoridades da burocracia educacional. No Brasil, às vezes, era possível simplesmente aparecer na escola, mas, na maioria dos casos, as escolas foram notificadas

TABELA 3
Visão geral das escolas escolhidas como amostra no Brasil, no Chile e em Cuba

País /Tipo de escola	Quantidade (porcentagem do total)
AMOSTRA BRASILEIRA	
Escolas estaduais urbanas	
Niterói (RJ)	3 (25,0)
Salvador (BA)	4 (33,3)
Belo Horizonte (MG)	1 (8,3)
Escolas estaduais rurais	
Brasília (DF)	1 (8,3)
Escolas municipais rurais	
Camaçari (BA)	2 (16,7)
Belo Horizonte (MG)	1 (8,3)
AMOSTRA CHILENA	
Escolas públicas urbanas	
Santiago	6 (60,0)
Escolas particulares urbanas subvencionadas	
Santiago	3 (30,0)
Escolas particulares urbanas pagas	
Santiago	1 (10,0)
AMOSTRA CUBANA	
Escolas públicas urbanas	
Havana	8 (80,0)
Escolas públicas rurais	
Pinar del Rio	2 (20,0)

antecipadamente. Não foi possível selecionar um professor ao acaso para observar. Algumas vezes, os diretores escolares nos permitiam escolher a turma a ser filmada (quando múltiplas turmas estavam disponíveis). No entanto, na maioria dos casos, fomos levados para uma sala de aula já escolhida. Esse, igualmente, foi o modo predominante no Chile e, em particular, em Cuba.

Dados e variáveis

Uma cópia do instrumento de observação utilizado para avaliação das atividades da sala de aula está disponível no Anexo B. A primeira parte do instrumento inclui diversas categorias que são empregadas para dividir a aula em segmentos de tempo. Essa abordagem se baseia significativamente no esquema de "tempo para cada tarefa" (*time-on-task*), criado nos anos 60, pelo psicólogo educacional John Caroll (1963). Burns (1984) e Karweit e Slavin (1981), entre muitos outros, realizaram aplicações empíricas desse método nos países desenvolvidos.

Inicialmente, usamos o instrumento para formular uma pergunta simples: como cada classe utiliza seu tempo? As cinco categorias primárias são: (1) *trabalho individual em classe*; (2) *atividade oral em classe*, que, em geral, envolve atividades de toda a classe; (3) *trabalho em grupo*, quando os estudantes trabalham em conjunto ou estão, no mínimo, agrupados; (4) *atividades de toda a classe*, caracterizadas por ações centradas no professor (preleção, redação ou lousa); e (5) *transições e interrupções*, marcadas por nenhuma atividade organizada de aprendizagem. Para as três primeiras categorias, utilizamos uma série de subcategorias, para especificar melhor o segmento de atividade. Cada segmento de 15 segundos foi anotado num formulário. A quantidade total de anotações foi então somada e cada segmento foi medido como uma porcentagem do tempo total.

Há diversas limitações para essa estrutura de uso do tempo para cada tarefa (*time-on-task*). Primeiro seria importante avaliar o grau de atenção e participação do aluno em cada tipo de tarefa, mas os segmentos não são facilmente ponderados de acordo com esse engajamento. O mesmo é verdade para os tipos de perguntas e materiais usados pelos professores, a ordem pela qual o plano de ensino muda de tópico para tópico, ou para o "clima" geral da sala de aula. Os segmentos também esclarecem muito pouco ou nada sobre o nível do conteúdo ou sobre o currículo que está sendo abordado.

Uma limitação adicional é que a abordagem relativa ao segmento de tempo para o estudo da aula não está enraizada em nenhuma teoria das melhores práticas de ensino. Dentro de cada um dos quatro principais sistemas de "distribuição" (trabalho individual em classe, atividade oral em classe, trabalho em grupo e atividade de toda a classe [ações centradas no professor]), há uma gama de atividades possíveis, sendo difícil afirmar, *a priori*, quais são as melhores estratégias de ensino. Assim, nossas comparações de ensino por tipos de escola e por países são mais descritivas do que hipóteses específicas, que confirmem os tipos de ensino que esperávamos observar. Apesar disso, os resultados da análise dos segmentos de tempo nos fornecem percepções dos padrões de ensino e dos processos de aprendizagem nesses diferentes contextos nacionais, permitindo-nos especular sobre o que eles indicam a respeito da aprendizagem dos alunos.

Para lidar com as limitações de nossa análise, adicionamos outros componentes ao esquema básico de classificação de segmento. Em primeiro lugar, classificamos o nível geral de atenção e participação dos estudantes em sala de aula a cada dez minutos, ao longo de uma escala de quatro pontos, variando de "desatento" até "muito atento". Os tipos de perguntas que os professores formularam durante cada aula também foram avaliados e o grau de disciplina da sala de aula foi julgado ao longo de uma escala de quatro pontos. As atividades com os alunos foram consideradas em uma escala que varia de aula "centrada no professor" até aula "centrada no estudante". Avaliamos o uso de materiais mediante uma lista de diversos tipos de folhas de atividades, livros didáticos e materiais de aprendizagem. Finalmente, também avaliamos a condição física da sala de aula em quatro dimensões, e a presença de materiais criados pelos estudantes afixados nas paredes. A inclusão desses diversos componentes ampliou o esquema comparativo, permitindo julgamentos mais específicos sobre a qualidade de ensino[2]. Para mais detalhes e definições de cada um desses componentes, ver o Anexo B.

O segundo instrumento que utilizamos para analisar as fitas de vídeo é a rubrica contendo quatro elementos principais: *proficiência matemática da lição, nível de demanda cognitiva, formato ou objetivo da aula* e *nível de apoio*. O primeiro desses componentes — *proficiência matemática* — derivou da obra *Adding It Up* (2001), estudo de ensino de matemática do Comitê de Estudo do Ensino de Matemática do Conselho Nacional de Pesquisa dos Estados Unidos. A *proficiência matemática* é uma expressão que abrange competência, conhecimento e capacidade em matemática. Capta o que acreditamos ser necessário para alguém aprender (e, por conseguinte, ensinar) matemática. Identificamos cinco elementos-chave em relação à proficiência matemática, a saber:

- *Compreensão conceitual*: entendimento dos conceitos, operações e relações em matemática.

- *Fluência no processo*: habilidade de realizar procedimentos de modo flexível, acurado, eficiente e apropriado.
- *Competência estratégica*: capacidade de formular, representar e solucionar problemas matemáticos.
- *Raciocínio adaptativo*: capacidade de pensamento lógico, reflexão, explicação e justificação.
- *Disposição produtiva*: inclinação para considerar a matemática como sensata, útil e compensadora, junto com a crença no empenho e na própria eficácia (Relatório do Comitê de Estudos da Aprendizegem de Matemática, do Conselho Nacional de Pesquisa dos Estados Unidos — *Mathematics Learning Study Committee*, 2001, p. 117).

Esses elementos não são assumidos como objetivos individuais, mas como uma definição interdependente e entrelaçada de proficiência. Se qualquer um dos cinco elementos estiver ausente, o processo de aprendizagem não será considerado completo. Avaliamos cada uma das aulas com base nesses cinco elementos, identificando quais elementos faltaram em cada aula de matemática.

A análise de conteúdo também avaliou o nível de demanda cognitiva requerido pela aula. Para esse componente, extraímos uma rubrica da obra *Implementing Standards-Based Mathematics Instruction* (Implementando o ensino de matemática baseado em padrões, 2000), de Stein *et al.*, que classifica as aulas em demanda cognitiva alta ou baixa, incluindo memorização e procedimentos sem conexões (demandas de nível baixo) e procedimentos com conexões, e "fazer matemática" (demandas de nível alto). O terceiro elemento da rubrica avaliou cada aula em relação ao nível da interação com o professor ou do apoio dado aos alunos, incluindo trabalho em grupo contra trabalho individual ou professor dando respostas, ou professor definindo o conceito ou objetivo da aula. Finalmente, avaliamos o conteúdo ou conceito curricular sendo ensinado, utilizando definições da obra *Principles and Standards for School Mathematics* (Princípios e padrões para matemática escolar, 2000), do Conselho Nacional de Professores de Matemática dos Estados

Unidos. Em conjunto, esses elementos constituíram nossa rubrica para a compreensão do conteúdo da aula.

Métodos

Nossa análise estatística foi muito básica. Verificamos se as diferenças no tempo médio despendido nas diversas atividades nas salas de aula que observamos eram significativamente diferentes umas das outras em termos estatísticos. Nossas pequenas amostras tornaram mais difícil obter diferenças estatisticamente significativas. O problema se exacerbou quando tentamos o controle das diferenças em relação aos tipos de escolas (por exemplo, urbana/rural), em cada amostra. Portanto, fizemos comparações estatísticas com respeito a apenas dois grupos de escolas: a amostra integral de escolas de cada país e as escolas urbanas. Também dividimos a amostra chilena em escolas particulares e públicas, já que quatro das escolas que observamos eram particulares[3].

Na análise do conteúdo, utilizamos uma rubrica derivada das fontes descritas anteriormente, para classificar e categorizar as aulas ensinadas em cada escola. Comparamos as escolas em duas dimensões: proficiência matemática e demanda cognitiva da aula. Indicamos as descrições dos diferentes objetivos da aula e níveis de apoio por conta da natureza qualitativa desses dois tipos de análise.

ANÁLISE DO SEGMENTO DE TEMPO

A Tabela 4 fornece uma visão geral dos resultados relativos ao segmento de tempo para cada amostra das escolas. No entanto, antes de tratarmos desses resultados, devemos enfocar as grandes diferenças de tamanho de classe, expostas na primeira linha da Tabela 4. As diferenças de tamanho de classe entre Cuba e os outros países têm consequências importantes, não apenas para interpretar as demais descobertas deste estudo, mas também para compreender nosso "propósito" maior com esta análise. Quando o Llece, da Unesco, aplicou provas padronizadas em

TABELA 4
Visão geral básica das salas de aula

Variável	Comparação entre países			Somente escola urbana			
	Brasil	Chile	Cuba	Brasil	Chile pública	Chile particular	Cuba
Número de alunos por sala de aula	27,9	37,1***	17,9***	28,0	36,2**	38,5**	19,8**
Segmentos principais (% de tempo)							
Trabalho individual em classe	22,5	6,5**	40,9***	22,5	0,6***	15,3	36,2**
Atividade oral em classe	22,5	34,6*	26,2	27,2	38,6	28,6	27,0
Trabalho em grupo	29,6	34,4	11,3*	18,3	38,3*	28,9	13,8
Aula inteira dirigida pelo professor	17,8	16,6	17,1	23,0	16,4	16,9	17,8
Transição/Interrupção	7,5	7,9	4,8	8,7	6,1	10,7	5,3

Observações: Para os segmentos principais, os números se referem à porcentagem do tempo total. Devido ao arredondamento, esses números nem sempre somam 100%. Os segmentos referem-se à atividade predominante durante cada período de 15 minutos. O trabalho individual em classe descreve os alunos sentados e trabalhando individualmente. A atividade oral em classe envolve perguntas e respostas, trabalho na lousa, respostas de toda a classe e outras formas de atividade discente oral em classe (leitura em voz alta, por exemplo). O trabalho em grupo requer que os alunos sejam arranjados em grupos, embora, como observado abaixo, eles não estejam necessariamente trabalhando juntos no mesmo problema. A aula inteira dirigida pelo professor descreve professores dando instruções, fazendo preleções ou resolvendo problemas na lousa sem contribuições dos alunos. As transições e interrupções referem-se a paralisações no trabalho para mudar de atividade, para corrigir um aluno ou devido a interrupções externas à classe. Consultar o texto do Anexo B para mais detalhes sobre a definição de segmento. As comparações estatísticas são entre cada grupo e o resto da amostra, seja para todas as escolas (comparação entre países) ou somente para escolas urbanas.
* significativo a 10%
** significativo a 5%
*** significativo a 1%

1997, o tamanho médio da classe nas escolas cubanas estava próximo da média da amostra completa (cerca de 33 alunos). Nossa análise anterior, no Capítulo 4, a respeito do desempenho dos alunos cubanos em comparação com estudantes de outros países, baseou-se nesse tamanho maior da classe cubana. Desde então os cubanos implementaram uma política de redução do tamanho da classe, semelhante a iniciativas recentes na Califórnia, onde se decretou que as salas de aula, da primeira à quarta séries, devem ter até 20 crianças (em Cuba, essa política foi adotada entre a primeira e a sexta séries). De todas as variáveis que observamos nesta análise qualitativa, esta é, provavelmente, a única variável que é muito diferente no contexto educacional atual de Cuba, em comparação com a situação no momento em que os estudantes de fato realizaram as provas do Llece.

As diferenças relativas ao tamanho da classe entre Cuba e os outros países podem ter influenciado as práticas de ensino que observamos em Cuba e, portanto, nossa comparação de práticas de ensino entre os países. Como já mencionamos, nossa intenção aqui não é utilizar as observações em sala de aula para explicar os resultados das notas da prova da Unesco de 1997. Não conseguimos relacionar as observações em sala de aula com os resultados dos alunos desse estudo. Em vez disso, focalizamos as grandes diferenças nas notas da prova entre os alunos cubanos e os de outros países latino-americanos, como ponto de partida para comparar três sistemas educacionais muito diferentes. Quando a política de redução do tamanho da classe foi adotada em 2001, não é provável que seus efeitos sobre as práticas de ensino tenham se disseminado através de todo o sistema. Além disso, os funcionários cubanos e os professores nos asseguraram que os métodos de ensino não mudaram nos últimos dois anos. Não obstante, o tamanho reduzido da classe pode influenciar nossa comparação, principalmente entre Cuba e Chile, onde as diferenças médias referentes ao tamanho da classe são grandes.

Os demais dados da Tabela 4 referem-se às médias da categoria, com cada categoria interpretada como a porcentagem média de cada período da aula dedicado a uma atividade específica. Somente um número limitado dessas médias difere significativamente do resto da amostra. Os resultados revelam que os estudantes chilenos despendem pouco tempo se dedicando ao trabalho individual em classe, que é a atividade predominante em Cuba. Os estudantes chilenos despendem muito tempo trabalhando sentados em suas carteiras, mas em grupos (ver o segmento de trabalho em grupo). Discutiremos o significado do trabalho em grupo com mais detalhes posteriormente. Essa diferença entre Chile e Cuba é especialmente pronunciada nas escolas públicas. As escolas particulares no Chile despendem mais tempo (comparativamente) em trabalho individual em classe do que suas congêneres públicas. A Tabela 4 também dá alguns indícios de que as salas de aula cubanas são mais "eficientes" do que as do Chile ou do Brasil, já que menos tempo (em termos porcentuais) é despendido em transições e interrupções. Essas diferenças não são estatisticamente significativas e, assim, devem ser interpretadas com cuidado. A correlação positiva entre o tamanho médio da classe e o tempo despendido nas transições ressalta um dos efeitos mais prováveis do tamanho da classe sobre as diferenças observáveis em sala de aula. As escolas particulares chilenas apresentam as maiores proporções professor/aluno e também gastam mais tempo passando de atividade para atividade. Isso faz sentido. As salas de aula chilenas fazem mais uso do trabalho em grupo e a mudança das outras atividades para o trabalho em grupo envolve mais tempo de transição.

A Tabela 5 enfoca o segmento do trabalho individual em classe, apresentando a porcentagem do tempo total de aula despendido em cada um dos subsegmentos. A primeira linha contém as médias totais do segmento de trabalho individual em classe da Tabela 4. Os resultados revelam que,

TABELA 5
Segmento de trabalho individual em classe, com mais detalhes

Variável	Comparação entre países			Somente escola urbana			
	Brasil	Chile	Cuba	Brasil	Chile pública	Chile particular	Cuba
Trabalho individual em classe (total)	22,5	6,5**	40,9***	22,5	0,6***	15,3	36,2
Por subsegmento de trabalho individual em classe							
Cópia de instruções/ problemas	6,8*	1,3	2,1	4,8*	0,6	2,3	1,1
Solução individual de problemas (professor circulando entre os alunos)	12,1	2,2**	33,8	15,3	0,0**	5,5	34,4***
Solução individual de problemas (professor em outra tarefa)	1,3	0,0	4,1	1,0**	0,0	0,0	0,0
Corrigindo o trabalho individualmente (alunos trabalhando)	0,8	1,5	0,9	0,0	0,0	3,4**	0,8
Corrigindo o trabalho individualmente (alunos parados)	1,5	1,7	0,5	1,9	0,0	4,1*	0,6

Observação: O trabalho individual em classe descreve os alunos sentados e trabalhando individualmente. Os segmentos referem-se à atividade predominante a cada período de 15 minutos e os subsegmentos são medidos como porcentagem do tempo total, não apenas do tempo de trabalho individual em classe. Devido ao arredondamento, esses números nem sempre correspondem ao total do tempo dedicado ao segmento. Consultar o texto e o Anexo B para mais detalhes sobre a definição de segmento e subsegmento. As comparações estatísticas são entre cada grupo e o resto da amostra, seja para todas as escolas (comparação entre países) ou somente para escolas urbanas.
* significativo a 10%
** significativo a 5%
*** significativo a 1%

entre todos os subsegmentos de trabalho individual em classe, o modo predominante é a solução individual de problemas com o professor circulando entre os alunos. Em muitas das salas de aula cubanas que visitamos, a ênfase era a *"ejercitación"* ou solução de problemas. Na maioria dos casos, os alunos ficavam sentados individualmente e a atividade, em geral, exigia que eles trabalhassem uma série de atividades apresentadas em uma folha (chamada de *"Hoja de Trabajo"*) ou em seus cadernos de exercícios. Nos outros países havia menos disso, embora, no Chile, não fosse incomum que os alunos ficassem em grupos, mas trabalhando individualmente de modo muito semelhante (e com atividades preparadas). Outra diferença significativa é entre as escolas particulares chilenas e o resto da amostra em relação ao professor que corrige o trabalho enquanto os alunos estão sentados, trabalhando. Em duas das quatro escolas particulares chilenas, havia muita ênfase sobre o trabalho de correção. As escolas particulares chilenas parecem compartilhar essa característica com as escolas cubanas. Dada a grande quantidade de estudantes nas salas de aula chilenas, isso leva mais tempo para ser feito.

Os estudantes brasileiros despendem muito mais tempo copiando instruções. Em nossas visitas a diversas salas de aula brasileiras, que não foram filmadas, observamos as mesmas atividades que vimos nas salas de aula que filmamos: muito poucas escolas brasileiras utilizam atividades preparadas, algo que era razoavelmente comum no Chile e em Cuba. O fato de ter de copiar problemas de matemática da lousa antes de começar a solucioná-los afeta, sem dúvida, o uso do tempo da aula. Essa diferença também aponta para um tema que se desenvolveu em toda essa análise comparativa: as escolas chilenas e cubanas — principalmente as escolas particulares chilenas — muitas vezes possuem mais recursos disponíveis para uso dos professores. A composição da classe social também pode explicar essas diferenças: as crianças brasileiras da nossa amostra eram de condição socioeconômica relativamente baixa e pode ser que precisassem de mais tempo para copiar os problemas ou que seus professores tivessem menos acesso a papel e copiadoras para preparar atividades. É interessante que Cuba é um país conhecido pela escassez de recursos, mas as *"hojas de trabajo"* e outros materiais escolares são mais abundantes ali do que no Brasil, em particular para crianças de baixa renda.

A Tabela 4 revelou poucas diferenças entre os três países com respeito à atividade oral da classe toda. A Tabela 6 baseia-se nesses resultados e apresenta as médias para os subsegmentos de atividade oral em classe. Diferenças significativas foram verificadas para dois desses subsegmentos mais específicos. Por exemplo: os professores cubanos utilizam muito mais a atividade oral individual em classe, que se define como a resposta de estudantes individuais a questões formuladas para toda a classe; já nas salas de aula chilenas, a classe inteira responde (o "coro"). Isso provavelmente se deve às diferenças de tamanho de classe, pois, para os professores chilenos, engajar cada estudante individualmente seria impossível. Esse resultado também pode refletir um grupo mais homogêneo de estudantes nas salas de aula cubanas. As escolas particulares chilenas, com classes maiores, utilizam quase tanta resposta individual para as perguntas como as escolas cubanas.

TABELA 6
Segmento de atividade oral em classe, com mais detalhes

Variável	Comparação entre países			Somente escola urbana			
	Brasil	Chile	Cuba	Brasil	Chile pública	Chile particular	Cuba
Atividade oral em classe (total)	22,5	34,6*	26,2	27,2	38,6	28,6	27,0
Por subsegmento de atividade oral em classe							
Pergunta para toda a classe, resposta individual	2,0***	7,7	14,1***	2,4**	5,0	11,6	16,1***
Pergunta para toda a classe, resposta em coro	13,3	14,8	2,6**	17,1	17,9	10,2	2,8**
Leitura em voz alta individual/ toda a classe	2,9	1,1	1,7	2,0	1,5	0,7	1,8
Solução na lousa	4,0	10,0	7,7	2,0	13,2	5,5	6,4

Observação: A atividade oral em classe envolve perguntas e respostas, trabalho na lousa, respostas de toda a classe e outras formas de atividade oral discente em classe. Os segmentos referem-se à atividade predominante durante cada período de 15 minutos e os subsegmentos de atividade oral em classe são medidos como porcentagem do tempo total, não do total do tempo dedicado a atividade oral em classe. Devido ao arredondamento, esses números nem sempre correspondem ao total do tempo dedicado ao segmento. Consultar o texto e o Anexo B para mais detalhes sobre a definição de segmento e subsegmento. As comparações estatísticas são entre cada grupo e o resto da amostra, seja para todas as escolas (comparação entre países) ou somente para escolas urbanas.
* significativo a 10%
** significativo a 5%
*** significativo a 1%

Em uma das escolas particulares chilenas, o professor circulava pela sala formulando perguntas simples de revisão para cada aluno (mais de 40 estudantes). Nas salas de aula brasileiras, em contrapartida, geralmente somente um número reduzido de estudantes foi solicitado a responder perguntas individualmente e, em muitos casos, um grupo de alunos ficou bem atrasado nas atividades em relação aos colegas. Observemos que poucas das diferenças expostas na Tabela 6 são estatisticamente significativas.

A Tabela 7 analisa o trabalho em grupo com mais detalhes, apresentando as médias dos subsegmentos por tipo de escola. Novamente observamos que as classes cubanas utilizam comparativamente menos trabalho em grupo, enquanto nas classes chilenas esse segmento é predominante. Isso é especialmente característico das escolas públicas chilenas, que foram, de longe, as salas de aula mais orientadas por grupo entre as

TABELA 7
Segmento de trabalho em grupo, com mais detalhes

Variável	Comparação entre países			Somente escola urbana			
	Brasil	Chile	Cuba	Brasil	Chile pública	Chile particular	Cuba
Trabalho em grupo (total) Por subsegmento de trabalho em grupo	29,6	34,4	11,3*	18,3	38,3*	28,9	13,8
Solução individual (em silêncio) — professor circulando entre os alunos	22,2	12,8	9,0	9,6	14,0	10,9	11,0
Solução individual (conversando) — professor circulando entre os alunos	0,1	1,0	0,0	0,2	1,7**	0,0	0,0
Solução individual (conversando) — professor em outra tarefa	0,3	12,9***	0,0	0,0	15,2**	9,5	0,0
Solução/discussão em grupo	5,3	3,0	2,2	6,2	3,7	2,1	2,8

Observação: O trabalho em grupo requer que os estudantes estejam sentados em grupos. Os segmentos referem-se à atividade predominante durante cada período de 15 minutos e os subsegmentos de trabalho em grupo são medidos como porcentagem do tempo total, não do tempo total dedicado a trabalho em grupo. Devido ao arredondamento, esses números nem sempre correspondem ao total do tempo dedicado ao segmento. Consultar o texto e o Anexo B para mais detalhes sobre a definição de segmento e subsegmento. As comparações estatísticas são entre cada grupo e o resto da amostra, seja para todas as escolas (comparação entre países) ou somente para escolas urbanas.
* significativo a 10%
** significativo a 5%
*** significativo a 1%

três amostras de países. No entanto, as crianças chilenas raramente trabalham coletivamente para solucionar problemas. Os alunos despenderam a maior parte do segmento do trabalho em grupo na solução individual de problemas, não interagindo com os outros membros do grupo. Isso também ocorreu nas escolas brasileiras. No Chile, os estudantes muitas vezes solucionam os problemas enquanto conversam entre si; um segmento difícil de definir. Não é a mesma coisa que trabalhar enquanto grupo visando a uma solução comum ou entregar uma tarefa por grupo em vez de atividades idênticas de trabalho individual. Somente nas escolas urbanas brasileiras houve uma quantidade considerável de trabalho em grupo "coletivo". Em uma escola específica, os grupos precisavam realizar uma atividade em grupo e os alunos discutiam (e até brigavam) sobre como concluir o trabalho. Nos três países, esse tipo de trabalho em grupo foi a exceção e não a regra.

OUTROS PROCESSOS EM SALA DE AULA

A segunda parte da análise concentrou-se na série de indicadores da "qualidade" dos processos em sala de aula em vez do uso específico do tempo em sala de aula. Esses indicadores incluem uma medida da atenção e participação dos alunos, se o professor verifica o trabalho dos alunos, os tipos de perguntas que o professor formula, a disciplina em classe, o uso de materiais manipuláveis e a qualidade física da sala de aula.

A Tabela 8 apresenta os resultados para a atenção e participação dos alunos. Esse é um conceito difícil de avaliar, pois os estudantes podem estar completamente envolvidos sem revelar isso com sua linguagem corporal. Além disso, a avaliação do engajamento de toda uma classe apresenta certos problemas. Mas o principal desafio é interpretar o significado das diferenças em atenção e participação. Será que o maior engajamento é produto da origem familiar do estudante, incluindo a qualidade do café da manhã da criança naquela manhã, ou está relacionado ao sucesso do professor na criação de um ambiente de aprendizagem que captura a atenção do estudante e mantém seu interesse? Os resultados da Tabela 8 destacam esse dilema. A amostra brasileira é consistentemente menos engajada, o que ficou evidente quando gravamos nas salas de aula. Os estudantes brasileiros ficavam, de vez em quando, visivelmente entediados com a aula ou se desligavam completamente da tarefa, envolvendo-se em uma "atividade" (conversas, brincadeiras ou olhar ausente) que não tinha nada a ver com a aula. No outro extremo, os estudantes cubanos ficavam consistentemente envolvidos nas aulas e raramente apresentavam linguagem corporal ou outros sinais indicando tédio ou falta de interesse. Entre esses dois extremos, ficam os estudantes chilenos, embora os resultados da Tabela 8 revelem mais uma vez que o nível de engajamento depende do setor escolar chileno: nas escolas particulares, o nível de engajamento rivalizou com a média da amostra cubana, enquanto nas escolas públicas chilenas, as médias ficaram muito perto da amostra brasileira. Curiosamente, o nível de engajamento, em geral, declinou em quase todas as categorias — exceto em Cuba — à medida que a aula avançava e a maioria das diferenças importantes ocorreu nos primeiros 20 minutos de aula.

TABELA 8
Atenção e participação do aluno em classe

Variável	Comparação entre países			Somente escola urbana			
	Brasil	Chile	Cuba	Brasil	Chile pública	Chile particular	Cuba
Média de atenção	2,4***	3,0	3,5***	2,5***	2,9	3,3	3,5***
Participação por períodos de 10 minutos							
Aos 10	2,6***	3,2	3,5***	2,7***	2,8	3,8*	3,7***
Aos 20	2,5***	3,2	3,5***	2,6***	3,2	3,3	3,4**
Aos 30	2,5**	2,8	3,4***	2,5*	2,7	3,0	3,4**
Aos 40	2,3***	3,1	3,4**	2,4**	3,0	3,3	3,5*
Aos 50	2,5**	2,9	3,4***	2,4**	2,5	3,3	3,5***

Observação: O nível de atenção e participação é apurado tanto pelo grau de engajamento em aula como pelo nível de participação de todos os alunos na classe. As observações correspondem ao período completo de 10 minutos (isto é, aos 30 minutos, a observação é para o período entre 20 min. e 30 min.). Consultar o texto e o Anexo B para mais detalhes sobre a definição de atenção e participação do aluno. As comparações estatísticas são entre amostras completas (comparação entre países) e, em seguida, entre escolas públicas e privadas chilenas, de um lado, apenas com escolas urbanas brasileiras, de outro.
* significativo a 10%
** significativo a 5%
*** significativo a 1%

A Tabela 9 especifica as médias para outras medidas de estrutura da aula e incorpora as perguntas do professor. Destacam-se duas diferenças significativas. Primeira: os professores cubanos e os professores das escolas particulares chilenas esforçam-se para corrigir o trabalho de cada aluno. Dadas as diferenças de tamanho de classe entre essas duas categorias de escolas (ver a Tabela 4), essa semelhança é fascinante, indicando um alto grau de alinhamento na "missão" educacional, em cada um desses tipos de escola/país. Os resultados destacam o efeito provável da composição dos alunos da classe sobre o comportamento docente. Em muitas das salas de aula da escola pública brasileira e chilena, há provavelmente um bom motivo pelo qual os professores não se esforçam para corrigir o trabalho de cada um de seus alunos: eles já sabem o que vão encontrar. No processo de filmagem, observamos muita desigualdade nessas salas de aula. Em certos casos, no final da aula, alguns estudantes ainda não tinham acabado de copiar as instruções da lousa, enquanto outros já tinham concluído os exercícios havia muito tempo. Ao não corrigir

TABELA 9
Estrutura da aula e tipos de perguntas utilizadas

Variável	Comparação entre países			Somente escola urbana			
	Brasil	Chile	Cuba	Brasil	Chile pública	Chile particular	Cuba
A aula inclui							
Correção de algum trabalho dos alunos	66,7*	50,0	17,7**	66,7	82,9**	0,0**	21,9*
Correção de todo trabalho dos alunos	24,6	50,1	82,3	22,0	16,9	100,0	77,8**
Tipos de perguntas formuladas							
Nenhuma pergunta formulada	25,0**	0,0	0,0	11,1	0,0	0,0	0,0
Perguntas repetitivas e simples	75,0	80,0	90,9	88,9	83,3	75,0	88,9
Resposta curta, com exemplo	25,0	40,0*	0,0**	22,2	33,3	50,0	0,0*
Conceitual, descreve o processo	0,0***	40,0	54,5*	0,0***	33,3	50,0	66,7**

Observação: A correção de trabalho refere-se à frequência com que o professor verifica o trabalho durante a aula ou no final dela. Para os tipos de perguntas, as porcentagens não somam 100% porque para cada categoria os resultados apenas indicam se esse tipo de pergunta foi utilizado, não se foi o único tipo de pergunta utilizado. Consultar o texto e o Anexo B para mais detalhes sobre definições. As comparações estatísticas são entre as amostras completas (comparação entre países) e entre escolas públicas e particulares chilenas, de um lado, e apenas escolas urbanas brasileiras, de outro.
* significativo a 10%
** significativo a 5%
*** significativo a 1%

a lição de cada um, esses professores podem estar simplesmente evitando envergonhar publicamente seus alunos menos preparados. Em vez disso, ao corrigir o trabalho de alguns alunos, eles podem se concentrar mais no estudante médio e passar para outra tarefa. Infelizmente essa é a realidade nessas salas de aula de renda mais baixa.

A segunda diferença importante na Tabela 9 está relacionada aos tipos de perguntas que os professores formulam durante a aula. As salas de aula cubanas e, em menor grau, as salas de aula das escolas particulares chilenas são muito diferentes das suas congêneres dos setores públicos do Brasil e do Chile. Os professores cubanos, assim como os professores de algumas escolas particulares chilenas, pedem aos alunos, de vez em quando, que expliquem suas respostas ou que corrijam as respostas de outros alunos, ou até que deem explicações claramente conceituais para conceitos matemáticos. Um exemplo disto é "explicar por que não podemos subtrair o 9 do 8 na coluna das centenas do problema 1". Esse tipo de inquirição é quase inexistente nas escolas brasileiras e nas escolas públicas chilenas, onde as perguntas do professor são, em geral, muito mais simples ou, no caso brasileiro, simplesmente não ocorrem.

A Tabela 10 conclui com alguns indicadores a análise comparativa das atividades em sala de aula em nossa amostra de escolas. As salas de aula cubanas e as das escolas particulares chilenas apresentam níveis mais altos de disciplina, medidos pela frequência de pedidos dos professores por silêncio e pela reação dos estudantes às instruções dos professores. Tanto nas escolas particulares chilenas, como particularmente nas escolas cubanas, o nível de disciplina é, às vezes, extraordinário, indicado pela rara necessidade de o professor pedir silêncio. As outras salas de aula no Chile e as do Brasil são menos obedientes e os professores, às vezes, aparentam impotência para interromper as conversas dos alunos. O tamanho da classe pode ter algo a ver com isso. As salas de aula da escola particular chilena são grandes; dessa maneira, é provável que a composição socioeconômica e/ou as diferenças de gestão escolar nas escolas públicas expliquem essas diferenças observadas no comportamento dos alunos. Um componente que não abordamos é a idade média das turmas. No Brasil, os estudantes que realizaram a prova do Llece eram um ano e meio mais velhos que os alunos cubanos e as idades dos

TABELA 10
Outras comparações

Variável	Comparação entre países			Somente escola urbana			
	Brasil	Chile	Cuba	Brasil	Chile pública	Chile particular	Cuba
Grau de disciplina	2,5***	3,0	3,9***	2,3***	2,8	3,5	3,9***
Atividade iniciada pelo estudante	3,0***	2,2	0,6***	3,0***	2,3	2,0	0,7***
Soma dos materiais manipuláveis	0,5	1,0**	0,2**	0,2	1,0**	1,0*	0,2
Uso de atividades preparadas / lição de casa	33,3*	60,0	72,7	44,4	66,6	50,0	66,7
Condição física média da sala de aula	2,3	2,6	2,6	2,2	2,2	3,2**	2,5
Atividades feitas pelos estudantes nas paredes	1,1	0,7	1,0	1,0	0,5	1,0	1,0

Observação: Consultar o texto e o Anexo B para mais detalhes sobre a definição da variável. As comparações estatísticas são para dois países e entre escolas públicas e particulares chilenas, de um lado, com escolas urbanas brasileiras somente, de outro.
* significativo a 10%
** significativo a 5%
*** significativo a 1%

alunos brasileiros variavam de 9 a 17 anos. Se estudantes mais velhos são mais difíceis de controlar, é de se esperar que haja menos disciplina nas salas de aula brasileiras.

Também constatamos uma correlação inversa entre disciplina e "centralidade dos alunos" (por falta de um termo melhor). Às vezes, as salas de aula brasileiras eram bastante caóticas, principalmente em comparação com as salas de aula cubanas e as das escolas particulares chilenas. As salas de aula brasileiras também se distinguiam por um alto grau de liberdade, medido pelos casos de alunos que se aproximaram fisicamente do professor para formular perguntas ou até para interromper o professor para formular perguntas. As salas de aula da escola particular chilena eram muito mais focadas no professor, onde a única pessoa com permissão para falar era o professor: os alunos só falavam quando solicitados e, em geral, permaneciam em suas carteiras. Nas escolas cubanas, muito poucos estudantes se aproximaram do professor durante o trabalho individual ou falaram quando não solicitados. Os resultados na Tabela 10 confirmam um achado anterior: as salas de aula brasileiras são muito menos propensas a incluir atividades preparadas ou lição de casa do que suas congêneres chilenas e cubanas. Finalmente, as condições físicas variam pouco por país, exceto no caso das escolas particulares chilenas. Estas apresentam, de longe, as melhores condições.

ANALISANDO O CONTEÚDO DA AULA

Até agora, discutimos os métodos usados pelos professores na sala de aula para ensinar o conteúdo. Mas o que dizer sobre o nível deste conteúdo que eles estão apresentando? Nos Estados Unidos, os educadores de matemática analisaram a dificuldade cognitiva de centenas de aulas de matemática (Stein *et al.*, 2000). Eles relatam os dois achados a seguir:

> (1) as tarefas matemáticas com alto nível de demanda cognitiva são mais difíceis de implementar satisfatoriamente, sendo transformadas frequentemente em tarefas menos exigentes durante a aula; (2) os ganhos de aprendizagem dos alunos eram maiores nas salas de aula em que as tarefas instrucionais estimulavam consistentemente o pensamento e o raciocínio de alto nível e menores nas salas de aula em que as tarefas instrucionais eram consistentemente de natureza procedimental (Stein *et al.*, 2000, p. 4).

Nossas gravações das salas de aula chilenas, brasileiras e cubanas parecem confirmar a primeira dessas conclusões. O conteúdo das atividades das aulas chilenas, e especialmente das brasileiras, era menos exigente em termos de habilidades cognitivas. Não temos certeza se isso reflete o nível de conhecimento do conteúdo por parte do professor ou se, no dia escolhido para a observação, o professor decidiu tornar as coisas um pouco mais fáceis, para que os alunos se apresentassem melhor diante dos visitantes estrangeiros. No entanto, como muitas das aulas brasileiras que gravamos eram menos exigentes de forma semelhante, achamos que o conhecimento do conteúdo por parte do docente é a explicação mais provável. Nossa análise sustenta essa conclusão e, por conseguinte (particularmente diante da segunda conclusão de Stein *et al.*), oferece alguma explicação para as notas relativamente baixas de alunos chilenos e brasileiros em comparação com os cubanos, na prova do Llece.

Nossa avaliação do conteúdo da aula concentra-se nos quatro componentes principais: proficiência matemática da aula, nível de demanda cognitiva, formato ou objetivo da aula e nível de apoio. O primeiro desses componentes deriva da definição de proficiência do Conselho Nacional de Pesquisa dos Estados Unidos, como os cinco componentes entrelaçados necessários para qualquer estudante aprender matemática. Como descrito anteriormente, esses componentes são entendimento conceitual, fluência procedimental, competência estratégica, raciocínio adaptativo e disposição produtiva. A partir das gravações, identificamos quais dos cinco componentes estavam presentes em cada uma das aulas (Tabela 11).

TABELA 11
Nível de proficiência matemática

Variável	Comparação entre países			Somente escola urbana			
	Brasil	Chile	Cuba	Brasil	Chile pública	Chile particular	Cuba
Número de salas de aula	12	10	11	9	6	4	9
Nível de proficiência matemática (máximo = 5)	2,17***	3,2	3,82**	2,11***	2,83	3,75	3,89***

* significativo a 10%
** significativo a 5%
*** significativo a 1%

No Brasil, as aulas receberam uma nota média de 2,17 em proficiência matemática de uma possível nota máxima de 5. Com exceção de uma aula, todas as demais apresentaram o componente básico de compreensão conceitual, o que indica que tanto estudantes como professores compreendem o ponto da aula e os conceitos por trás dele. A sala de aula que não demonstrou esse nível mínimo de proficiência caracterizava-se por memorização e cópia mecânicas, sem quase nenhuma orientação do professor. Era, portanto, impossível determinar se o entendimento conceitual estava presente (sala de aula 4, no Brasil, que recebeu uma nota 1 por fluência procedimental somente). Apenas uma aula brasileira recebeu a nota máxima 5 em proficiência matemática. As aulas brasileiras receberam notas bem mais baixas em proficiência matemática do que as aulas cubanas e chilenas. Mesmo quando somente salas de aula urbanas foram consideradas, o nível de proficiência matemática nas aulas brasileiras foi menor do que nas escolas urbanas do Chile e de Cuba.

A proficiência matemática média nas salas de aula chilenas foi de 3,2, com uma possível nota máxima 5. Apenas duas salas de aula chilenas receberam nota 2 em proficiência matemática e nenhuma recebeu nota 1. Em geral, o raciocínio adaptativo foi a característica mais difícil de se constatar nas aulas. Ele requer altos níveis de demanda cognitiva e de ligação de conceitos durante toda a aula. As aulas chilenas não foram estatisticamente diferentes das aulas nos outros dois países, tanto nas comparações envolvendo as escolas de todo o país ou como nas comparações somente entre escolas urbanas.

As salas de aula cubanas alcançaram uma nota em proficiência matemática de 3,82, com uma possível nota máxima 5, e apresentaram um desvio-padrão menor de sala de aula para sala de aula. Duas salas de aula alcançaram nota máxima 5 e nenhuma sala de aula recebeu nota abaixo de 3. Em geral, a diferença entre as salas de aula cubanas e as chilenas e brasileiras originou-se na utilização dos elementos de proficiência da competência estratégica e do raciocínio adaptativo. Isto é, os professores cubanos envolveram-se em diálogo contínuo com os alunos, perguntando a eles como e por que um dado problema deveria ser solucionado. Infalivelmente, os professores da sala de aula cubana também mantiveram uma disposição produtiva (apresentando a matemática como uma ferramenta útil, de valor), além de demonstrarem entendimento conceitual e fluência procedimental.

A Tabela 12 apresenta os resultados relativos à demanda cognitiva da aula. A medida da demanda cognitiva deriva da obra de Stein *et al.* (2000), nas salas de aula estadunidenses, e se divide em quatro categorias: tarefas de memorização e procedimentos sem conexões (ambas classificadas como demandas de nível baixo) e procedimentos com conexões e tarefas de "fazer matemática" (demandas de nível alto). Uma descrição mais detalhada do tipo de cada tarefa é fornecida no Anexo B. Na análise das salas de aula dos três países, somente uma sala de aula (cubana) alcançou a nota máxima 4 para "fazer matemática", que requer pensamento complexo e não algorítmico, assim como explorar a nature-

TABELA 12
Nível de demanda cognitiva das tarefas

Variável	Comparação entre países			Somente escola urbana			
	Brasil	Chile	Cuba	Brasil	Chile pública	Chile particular	Cuba
Número de salas de aula	12	10	11	9	6	4	9
Nível de demanda cognitiva (máximo = 4)	2,17***	2,80	2,91*	2,11***	2,67	3,00	2,89*

* significativo a 10%
** significativo a 5%
*** significativo a 1%

za dos conceitos, processos e relacionamentos matemáticos. Portanto, quase todas as 32 salas de aula que observamos careciam de um nível de ensino de matemática onde os alunos exploram a solução de problemas independentemente do professor, com soluções imprevisíveis e esforço cognitivo considerável.

As salas de aula brasileiras receberam uma nota média de 2,16 em demanda cognitiva da aula, com uma possível nota máxima de 4. Essa média está pouco acima de "procedimentos sem conexões", pois as aulas se concentravam na produção de respostas corretas e não no desenvolvimento da compreensão. Curiosamente, quando somente salas de aula urbanas foram consideradas, a nota brasileira, na realidade, diminuiu, pois os professores rurais foram melhores do que seus colegas urbanos em demanda cognitiva. Isso pode ter sido resultado da presença de um novo currículo e de extensa formação em serviço em duas escolas rurais integradas ao programa *Escola Ativa* (versão brasileira do programa *Escuela Nueva*, da Colômbia). Na maioria das aulas brasileiras, o professor escrevia na lousa, os alunos copiavam o que o professor escrevia e havia pouca interação. Na maioria dos casos, o professor não tomava quase nenhuma iniciativa para ligar os conceitos ao procedimento. As explicações, quando aconteciam, concentravam-se somente na descrição do procedimento utilizado.

As salas de aula chilenas receberam uma nota média de 2,8 em demanda cognitiva, com uma possível nota máxima 4, abordando o nível de "procedimentos com conexões" para todas as escolas. Esse nível estabelece que as tarefas sejam representadas de múltiplas maneiras, requerendo algum grau de esforço cognitivo. A nota chilena reflete, sobretudo, o uso frequente de "materiais manipuláveis" pelos professores chilenos. Mais do que seus colegas brasileiros e cubanos, os professores chilenos frequentemente utilizaram blocos, barbantes, figuras recortadas em papel e até recipientes de alimentos para representar e ensinar conceitos matemáticos, principalmente formas geométricas. As aulas chilenas, tanto as urbanas (incluindo a comparação entre escolas particulares e escolas públicas) como todas as escolas chilenas analisadas, não foram significativamente diferentes, em termos estatísticos, das salas de aula cubanas e brasileiras, em conjunto, no nível de demanda cognitiva.

As salas de aula cubanas receberam uma nota média de 2,91 nesse indicador, com uma possível nota máxima de 4. As salas cubanas, tanto urbanas como rurais, tiraram notas significativamente mais altas que as salas de aula brasileiras e chilenas, em conjunto, nesse aspecto do ensino de matemática. O motivo da diferença está com frequência ligado ao uso de procedimentos (e a explicação desses procedimentos aos alunos). Por exemplo, se solicitados a indicar se 430 é divisível por 10, era provável que os estudantes cubanos explicassem que o zero, na casa das unidades, é um indicador de que 430 é um múltiplo de 10, sendo, portanto, divisível por 10. Em geral, essa descrição de procedimentos e a conexão com outros conceitos matemáticos não estavam presentes nas salas de aula brasileiras (mas *estavam* presentes, embora em menor grau, nas chilenas).

Os resultados da nossa análise do principal mecanismo de apoio utilizado nas aulas são apresentados na Tabela 13. Esses resultados estão em consonância com a análise do segmento de tempo apresentada anteriormente (ver a Tabela 6) e revelam o alto nível de consistência entre as salas de aula chilenas e cubanas. Os professores chilenos tendem a utilizar trabalho tanto em grupo como individual, muitas vezes ao mesmo tempo. Os professores brasileiros, com poucas exceções, utilizavam um ou outro mecanismo e não realizavam a transição para o uso de múltiplos mecanismos de interação. A abordagem mais estática das aulas brasileiras pode ter sido um exercício de controle sobre os alunos, para a manutenção da disciplina. Como mencionado acima, os professores chilenos aparentemente não precisavam impor tanta disciplina aos alunos quanto seus colegas brasileiros.

TABELA 13
Principal mecanismo de apoio à aprendizagem em classe

País	Código da escola	Localização	Sistema	Principal mecanismo
Brasil	1	Urbana	Estadual	Respostas em coro com apoio do professor
	2	Urbana	Estadual	Respostas em coro com apoio do professor
	3	Urbana	Estadual	Respostas em coro com apoio do professor
	4	Rural	Estadual	Trabalho individual com apoio do professor
	5	Rural	Municipal	Trabalho individual e em grupo com apoio do professor
	6	Rural	Municipal	Trabalho individual e em grupo com apoio do professor
	7	Urbana	Estadual	Trabalho em grupo com apoio do professor
	8	Urbana	Estadual	Trabalho individual com apoio do professor
	9	Urbana	Estadual	Trabalho em grupo com apoio do professor
	10	Urbana	Estadual	Trabalho individual com apoio do professor
	11	Urbana	Municipal	Trabalho individual com apoio do professor
	12	Urbana	Estadual	Trabalho individual com apoio do professor
Chile	1	Urbana	Particular subvencionada	Trabalho individual e em grupo com apoio do professor
	2	Urbana	Público	Trabalho individual e em grupo com apoio do professor
	3	Urbana	Público	Trabalho individual com apoio do professor
	4	Urbana	Público	Trabalho individual e em grupo com apoio do professor
	6	Urbana	Público	Trabalho individual e em grupo com apoio do professor
	7	Urbana	Particular subvencionada	Trabalho individual e em grupo com apoio do professor
	8	Urbana	Público	Trabalho individual e em grupo com apoio do professor
	9	Urbana	Público	Trabalho individual e em grupo com apoio do professor
	11	Urbana	Particular subvencionada	Trabalho individual e em grupo com apoio do professor
	12	Urbana	Privado	Trabalho individual e em grupo com apoio do professor
Cuba	1	Urbana	Público	Trabalho individual e em grupo com apoio do professor
	2	Rural	Público	Trabalho individual e em grupo com apoio do professor
	3	Rural	Público	Trabalho individual e em grupo com apoio do professor
	4	Urbana	Público	Trabalho individual e em grupo com apoio do professor
	5	Urbana	Público	Trabalho individual e em grupo com apoio do professor
	6	Urbana	Público	Trabalho individual e em grupo com apoio do professor
	7	Urbana	Público	Trabalho individual com apoio do professor
	8	Urbana	Público	Trabalho individual e em grupo com apoio do professor
	9	Urbana	Público	Trabalho em grupo com apoio do professor
	10	Urbana	Público	Trabalho individual e em grupo com apoio do professor
	11	Urbana	Público	Trabalho individual e em grupo com apoio do professor

TABELA 14
Principal objetivo da aula: Brasil

País	Código da escola	Principal objetivo/formato da aula
Brasil	1	Adição e multiplicação com números de dois dígitos
	2	Adição e subtração com números de um dígito, com variáveis
	3	Adição e subtração com números de dois dígitos Classificação numérica (unidades, dezenas, centenas)
	4	Cópia da lousa Multiplicação com números de dois e três dígitos
	5	Trabalho a partir do caderno de exercícios com materiais manipuláveis Geometria e formas básicas
	6	Trabalho a partir do caderno de exercícios com materiais manipuláveis Geometria e formas básicas
	7	Subtração e adição básica com números de dois dígitos
	8	Trabalho com números grandes Problemas (com texto)
	9	Compreensão conceitual e representação matemática múltipla de ideias Utilização de dados para fazer gráficos
	10	Problemas (com texto) usando operações com números de três dígitos Utilização de decimais e dinheiro para "aquisição" de itens/supermercado
	11	Adição e subtração com números de dois dígitos Classificação numérica (unidades, dezenas, centenas)
	12	Adição e multiplicação com números de dois dígitos

Os professores cubanos, em comparação, tendem a utilizar trabalho individual e em grupo em proporções iguais durante toda a aula. Em geral, a aula cubana começa com uma resposta em coro a uma pergunta em voz alta (acompanhada por justificativa e explicação, como mencionado acima) e prossegue com trabalho individual ou em grupo, com apoio extensivo do professor. O reforço e os estímulos contínuos do professor em relação aos procedimentos e conceitos subjacentes caracterizaram as aulas cubanas.

A análise do foco ou conceito da aula é apresentada na Tabela 14. Essa análise derivou da obra *Principles and Standards for School Mathematics* (NCTM, 2000), do Conselho Nacional de Professores de Matemática dos Estados Unidos (NCTM, na sigla em inglês). Por diversos motivos, é difícil classificar conceitos ensinados em cada sala de aula. Em primeiro lugar, as expectativas sobre o que "deveria" ser ensinado na terceira série variam de acordo com o currículo nacional dos países. Felizmente, há uma

TABELA 15
Principal objetivo da aula: Chile

País	Código da escola	Principal objetivo/formato da aula
Chile	1	Adição, subtração e divisão básicas com números de três ou quatro dígitos Multiplicação com transporte
	2	Adição básica com números de dois dígitos Agrupamento de números, compreensão conceitual
	3	Memorização e prática Atividade de trabalho para identificar formas geométricas
	4	Divisão com resto Divisão usando blocos e outros materiais manipuláveis
	6	Problemas (com texto) para transações monetárias Multiplicação/divisão e adição/subtração com números de três e quatro dígitos Interações de compra e venda para simular supermercado/materiais manipuláveis
	7	Memorização e prática, identificar formas Criar formas usando barbante e quadro com furos e pinos/ materiais manipuláveis
	8	Frações usando blocos e formas/ materiais manipuláveis Frações equivalentes
	9	Frações simples e decimais Contagem de dinheiro, operações com frações Prática
	11	Operações com frações simples
	12	Categorizando e comparando formas (esfera, cilindro etc.) usando itens domésticos/ materiais manipuláveis Compreensão conceitual e conexão de ideias

sobreposição considerável entre os Parâmetros Curriculares Nacionais brasileiros e o *Principles and Standards*, do NCTM. Em segundo lugar, a análise de um dia de ensino selecionado aleatoriamente não é necessariamente indicativa da aula média do professor. Embora todos os esforços tenham sido feitos para reduzir quaisquer expectativas de que a gravação fosse algum tipo de avaliação do desempenho docente, não podemos garantir que os professores não modificaram seu comportamento por causa de nossa presença.

Não obstante, nas Tabelas 14 a 16 é possível identificar os tópicos de nível baixo (adição com números de dois dígitos) e os tópicos de nível alto (divisão com transporte). Tanto as aulas brasileiras como as chilenas incluíram formas geométricas, embora as aulas chilenas apresentassem mais probabilidade de uso de materiais manipuláveis. Exercícios avançados ou complexos incluíram o uso de "dinheiro", a simulação de

TABELA 16
Principal objetivo da aula: Cuba

País	Código da escola	Principal objetivo/formato da aula
Cuba	1	Divisão e multiplicação com números de três e quatro dígitos Identificação das posições de unidades, dezenas, centenas e milhares
	2	Subtração com números de três e quatro dígitos Explicação conceitual e demonstração do procedimento
	3	Subtração com números de três e quatro dígitos Problemas (com texto) e explicação conceitual
	4	Adição e subtração com números de dois, três e quatro dígitos Problemas (com texto) com revisão de procedimentos e conceitos
	5	Subtração e adição com números de dois dígitos Revisão de procedimentos e conceitos
	6	Adição e subtração com números de dois dígitos Problemas (com texto) com revisão de procedimentos e conceitos
	7	Adição e subtração com números de dois dígitos Problemas (com texto) com revisão de procedimentos e conceitos
	8	Adição e subtração com números de quatro dígitos Revisão de procedimentos e conceitos
	9	Revisão das posições numéricas Subtração e adição com números de dois e três dígitos Revisão de procedimentos e conceitos
	10	Revisão das posições numéricas Revisão de procedimentos e conceitos
	11	Adição e subtração com números de dois dígitos, adição com números de quatro dígitos Revisão de procedimentos e conceitos

trocas de mercado e o desenho e a identificação de formas geométricas com barbante e quadros com furos e pinos. As aulas menos desafiadoras concentraram-se na prática e nos exercícios com tabuada e adição básica, ainda que fossem algumas vezes apresentados sob o formato de "jogo". Finalmente, os professores cubanos não demonstraram conceitos de ordem superior, mas se aprofundaram mais do que os professores dos outros dois países na explicação dos conceitos.

Mais uma vez, cada uma das aulas gravadas não é necessariamente representativa, mas sua consistência é surpreendente, dado o esforço que fizemos para examinar diferentes tipos de sala de aula em cada país. A maioria das salas de aula brasileiras despende uma grande quantidade de tempo copiando problemas da lousa, uma prática que não existe nas salas de aula cubanas e chilenas (principalmente em virtude do uso das folhas de atividades). Em uma sala de aula brasileira observamos a passagem de uma hora completa com os alunos copiando problemas básicos de matemática da lousa nos seus cadernos. A professora não forneceu nenhuma orientação ou explicação a respeito do trabalho, embora circulasse na sala de aula respondendo aos alunos que tinham dúvidas.

RESUMO

As salas de aula cubanas são significativamente diferentes das salas de aula chilenas e brasileiras, em diversas dimensões. É difícil, no entanto, desenredar os efeitos do ambiente (isto é, casa e comunidade) dos efeitos de cada um dos professores das salas de aula. Altos níveis de disciplina e engajamento e o emprego de questões conceituais nas salas de aula são possíveis somente com estudantes que possuem melhor nutrição e mais apoio em casa. Por exemplo: aparentemente, a partir das gravações, as crianças que estudam na escola brasileira padrão têm origem social menos favorecida do que as crianças das escolas cubanas, das particulares chilenas e, em menor grau, das públicas chilenas. Isso está de acordo com os dados do Llece, que também revelam estudantes de terceira e quarta séries brasileiras com educação dos pais inferior à chilena ou à cubana.

Ao analisar o conteúdo e o currículo da aula em cada classe, podemos notar a diferença de nível curricular entre uma classe dedicada à subtração e adição básica de números com dois e três dígitos e outra dedicada, por exemplo, à adição e divisão de frações. Nossa análise também indicou diferenças nas habilidades analíticas em desenvolvimento. Em algumas aulas, os estudantes são mais desafiados a pensar sobre um tópico do que em outras e desenvolvem um grupo diferente de habilidades, em vez de apenas a memorização da lição ou das respostas aos problemas. Finalmente, analisamos a interação do professor com os alunos e o nível de apoio docente oferecido aos alunos na aula como um todo, dando uma indicação da abordagem geral do professor em classe.

Quando analisamos os livros didáticos de matemática da terceira série do Brasil, do Chile e de Cuba, como descrevemos no capítulo anterior, constatamos que dois dos livros didáticos brasileiros tinham uma abrangência maior do que a dos livros didáticos chilenos e cubanos. O terceiro livro didático brasileiro estava no mesmo nível do livro chileno. Em certas áreas de conteúdo, o livro didático cubano era mais avançado que os outros. Da observação do currículo refletido nos livros didáticos, concluiríamos que as crianças brasileiras aprendem mais matemática na terceira série que as crianças dos outros dois países. Mas isso não corresponde ao que ocorre nas salas de aula, pelo menos não na amostra que observamos e gravamos. Enquanto as aulas chilenas e cubanas parecem coincidir com o currículo e com o grau de dificuldade dos problemas dos livros didáticos, há uma lacuna entre o currículo descrito nos livros didáticos brasileiros e o que observamos nas aulas de matemática brasileiras. As gravações revelaram que o nível da matemática ensinada no Brasil é significativamente menos desafiador e menos orientado para ajudar as crianças a aprender habilidades de alta ordem do que no Chile e em Cuba e particularmente em comparação com Cuba. Mesmo no Chile, as aulas que observamos nas classes da escola pública eram dedicadas a operações básicas.

Além disso, os professores cubanos concentram-se muito mais no reforço das habilidades individuais através do trabalho individualizado em classe do que do trabalho em grupo, quer realizando o trabalho sozinho (muitas vezes com os estudantes conversando entre si enquanto trabalham individualmente), quer realizando trabalho em grupo. Quando os estudantes cubanos se agrupam em mesas, eles somente se dedicam à solução coletiva de problemas. O Brasil foi o único dos três países em que observamos os professores utilizando métodos tradicionais de cópia de conteúdo da lousa pelas crianças.

O aspecto mais desalentador da comparação foi observar pessoalmente quão diferenciado era o nível de conteúdo e a intensidade da tarefa entre estudantes de renda mais baixa e mais alta no Brasil e no Chile. Constatamos muito menos diferenciação em Cuba. Como notamos, é difícil afirmar se os professores nas salas de aula de renda mais baixa, no Chile e no Brasil, são menos capazes de ensinar matemática em um nível mais elevado de conceituação por causa da seleção docente (professores menos capazes selecionados para as escolas de renda mais baixa) ou porque professores igualmente capazes possuem expectativas muito menores em relação a crianças de renda mais baixa. Provavelmente, o que observamos é uma combinação desses dois fatores.

7

LIÇÕES APRENDIDAS

No início deste estudo, perguntamos por que os alunos do ensino fundamental cubano tiram notas muito mais altas nas provas de matemática e linguagem do que as crianças de outros países latino-americanos. A resposta revela-se razoavelmente óbvia: as crianças cubanas frequentam escolas que são intensamente focadas no ensino e possuem uma equipe de professores bem capacitados e regularmente supervisionados, em um ambiente social dedicado ao alto desempenho acadêmico para todos os grupos sociais. A combinação de ensino de qualidade com altas expectativas acadêmicas e uma hierarquia de gestão escolar rigidamente controlada, com objetivos bem definidos, tornam o sistema cubano digno de confiança. Isso distingue a educação cubana dos outros sistemas latino-americanos. Na essência, a educação cubana oferece à maioria dos alunos uma educação básica que somente crianças da classe média alta recebem em outros países da América Latina.

Esse resultado diverge das descobertas dos estudos anteriores. Em geral, em um país, o melhor correlato das notas mais altas é a origem social do corpo discente. Na média, os estudantes originários de lares e comunidades onde as famílias são menos instruídas e menos prósperas economicamente ingressam na escola, na primeira série, menos preparadas academicamente. Em particular, os professores e as escolas eficazes podem representar um avanço em relação à desvantagem acadêmica, mas é improvável que eles superem o efeito do ambiente doméstico e comunitário no desempenho (Rothstein, 2004).

Entre países e regiões com condições econômicas divergentes, a média da origem social dos estudantes também se relaciona às notas pelos mesmos motivos. Os estudantes latino-americanos tiram notas menores que os estudantes europeus porque, em parte, os latino-americanos possuem recursos acadêmicos familiares menores. No entanto, os sistemas educacionais de alguns países parecem se caracterizar por níveis de desempenho mais altos do que os países com renda per capita considerávelmente maior (Pisa, 2004, Figura 2.19). Por exemplo, as notas na Terceira Pesquisa Internacional em Matemática e Ciências (Timss, na sigla em inglês) ou no Programa Internacional de Avaliação de Estudantes (Pisa, na sigla em inglês) na Coreia do Sul ou na Hungria, quando ajustadas para renda per capita, são ainda mais altas do que as notas não ajustadas, em comparação com os níveis de desempenho em países europeus mais ricos, incluindo países como a Finlândia, onde os estudantes se saem muito bem.

Cuba é um desses países em que os estudantes alcançam um nível muito mais alto do que sua origem socioeconômica ou renda per capita nacional prognosticariam. Quando levamos em conta o nível de educação dos pais cubanos, maior do que em qualquer outro país da região, as notas ajustadas dos alunos cubanos são ainda mais altas que as notas ajustadas dos estudantes de seis outros países latino-americanos.

Nossas descobertas não surpreendem. As crianças cubanas frequentam as escolas em um contexto social que dá apoio à saúde e à aprendizagem das crianças. Um governo que garante emprego aos adultos, presta serviços de saúde satisfatórios para todos e fiscaliza o cumprimento das leis contra trabalho infantil, talvez não tenha uma economia eficiente, mas garante que as crianças de baixa renda sejam bem alimentadas, não tenham de trabalhar quando não estão na escola ou em vez de ir à escola. Os controles sociais rígidos do governo não são bons para as liberdades individuais dos *adultos*, mas garantem que crianças de baixa renda vivam em ambiente sem violência, possam estudar em salas de aula com poucos distúrbios incitados por estudantes e frequentem escolas com mais diversidade social. Em um sentido importante, os direitos das crianças de baixa renda são muito mais protegidos do que em outros países latino-americanos, enquanto os direitos dos adultos e, em um grau muito menor, os direitos das crianças de classe média alta são reduzidos. Os estudantes cubanos podem aprender mais nessas condições do que crianças de baixa renda parecidas com as cubanas, mas que precisam trabalhar por salários e frequentam salas de aula separadas, em escolas muito estratificadas socialmente.

As crianças cubanas também frequentam escolas com ensino de qualidade, em geral. Na média, observamos que os professores cubanos parecem saber mais sobre a disciplina (matemática) e parecem ter uma ideia mais clara de como ensiná-la efetivamente do que seus colegas chilenos e brasileiros. As crianças com professores mais versados e pedagogicamente eficazes acabam mesmo por aprender mais na escola. No entanto, não é tão óbvio *por que* alguns países, como Cuba, têm professores de ensino fundamental que conhecem bem o conteúdo, ensinam um currículo exigente, sabem como transmiti-lo efetivamente e dão aulas em classes pacíficas, com crianças que não trabalham e enfrentam pouca ou nenhuma violência fora da escola, enquanto, em outros países, as condições são consideravelmente menos favoráveis à aprendizagem.

A partir do estudo de Brasil, Chile e Cuba, aprendemos diversas lições importantes, que ajudam a responder esse quebra-cabeça. O alto desempenho dos estudantes cubanos não é um acaso feliz. De fato é, em parte, resultado da instrução média mais alta dos pais e da maior quantidade de livros nas casas das famílias cubanas, principalmente em comparação com as famílias brasileiras. Essa é uma explicação padrão para notas mais altas nas provas. No entanto, o desempenho discente também resulta dos contextos sociopolíticos diferenciados dos três países, em particular entre Brasil e Cuba. Além disso, são o resultado da melhor preparação docente, de um currículo mais exigente e do foco mais instrucional das escolas, de cima para baixo. Essa última descoberta é a mais importante porque é a mais "transferível" para os outros países. Devemos sempre lembrar, porém, que muitas das vantagens organizacionais de Cuba derivam do contexto sociopolítico em que se desenvolveu a organização do sistema escolar cubano.

LIÇÃO 1: O capital social gerado pelo Estado é importante

O indicador mais importante do capital social gerado pelo Estado, como o definimos, parece ser o grau de desigualdade social. Cuba é um país de renda baixa a média, quando se mede o consumo de bens materiais pelas famílias cubanas. Nesses termos, o chileno médio e o brasileiro médio do sul do país saem-se melhor do que o cubano médio. No entanto, os cubanos consomem mais saúde pública e educação pública do que os grupos de renda mais alta do Brasil e do Chile. A pobreza existe em Cuba, mas mesmo os muito pobres têm acesso a comida, moradia, saúde pública e educação. A consequência é que quase nenhum estudante da terceira ou quarta séries trabalha fora de casa em Cuba, mas, no Brasil, os números revelam que isso acontece. E que afeta o desempenho escolar. As crianças dos três países com registro de trabalho ocasional fora de casa tiram notas muito mais baixas nas provas, principalmente no Brasil, onde as diferenças são maiores e estatisticamente significativas. Muito mais professores brasileiros e chilenos relatam distúrbios nas salas de aula do que os professores cubanos entrevistados. Os distúrbios também influenciam negativamente o desempenho acadêmico. Cuba pode ser uma sociedade com baixo consumo material, mas enfatiza a educação e um ambiente seguro e saudável para as crianças, dentro e fora da escola. O Chile e o Brasil — principalmente o Brasil — dispõem de muito mais liberdade política para os adultos e muito mais desigualdade, pobreza, violência e crianças de rua. Não é difícil imaginar em quais desses contextos sociais as crianças chegam à escola melhor preparadas para aprender.

Os alunos cubanos colhem outra vantagem com a maior igualdade de renda da sociedade. As estruturas salariais cubanas são fixadas pelo Estado — um sistema não muito eficiente para a maior parte do resto da economia (a mão de obra de melhor qualidade não é necessariamente alocada para os setores e empresas mais rentáveis) — e isso favorece a educação, onde os salários não são muito diferentes dos outros setores, atraindo mão de obra mais qualificada que no Brasil e no Chile. Os alunos são, portanto, melhor atendidos em Cuba, talvez à custa de uma produção mais eficiente em outros setores. Os líderes cubanos são rápidos em destacar que essa é uma opção que eles fizeram: proporcionar serviços públicos de qualidade à custa de menor consumo de bens materiais (e de liberdade política). É questionável se os pais cubanos teriam feito essa opção. Por outro lado, a grande quantidade de pais brasileiros e chilenos de renda mais baixa parece querer igualdade de renda maior e qualidade docente significativamente aprimorada ao mesmo custo por aluno. Mas não estão conseguindo isso, talvez porque isso exigiria que as famílias da classe média e da classe média alta, politicamente mais poderosas, pagassem impostos mais altos e consumissem menos bens materiais.

É improvável que a distribuição de renda chilena e brasileira mude drasticamente, tornando-se mais igual. A evidência disso é a existência de governos de centro-esquerda em ambos os países nos últimos dez anos (15 no Chile), no mínimo, com nenhuma mudança perceptível na distribuição de renda no Chile e com apenas um pequeno grau de nivelamento no Brasil (Bourguignon, 2004). Os dois países apresentam níveis extremos de desigualdade de renda. De acordo com diversos economistas, a persistência da distribuição de renda desigual é efeito de forças além do controle governamental, como o uso crescente de novas tecnologias, que favorecem a mão de obra mais qualificada (para uma resenha dessa discussão, ver Carnoy, 2001). Sem dúvida, há alguma verdade nessa afirmação. A nova economia global e o comércio de bens cada vez mais sofisticados e de alto valor premiam a qualidade profissional e os níveis mais elevados de educação, aumentando a desigualdade de renda entre os trabalhadores com mais e menos educação. No entanto, também observamos que, em certos países, como a Grã-Bretanha, os Estados Unidos e a Austrália, a distribuição de renda está se tornando desigual muito mais rapidamente do que em outros países, como o Canadá, a França ou a Suécia, ainda que estes últimos países também estejam envolvidos na transformação para a produção de alta tecnologia (Carnoy, 2001). Aparentemente, as sociedades podem escolher maior desigualdade de renda sem efeitos negativos sobre o crescimento econômico ou a expansão e melhoria educacional[1].

Alcançar uma maior igualdade de renda nos dias de hoje não é fácil politicamente, mas não significa que não seja possível. Uma lição para países como o Brasil e o Chile é que a redução da pobreza através de um esforço consciente para a diminuição da desigualdade de renda, do trabalho infantil e da cultura da pobreza quase certamente quer dizer melhoria do desempenho dos alunos na escola.

Outra contribuição da melhoria do capital social gerado pelo Estado é a redução da desigualdade da distribuição dos estudantes entre as escolas. Essa é uma implicação surpreendente da nossa análise. Ao menos nos ensinos fundamental e médio, boas doses de opção para os pais e desigualdade econômica — isto é, condições de mercado na educação — não parecem produzir mais aprendizagem na sociedade em geral. Os aspectos negativos da desigualdade e dos mercados, principalmente quando chegam ao fundo da escala social, parecem anular quaisquer efeitos positivos da "liberdade" dos pais para selecionar e escolher as escolas.

O efeito da concentração é mais facilmente observado e mensurável no Chile, onde os pais têm mais opções. Aparentemente, um resultado da maior quantidade de opções no Chile foi o aumento da concentração dos alunos por classe social. O sistema educacional chileno foi notável em sua experimentação com diversos programas de incentivo, com o objetivo de aprimorar a aprendizagem dos alunos. A teoria subjacente a esses experimentos sociais é que os mecanismos de mercado, principalmente ligando o salário e o emprego do professor à capacidade das escolas de atrair alunos e aumentar as notas na prova nacional, aumentarão a eficiência do processo educacional. Segundo a teoria, os pais escolherão escolas de melhor desempenho — aquelas que provavelmente ensinam mais aos alunos em cada série — e essas escolas se organizarão para apresentar um melhor desempenho, a fim de atrair estudantes e ganhar prêmios salariais.

São experiências interessantes, e parece que, à parte uma tendência de maior desigualdade na distribuição socioeconômica dos estudantes entre as escolas[2], os alunos chilenos, em média, não se tornaram academicamente *piores* como resultado dos incentivos de mercado. O alcance educacional aumentou rapidamente no Chile desde a década de 80, mas o desempenho médio em cada série de ensino permaneceu invariável. O governo chileno poderia estar pagando menos pela oferta educacional, principalmente se transferisse com sucesso os custos da educação diretamente para as famílias e se pagasse salários menores para os professores mais jovens (que trabalham em escolas particulares subvencionadas). Alguns sustentariam que isso é preferível a aumentar os impostos e, de fato, como a coleta de impostos é onerosa em um país como o Chile, pode ser mais eficiente financiar parcialmente a educação através de um custo direto.

No entanto, fica evidente agora, após 20 anos, que o experimento do mercado educacional não produziu nem os ganhos de desempenho, nem as economias de custo imaginadas por seus defensores. É difícil dizer como seria a educação fundamental chilena se 75% a 80% tivesse continuado a ser conduzida publicamente e se as políticas compensatórias da década de 90 também tivessem sido implantadas. A melhor hipótese é que teria produzido resultados quase idênticos e teria custado quase o mesmo. No entanto, também é possível supor que uma distribuição menos desigual de crianças entre as escolas poderia ter, de fato, produzido ganhos acadêmicos onde os mercados educacionais e outros incentivos malograram. O impacto de ter mais estudantes de classe média em escolas de renda mais baixa poderia ter criado um ambiente mais propício a um melhor desempenho, principalmente entre alunos de renda mais baixa, sem influenciar negativamente os alunos de renda mais alta.

LIÇÃO 2: O currículo tem importância, mas sua implementação depende da capacidade docente

Na revisão dos livros didáticos de matemática da terceira série do Brasil, de Cuba e do Chile, verificamos que os livros dos três países abordam material semelhante. O currículo cubano tende a ensinar conceitos de matemática em um contexto mais teórico, mas dois dos livros didáticos brasileiros abordam uma maior quantidade de material; por exemplo, frações e certos tipos de medições, assim como divisão por números de dois dígitos. Portanto, se tivéssemos observado somente os livros didáticos, poderíamos ter chegado à conclusão de que os alunos das salas de aula brasileiras têm maior oportunidade para aprender. Porém, exatamente o oposto parece ser verdade.

Podemos extrair duas conclusões possíveis a partir desse paradoxo. A primeira é que os autores de currículo no Brasil não estão muito interessados em modificar seus livros didáticos para ajustá-los à capacidade dos professores brasileiros de ensinar o material contido nesses livros. Existe uma lacuna importante entre o nível da matemática prescrito pelos livros didáticos e o nível do conteúdo que observamos sendo ensinado nas aulas de matemática da terceira série. A segunda conclusão possível é que, no Brasil, há uma grande variação no que os professores abordam durante o ano letivo da terceira série e os livros didáticos dão às escolas, tanto de baixa renda como de classe média alta, um currículo que elas podem utilizar para seus próprios propósitos.

No Chile, o único livro didático nacional abrange material semelhante, mas em um nível menos avançado do que o material cubano ou do que os dois "melhores" livros didáticos brasileiros. A partir de extensas entrevistas com professores e funcionários ministeriais chilenos sobre o processo de reforma curricular, que começou a ser implantado em 1999 nas primeiras séries do ensino fundamental e, em 2001, avançou para o ensino médio, concluímos que os autores do currículo escolar levaram em conta a capacidade docente na elaboração do currículo. Caso contrário, como afirmam corretamente os autores da reforma chilena, o currículo não teria sido implementado ou, na melhor das hipóteses, teria sido implementado só parcialmente. Nos Estados Unidos, esse foi o caso com o currículo da "nova matemática", um programa de matemática integrado, em estilo europeu, que poucos professores conseguiram ensinar efetivamente, devido à sua medíocre preparação em matemática. Mesmo poucos pais estadunidenses eram capazes de compreender a nova matemática, pois nunca tinham aprendido a disciplina dessa maneira.

No Chile, o problema é semelhante. O currículo reformado, mesmo tendo sido criado com a capacidade docente em mente, já era um grande desafio para a maioria dos professores chilenos e, de acordo com o que eles nos disseram nas entrevistas, era difícil de ser implementado. Um relatório recente do Ministério da Educação chileno, utilizando dados das entrevistas realizadas com professores da quarta série em 2001, revela que, quanto mais baixa a classe socioeconômica da escola, mais provavelmente o professor se sente desconfortável com o currículo de matemática (Ministério da Educação, 2002).

Os sistemas educacionais da maioria dos países são marcados por uma grande diversidade em relação à quantidade do currículo que é, de fato, abordada nas escolas e salas de aula. As pesquisas com professores indicam que, nas escolas com estudantes de classe socioeconômica mais baixa, implementa-se menos conteúdo do currículo que nas escolas de classe média. Não dispomos de estudos similares para o Brasil e para Cuba, mas é evidente, a partir daquilo que observamos nas salas de aula nos dois países, que as crianças nas escolas brasileiras são expostas de maneiras muito diferentes aos conteúdos dos parâmetros recomendados, talvez uma variância ainda maior que no Chile, enquanto em Cuba a exposição é mais igual.

Outra chave para explicar a variação na aplicação do currículo entre as diversas salas de aula é a variação da capacidade docente em cada país. Formulamos a hipótese de que, especialmente entre os professores do ensino fundamental, a variância na capacidade docente depende muito da qualidade da sua formação no ensino médio. Um círculo "virtuoso" ocorre quando há programas de qualidade em matemática e linguagem no ensino médio. O conhecimento do conteúdo dos professores do ensino fundamental é maior, o currículo pode ser mais exigente e os alunos se beneficiam. O círculo também pode ser "vicioso": se os programas de matemática e linguagem no ensino médio forem de baixa qualidade, o conhecimento médio do conteúdo dos professores do ensino fundamental (que são pouco preparados nessas disciplinas depois do ensino médio) será reduzido, o currículo será necessariamente menos desafiador ou o currículo desafiador será apenas parcialmente implementado e os alunos sofrerão as consequências.

LIÇÃO 3: A formação docente precisa estar intimamente coordenada com o currículo existente: isso não acontece espontaneamente

Não somos os primeiros a identificar a formação docente insatisfatória como uma barreira importante para a melhoria do desempenho acadêmico dos alunos e também não somos os primeiros a sugerir que a autonomia das faculdades de formação docente com relação ao controle direto do Estado é a parte mais óbvia do problema. Essas são questões bem conhecidas nos Estados Unidos e na América Latina, ambos com sistemas bastante semelhantes de formação docente baseada em universidade e regulada somente de modo indireto pelas autoridades educacionais do governo.

A comparação da formação docente brasileira e chilena com o sistema cubano sublinha duas partes do problema de autonomia: a primeira tem a ver com o sistema de incentivos nas universidades brasileiras e chilenas, que enfatizam a superioridade da "teoria" sobre o ensino das melhores práticas aos alunos de Educação; a segunda tem a ver com a ausência de qualquer noção de "controle de qualidade" na certificação dos graduados dos cursos superiores de formação de professores.

É sensato tornar até mesmo a carreira do magistério uma profissão universitária, como os três países da amostra fizeram[3], já que isso significa que os professores do ensino fundamental concluiriam os requisitos de matemática e linguagem do ensino médio. No entanto, além dessa vantagem importante, a preparação de professores do ensino fundamental em universidades, e não em escolas de formação docente do ensino médio, pode apresentar desvantagens se as universidades prepararem jovens para ensinar em um sistema de educação nacional focado nas "ideologias" do ensino e não na formação de instrutores muito competentes em parâmetros curriculares bem definidos. Portanto, as universidades deveriam ser obrigadas a focar o núcleo de sua formação docente na ideia de que cada professor deve ser um especialista no ensino das diretrizes curriculares existentes em nível nacional, estadual ou municipal. Em vários países, para fazer isso, será preciso ensinar aos estudantes de Educação mais matemática e linguagem, mesmo que esses alunos pretendam ensinar somente no primeiro ciclo do ensino fundamental. Esse é o caso no Brasil e no Chile, onde muitos professores do ensino fundamental — mesmo as novas turmas que se graduaram nos últimos anos — têm pouco conhecimento do conteúdo de matemática e linguagem. Diversas escolas de Educação nesses dois países também preparam insatisfatoriamente os professores do ensino médio.

A solução mais simples a curto prazo, para assegurar uma competência docente mínima, em países como Brasil ou Chile, onde os professores são capacitados em instituições educacionais autônomas, é testar o conhecimento do conteúdo e as habilidades de ensino docente depois que os professores se formam na universidade ou na escola de formação docente. Essa é uma maneira comum de o Estado verificar se os professores satisfazem os níveis mínimos de conteúdo e padrões pedagógicos requeridos para transmitir o currículo obrigatório do Estado. Diversos países europeus exigem que os formados em Educação façam uma prova para concorrer aos empregos disponíveis. Mais de 40 estados dos Estados Unidos requerem que os formados em escolas de Educação façam uma prova mínima de competência.

No curto prazo, ausente o tipo de liderança pedagógica e de supervisão proporcionado pelos diretores e vice-diretores das escolas cubanas, o Brasil e o Chile têm de prover um mecanismo de avaliação das habilidades pedagógicas de seus professores. Medir as habilidades pedagógicas dos jovens professores é mais complicado que medir seu conhecimento do conteúdo. Em geral, os professores primeiro passam por um estágio durante a formação e, depois, atravessam um período probatório no emprego, em que são supervisionados e apoiados de perto, visando ao seu aperfeiçoamento.

O problema no Brasil e no Chile (e na maioria dos países latino-americanos) é que não existem padrões claros do que se considera um ensino de boa qualidade e há pouca avaliação de desempenho docente mesmo entre os estudantes da carreira do magistério e dos próprios professores no início de carreira. Na maioria das profissões existe, no mínimo, medidas de resultado do trabalho. Vendas, satisfação do cliente, montagem com poucos erros, quantidade de peças produzidas por hora, capacidade criativa, capacidade em redação, habilidades para solução de problemas e quantidade de casos tratados em um determinado período são indicadores comuns de desempenho do funcionário. Deveria também ser possível avaliar a qualidade do trabalho docente, mesmo em termos qualitativos, se existissem padrões de desempenho claros e se os gestores fossem capazes de aplicar esses padrões de modo consistente.

O Chile está em vias de desenvolver um sistema de avaliação docente em que todos os professores apresentariam um portfólio de aulas e uma amostra do ensino filmada para um grupo de pares*. Na teoria, isso poderia, no mínimo, proporcionar uma avaliação geral do Estado sobre o ensino nas salas de aula chilenas. Se os pares fizerem seu trabalho, também poderiam orientar os professores com habilidades pedagógicas especialmente insatisfatórias. No entanto, além da dificuldade logística e do custo de implantação de uma avaliação nessa escala, uma avaliação por pares uma única vez fica muito aquém das expectativas de supervisão e orientação contínuas, semana após semana, a que os jovens professores cubanos estão sujeitos nos primeiros anos de suas carreiras. Trataremos disso adicionalmente na Lição 4.

Essas iniciativas mais de curto prazo, para adequar as instituições de formação docente aos padrões, avaliando a qualidade do seu produto, são úteis, mas não suficientes. Os governos de países como o Brasil e o Chile deveriam também levar em consideração o desenvolvimento de currículos universitários e requisitos de cursos bem definidos, para a formação de professores, adotando exigências mais rigorosas de reconhecimento, especialmente com respeito à aquisição de conteúdo e à maneira pela qual essas instituições preparam os professores para ensinar o currículo nacional (Chile) ou os parâmetros nacionais (Brasil).

Essa sugestão vai contra as análises que defendem menos requisitos de certificação docente. Muitos defensores do mercado consideram que os requisitos de certificação, os cursos, os títulos obrigatórios e outros controles estatais sobre quem pode ensinar criam barreiras ao ingresso, impedindo muitos indivíduos talentosos de entrar na profissão e reduzindo, assim, a concentração de talentos, principalmente nas "matérias carentes", como matemática e ciência. Em um cenário, seria possível que toda e qualquer pessoa fosse aprovada em uma prova de certificação e

---

* Desde 2003 o Chile possui um Sistema de Avaliação do Desempenho Profissional Docente acordado entre o Ministério da Educacão, a Associação Chilena de Municipalidades e o Sindicato de Professores do Chile. Utilizam quatro instrumentos para avaliar os professores: 1) projeto e implementação de uma unidade pedagógica; 2) avaliação final da unidade pedagógica; 3) reflexão sobre a atividade docente; 4) filmagem de uma aula (N. do E.).

em uma avaliação de prática de ensino como os que acabamos de discutir. Se os padrões fossem altos, isso em si não seria uma má ideia. Mas se os padrões fossem altos demais, poucos indivíduos conseguiriam ser aprovados na prova de certificação, principalmente na parte de prática de ensino, sem uma formação prévia. Portanto, faz sentido oferecer uma certificação a leigos, mas também assegurar que as instituições de formação docente sejam mantidas nos padrões desejáveis em seus programas, através de um processo rigoroso de credenciamento. Isso pressupõe a existência de uma visão clara sobre programas de formação docente bem-sucedidos e de qualidade. Acreditamos que esses modelos existem — vimos um deles em Cuba, mas há outros — e todos eles giram em torno do ensino real e não da ideologia da Educação atualmente sendo ensinada nas universidades brasileiras e chilenas.

LIÇÃO 4: Liderança pedagógica e supervisão são a chave para a melhoria do ensino: incentivos de mercado não são substitutos da boa gestão

A lição final que aprendemos da comparação é que as escolas cubanas são muito mais propensas a ser organizadas em torno do ensino de qualidade do que as escolas brasileiras e chilenas, e que esse foco instrucional se reflete, em grande medida, na maior ênfase que as escolas cubanas depositam na observação e na melhoria da prática em sala de aula, principalmente dos jovens professores.

Parece estranho que os gestores escolares brasileiros e chilenos, que estão tão conscientes quanto os cubanos de que o bom ensino é a base da educação de qualidade, façam muito menos para supervisionar e melhorar o ensino nas suas escolas. Em parte isso é resultado de um sistema de supervisão baseado em inspetores, importado da França e da Espanha, um sistema que dissocia o diretor da escola da responsabilidade pela qualidade do ensino ou da garantia de que o currículo obrigatório está sendo implementado. No Chile, o inspetor como supervisor desapareceu durante o regime militar e tendeu a ser substituído pela noção de que as forças de mercado — escolas competindo por alunos — bastariam para promover o ensino de qualidade. No Brasil, o sistema de inspeção nunca funcionou a contento, embora ainda exista oficialmente. Os diretores escolares dos dois países desempenham papéis administrativos, supervisionando o funcionamento diário das escolas, as relações públicas e, em diversas escolas chilenas, o levantamento de fundos. As escolas dos dois países também têm diretores assistentes que supervisionam a preparação dos planos de aula dos professores, para se certificar de que eles se ajustam aos parâmetros nacionais, mas esses coordenadores técnico-pedagógicos, como são conhecidos, raramente vão além, para verificar se esses planos estão sendo bem implementados na sala de aula.

Uma segunda explicação para a falta de supervisão é que os gestores escolares no Brasil e no Chile não têm uma ideia clara do que seja um ensino de qualidade em relação ao currículo obrigatório. Tampouco possuem a capacidade de supervisionar o ensino de forma construtiva. Para isso eles precisariam de formação em serviço e experiência consideráveis como, por exemplo, professores-orientadores, encarregados de ajudar no aperfeiçoamento dos outros professores.

Uma terceira explicação é que a cultura de ensino brasileira e chilena enfatiza a autonomia docente na sala de aula. "A sala de aula é o santuário do professor", um membro do conselho da associação de professores chilenos (sindicato) nos disse recentemente. Os gestores escolares relutam em observar a prática docente, com a intenção de comentá-la, até de forma construtiva.

Essas explicações indicam por que as escolas privatizadas do Chile não levaram de modo ordenado a um ensino aprimorado e por que os gestores das escolas particulares não estão necessariamente mais propensos a ser líderes pedagógicos do que os gestores de escolas públicas. Conhecemos poucos líderes pedagógicos nas escolas chilenas, tanto públicas como particulares, mas aparentemente se tornaram líderes por um feliz acaso e não como parte de um esforço sistêmico do ministério para formar gestores que desempenhem esse papel. Nossa explicação também sugere que a liderança pedagógica da gestão escolar, em qualquer nível, não se desenvolverá espontaneamente. Entre a falta de capacidade dos gestores escolares para identificar o ensino de baixa qualidade ou para saber como melhorá-lo e as barreiras culturais que limitam a "intervenção" direta em sala de aula, os gestores no Brasil e no Chile não estão atualmente em condições de criar o tipo de foco instrucional existente nas escolas cubanas.

No entanto, pode-se desenvolver sistemas de supervisão de ensino e criar culturas de aperfeiçoamento da prática docente que, quando em conjunto com uma melhor formação e com a certificação docente, começariam a elevar os padrões de ensino e aprendizagem e a proporcionar a assistência aos professores para satisfazer esses padrões.

O Chile está procurando desenvolver um quadro de supervisores que substituiriam os inspetores e desempenhariam o papel que sugerimos para os diretores e vice-diretores das escolas. Os supervisores cobririam diversas escolas do distrito, recomendando cursos de especialização para os professores, para melhorar certos aspectos de sua prática pedagógica. Isso deveria ajudar a criar padrões de excelência e possivelmente melhoraria o ensino entre as escolas, mas poderia levar mais tempo e ser menos eficaz que a criação de equipes em cada escola, incluindo o diretor, que se tornaria bem versado em como identificar professores com necessidades e em como realizar melhorias significativas nas suas práticas de ensino.

Formar uma nova geração de gestores educacionais como líderes pedagógicos não é simples. Requer um investimento considerável em cursos de gestão para diretores escolares (ou supervisores externos), precedidos por uma redefinição do papel dos diretores como líderes pedagógicos, com habilidade para avaliar o desempenho dos alunos e a prática docente. Os líderes pedagógicos ou os supervisores externos também devem ser bons gestores de recursos humanos e ter habilidades de comunicação para ajudar seu corpo docente a adotar técnicas mais eficazes.

O Brasil e o Chile também podem adotar a prática cubana de manter um único professor para um grupo de alunos durante alguns anos letivos; da primeira à quarta séries, por exemplo. As escolas com pedagogia Montessori utilizam essa abordagem de coorte em relação ao ensino, que é adotada em muitas escolas italianas. Quando os professores ficam com os alunos por muitos anos, conseguem familiarizar-se com os talentos e as idiossincrasias de cada criança da classe. A classe se torna mais uma família do que um relacionamento temporário durante um único ano. A efetividade dessa prática depende da existência de um grupo de professores nas escolas que variem relativamente pouco em qualidade. Esse é o caso de Cuba e de algumas escolas no Chile, mas é muito menos provável no Brasil. Se as escolas possuem professores realmente "bons" e também "maus" professores, um sistema de ensino que atribui o mesmo professor às crianças por muitos anos seria perfeito para alguns alunos e um desastre para outros[4]. Portanto, uma possível melhoria na maneira como as crianças são tratadas através do sistema educacional não pode ser implementada em diversos países, porque o sistema não pode garantir que todos os professores satisfaçam a um padrão de excelência razoavelmente elevado.

CONCLUSÕES

O desempenho superior dos estudantes cubanos é o resultado de diversos fatores. Conseguimos avaliar o efeito de alguns desses fatores por meio de estimativas da função de produção padrão. No entanto, essas estimativas não conseguem explicar uma parcela significativa das habilidades superiores cubanas em matemática, especialmente as resultantes das diferenças entre a qualidade de ensino em sala de aula e um sistema administrativo que assegura que um currículo nacional razoavelmente exigente seja aplicado universalmente, independentemente da classe social dos estudantes. Para compreender a existência e o impacto potencial desses efeitos, recorremos a uma combinação de análise qualitativa: entrevistas em escolas, análise de livros didáticos e filmagens das aulas de matemática da terceira série em salas de aula individuais. A análise qualitativa indicou que as crianças cubanas estão recebendo um currículo de matemática bastante exigente, transmitido de modo mais eficaz, por professores melhor formados e mais frequentemente supervisionados e orientados, em escolas que são, em média, mais diretamente focadas no ensino do que as escolas brasileiras ou chilenas.

Em nossas estimativas da função de produção, incluímos as variáveis da origem familiar do estudante, as variáveis dos recursos escolares e um conjunto mais controvertido de variáveis, que chamamos de "contexto social" ou capital social gerado pelo Estado. Essas variáveis do contexto sociopolítico — relacionadas principalmente à condição social das crianças fora da escola e à distribuição de classe social das crianças entre as escolas — são importantes para explicar, ao menos em parte, o melhor desempenho cubano nas provas. Essa é uma descoberta interessante, com implicações importantes para a política educacional. Os países, as regiões ou os distritos escolares continuarão tendo dificuldades para elevar os níveis de aprendizagem dos alunos dentro das escolas, se as crianças vivem em um contexto sociopolítico fora da escola que não proporciona a segurança, a saúde e o apoio moral necessários para que funcionem bem em um ambiente de sala de aula.

Da mesma forma, a aprendizagem desigual, caracterizada por expectativas e resultados muito inferiores para crianças de baixa renda, é reforçada por sistemas escolares que tendem a concentrar crianças de origem social semelhante em escolas que são identificadas como associadas à baixa renda. Um recente estudo chileno indica que uma parcela maior de professores, em escolas de baixo nível socioeconômico, sente-se menos preparada para ensinar o currículo de matemática chileno, o que sugere que os professores menos "capazes" acabam ensinando nessas escolas. Portanto, quanto maior a concentração de estudantes por condição socioeconômica em diferentes escolas, mais provavelmente os recursos escolares serão distribuídos de forma mais desigual e mais provavelmente o sistema produzirá resultados mais desiguais.

Na nossa análise qualitativa, identificamos outros efeitos do capital social gerado pelo Estado, que são importantes para explicar as notas cubanas mais altas nas provas. Por causa do salário fixado pelo Estado, é mais provável que os professores cubanos sejam selecionados entre formados do ensino médio com melhor desempenho acadêmico do que o grupo de candidatos brasileiros ou chilenos ao cargo de professor. Com acesso a jovens que têm níveis mais altos de conhecimento do conteúdo, os autores do currículo cubano puderam levar um currículo exigente a todos os níveis de ensino, principalmente o ensino fundamental.

O capital social gerado pelo Estado é um componente importante para compreender por que as crianças de alguns países vão melhor na escola, mas é difícil transportar o capital social superior de um país para o outro. Em geral, o capital social gerado pelo Estado resulta de forças históricas, que são de certa forma específicas do país e que são tanto produto como formadoras de valores culturais específicos. Mas os Estados-nação podem melhorar o bem-estar infantil substancialmente, proporcionando educação infantil gratuita, começando com crianças muito novas, fornecendo subsídios para famílias de baixa renda, condicionados ao envio das crianças para a escola e à proibição do trabalho infantil, e propiciando acesso à educação infantil, à merenda escolar e à saúde.

Porém, muitas das nossas descobertas relativas ao sucesso escolar cubano podem ser atribuídas diretamente ao que acontece dentro do sistema educacional. Três das quatro lições principais que aprendemos do nosso estudo podem ser incorporadas aos sistemas educacionais brasileiro e chileno, começando com uma formação inicial dos professores muito melhor, com mais ênfase no conteúdo curricular a ser ensinado (em parte, para compensar os baixos níveis de aprendizagem deste conteúdo— principalmente matemática — nas escolas do ensino médio brasileiras e chilenas) e na habilidade para ensinar os parâmetros curriculares obrigatórios.

Além de adquirir um controle mais rígido da formação docente nas universidades e nas escolas de formação docente, as autoridades educacionais brasileiras e chilenas podem aprender muito pela maneira como os diretores cubanos se encarregam de supervisionar os novos professores e de assegurar um alto padrão de ensino do currículo nacional nas salas de aula cubanas. O Brasil e o Chile também podem adotar o sistema de manter a mesma coorte de alunos com um único professor da primeira à quarta séries. Quando os estudantes realizassem a prova Simce da quarta série, o resultado seria o efeito cumulativo do trabalho de um único professor, aumentando a responsabilidade do professor e da escola (como em Cuba) e garantindo que cada professor ofereça um ensino de qualidade.

Como reflexão final, gostaríamos de lembrar ao leitor o possível conflito, nas sociedades democráticas, entre a liberdade individual na maioria dos aspectos da vida humana e a liberdade individual na vida escolar, que está longe de ser democrática. Poucas crianças além da terceira série escolheriam voluntariamente passar 30 ou mais horas por semana, durante 40 semanas por ano, sentadas em salas de aula, mas elas são obrigadas a fazer isso. Como parte das liberdades individuais garantidas pelas sociedades democráticas, os pais muitas vezes demandam o direito de escolher as escolas para seus filhos ou de escolher mandar seus filhos para o trabalho, e os professores demandam diversos "direitos", incluindo o direito da autonomia profissional nas suas salas de aula. Essa autonomia tem a intenção de proteger os professores da interferência inadequada dos gestores na maneira como conduzem seu ensino, assim como a de proteger dos juízos de base ideológica a respeito do que seja o bom ensino.

O sistema educacional cubano não enfrenta essas contradições. Ademais, como o Estado cubano está genuinamente interessado na transmissão de habilidades acadêmicas básicas de qualidade, o sistema é capaz de invocar interesses coletivos, pressionando as famílias e os professores a se adaptarem aos seus padrões de aprendizagem dos alunos. Assim, o Estado assume a responsabilidade final pela educação das crianças, incluindo a responsabilidade de assegurar que os pais, que coincidentemente também são funcionários do Estado, façam sua parte, garantindo que as crianças alcancem níveis elevados de desempenho acadêmico. Nas sociedades democráticas, isso somente é possível quando o setor público — o Estado — possui a confiança implícita da sociedade civil. Os pais devem ter a plena confiança de que o Estado é capaz de proporcionar serviços de qualidade e que os funcionários públicos (como os professores) estão totalmente comprometidos com essa tarefa.

Não encontramos essas condições nem no Brasil nem no Chile, por boas razões. No Brasil, historicamente, o Estado nunca se comprometeu a oferecer uma educação de qualidade para a maioria da população brasileira. No Chile, como no Brasil, a educação pública de boa qualidade existiu no passado para uma elite da classe média alta, mas não para as massas. Em consequência, assim que os vales-educação (*vouchers*) se tornaram disponíveis no Chile, houve uma rápida fuga para o ensino privado. Mesmo o ensino privado de baixa qualidade era preferível ao ensino público. Sob essas circunstâncias, o papel central do Estado como fiador dos serviços de qualidade perde seu sentido e o indivíduo competitivo, que luta para ganhar vantagem sobre os outros, reina supremo. A noção de cooperação — professores, gestores, pais e estudantes — para melhorar a aprendizagem das crianças degenera, colocando no lugar os valores máximos das opções individuais e dos direitos individuais dos pais e dos professores, na premissa de que, se os adultos utilizarem esses direitos com sabedoria, as crianças chegarão na frente.

O sistema cubano possui defeitos graves evidentes, principalmente a falta de liberdade política e os limites à opção individual. O alto nível de autodisciplina e de comportamento cooperativo, que fazem as salas de aula cubanas funcionar tão sem percalços no nível fundamental, é importante para o desenvolvimento das habilidades básicas e da proficiência na solução de problemas. No entanto, nos níveis superiores da educação (segundo ciclo do ensino fundamental e ensino médio), a rebelião e a discordância criativas — características que florescem ao extremo em sociedades como a dos Estados Unidos — são, em geral, suprimidas em Cuba.

O caminho para uma melhor educação nas sociedades democráticas não precisa ser uma volta ao autoritarismo. As lições que extraímos da experiência cubana indicam, no entanto, que o Estado tem de ser muito mais que um *fiador* da educação de qualidade para todos: o Estado deve assumir a responsabilidade pública pelo sucesso das crianças. O Estado tem de ser um ativista eficaz na transformação da gestão escolar, rumo a um maior controle sobre o que acontece na escola. Ele precisa assumir plena responsabilidade pela melhoria do ensino, mesmo à custa de reduzir a autonomia acadêmica e administrativa das escolas de Educação que fazem a formação inicial dos professores, e de reduzir a autonomia dos professores em sala de aula, quando não apresentam a criatividade e a competência para atuar em alto nível. O Estado deve garantir que todos os professores sejam eficazes na produção da aprendizagem dos alunos, avaliando seu desempenho com regularidade, desde a certificação inicial até a supervisão do seu trabalho nas salas de aula. Ao definir altos padrões para as escolas e para os professores, e fiscalizar seu cumprimento, o Estado diminui a necessidade dos pais de se afligir sobre a escola para a qual devem mandar seus filhos, pois quase todas as escolas ofereceriam educação de qualidade razoável de modo semelhante. Isso é o que a sociedade deseja em um Estado democrático e é isso que a sociedade deveria obter.

MATERIAL DE REFERÊNCIA

ANEXO A

ESTIMATIVAS DA FUNÇÃO DE PRODUÇÃO DO DESEMPENHO DISCENTE NA AMÉRICA LATINA, POR PAÍS

ESTIMANDO AS FUNÇÕES DE PRODUÇÃO

A definição das variáveis utilizadas na análise de regressão é apresentada na Tabela 17.

Os resultados expostos nas Tabelas 18 e 19 representam as relações estimadas (ajustadas para os *clusters*) por mínimos quadrados ordinários (MQO), para toda a amostra dos alunos de terceira e quarta séries, entre as notas de desempenho do aluno (matemática na Tabela 18 e linguagem na Tabela 19) e as características do aluno/família, as características professor/escola e as variáveis do contexto social, como expressas na equação do Capítulo 4. As relações foram estimadas separadamente para cada país, assim como para todos os países em conjunto (coluna 9), com as variáveis *dummy* adicionadas para cada país (Cuba é omitida, servindo como variável de referência). O tamanho da amostra oscila de país para país, principalmente em virtude da variação no número de dados faltantes para variáveis independentes. Incluímos uma variável *dummy* para os alunos da quarta série, para controlar pelas diferenças relativas à série na prova. Como as estimativas incluíam "dois níveis" (estudantes individuais e escolas/salas de aula), corrigimos os desvios-padrão dos coeficientes (MQO) para os "efeitos de *cluster*", eliminando o viés.

TABELA 17
Definições de todas as variáveis incluídas na análise

Variável	Definição
Características do aluno e da família	
Sexo	1 = feminino; 0 = masculino
Autoconfiança do aluno	Em comparação com outros alunos da turma: 1 = "Eu entendo menos"; 2 = "Eu entendo a mesma coisa"; 3 = "Eu entendo mais"
Educação dos pais	Média da educação do pai e da mãe, em níveis de 0 a 6
Leitura para a criança	Os pais liam para o aluno quando era pequeno: 0 = "Nunca"; 1 = "Duas ou três vezes por ano"; 2 = "Uma vez por mês"; 3 = "Mais de uma vez por mês"; 4 = "Quase todos os dias"
Nível de estudo esperado	Expectativas dos pais com relação aos anos de estudo que o aluno concluirá, em níveis de 0 a 6
Quantidade de livros na casa	Medida ordinal da quantidade de livros na casa: 1 = "Sem livros"; 2 = "Menos de 10 livros"; 3 = "De 10 a 50 livros"; 4 = "Mais de 50 livros"
Características do professor/ da escola	
Quarta série	1 = Aluno na quarta série; 0 = Aluno na terceira série
Média da terceira série	Média da escola/sala de aula relativa à nota da prova da terceira série
O aluno possui livro didático de matemática/espanhol	1 = Aluno indicou em entrevista que possui um livro didático; 0 = Não
Formação docente	Três categorias: "Ensino médio" (Magistério); "Universidade" e "Outra"
Sessões de capacitação docente	Quantidade de cursos de capacitação realizados pelo professor nos últimos três anos

Condição da sala de aula	Condição média da sala de aula (de acordo com o professor) com respeito à iluminação, temperatura, higiene, segurança e acústica. 0 = "Inadequada"; 1 = "Adequada"
Materiais da sala de aula	Soma dos materiais disponíveis na sala de aula (de acordo com o professor): lousa, biblioteca da classe, calculadoras, jogos, mapas/globos, projetor de transparências, projetor de *slides*, materiais de geometria, livros didáticos, computador, televisão e videocassete. Índice de 0 a 12.
Autonomia do diretor	Grau médio de autonomia (de acordo com o diretor) para contratar/dispensar professores, alocação orçamentária, seleção de material/livro didático, admissões/suspensões de alunos, promoção de alunos, regras, priorização pedagógica, planejamento de atividades extracurriculares. Faixa de respostas: 1 = "Sem autonomia"; 2 = "Autonomia parcial"; 3 = "Autonomia total"
Escola rural	1 = Escola rural (escola pública urbana é a categoria excluída)
Escola particular	1 = Escola particular (escola pública urbana é a categoria excluída)
Contexto social	
Aluno frequentou a pré-escola	1 = Sim; 0 = Não
Fator NSE (escola)	Média da sala de aula para análise fatorial dos componentes principais, usando educação dos pais, quantidade de livros em casa e trabalho fora de casa como cargas fatoriais
Brigas em sala de aula	Médias da sala de aula por porcentagem de crianças relatando brigas com outros alunos: 1 = "Raramente"; 2 = "Às vezes"; 3 = "Quase sempre"
Trabalho fora de casa	Médias da sala de aula em relação à frequência com que os alunos relatam o trabalho fora de casa: 1 = "Raramente"; 2 = "Às vezes"; 3 = "Quase sempre"
Trabalho em casa	Médias da sala de aula em relação à frequência com que os alunos relatam o trabalho em casa: 1 = "Raramente"; 2 = "Às vezes"; 3 = "Quase sempre"
Crianças livres de trabalho	Médias da sala de aula em relação à frequência com que os alunos relatam estar livres para fazer o que quiserem fora da escola: 1 = "Raramente"; 2 = "Às vezes"; 3 = "Quase sempre"

TABELA 18

Estimativas dos mínimos quadrados ordinários (MQO) dos determinantes do desempenho acadêmico em matemática (estatística T, entre parênteses), para terceira e quarta séries combinadas, em sete países latino-americanos

Variáveis	País								
	Argentina	Bolívia	Brasil	Chile	Colômbia	Cuba	México	Total	Total[a]
Características do aluno/família									
Sexo feminino	-8,62 (-4,17)	-5,08 (-2,19)	-7,26 (-4,56)	-4,38 (-2,08)	-4,67 (-2,89)	2,03 (0,83)	-1,80 (-1,17)	-4,45 (-4,02)	-3,38 (-3,76)
Autoconfiança do aluno	9,28 (4,02)	6,09 (1,98)	11,27 (5,20)	16,19 (6,01)	3,45 (1,66)	31,34 (5,75)	8,36 (3,59)	12,37 (9,46)	11,99 (9,63)
Educação dos pais	2,04 (2,48)	2,43 (3,05)	1,98 (2,26)	1,79 (2,02)	1,50 (2,46)	3,82 (3,00)	3,73 (4,82)	3,20 (7,11)	2,47 (5,92)
Leitura para a criança	0,37 (0,55)	1,01 (2,24)	1,68 (3,15)	1,45 (2,13)	1,19 (1,97)	1,98 (1,43)	0,87 (1,56)	2,44 (7,50)	1,22 (4,45)
Nível de estudo esperado	2,24 (2,59)	1,02 (1,44)	2,00 (2,98)	3,07 (3,79)	1,11 (1,43)	9,83 (6,31)	2,11 (2,54)	2,60 (5,89)	2,45 (5,96)
Quantidade de livros na casa	1,56 (1,04)	2,06 (2,32)	1,79 (1,66)	2,13 (1,63)	2,34 (2,61)	6,96 (3,95)	2,12 (1,91)	2,00 (3,25)	3,78 (6,79)
Característica do professor/escola									
Quarta série	22,22 (7,92)	2,90 (0,70)	23,22 (10,08)	22,55 (10,91)	15,44 (8,51)	5,17 (1,22)	18,89 (9,52)	13,09 (9,33)	13,46 (9,88)
Materiais da sala de aula	0,64 (0,10)	1,30 (1,53)	1,39 (2,19)	0,79 (1,66)	0,93 (1,57)	5,83 (2,05)	1,09 (1,74)	0,73 (1,63)	1,36 (3,32)
Aluno tem livro didático de matemática	-1,35 (-0,59)	-10,06 (-2,89)	1,94 (0,84)	2,78 (0,79)	0,30 (0,12)	-5,20 (-0,81)	5,25 (1,15)	0,34 (0,18)	-3,21 (-1,92)

	(1)	(2)	(3)	(4)	(5)	(6)	(7)	(8)	(9)
Formação docente[b]:									
Nível superior	-2,42 (-0,80)	-8,46 (-1,51)	6,56 (2,08)	6,02 (2,32)	0,59 (0,20)	12,60 (1,49)	0,68 (0,23)	10,59 (5,07)	3,17 (1,82)
Outra	5,79 (0,93)	20,43 (2,08)	—	—	21,45 (1,17)	—	—	24,96 (3,22)	21,25 (3,45)
Sessões de capacitação docente	0,38 (1,29)	-0,10 (-0,21)	1,15 (6,87)	-0,02 (-0,05)	-0,032 (-0,11)	1,76 (3,77)	-0,15 (-0,74)	0,76 (2,63)	0,91 (3,76)
Condição da sala de aula	0,88 (0,13)	11,14 (1,41)	-8,48 (-1,84)	2,81 (0,56)	-4,59 (-0,85)	-12,74 (-0,99)	3,76 (0,72)	8,18 (1,94)	2,06 (0,52)
Autonomia do diretor	-5,40 (-0,75)	6,26 (0,77)	8,77 (1,79)	7,23 (1,15)	4,98 (1,11)	0,69 (0,01)	-2,01 (-0,47)	7,71 (2,25)	6,44 (2,08)
Escola rural	-13,88 (-2,68)	5,62 (0,73)	3,32 (0,76)	1,12 (0,22)	15,62 (3,94)	6,18 (0,67)	-0,06 (-0,02)	10,84 (3,42)	4,79 (1,52)
Escola particular	-0,38 (-0,07)	1,40 (0,15)	-6,45 (-1,57)	-15,81 (-2,58)	0,32 (0,07)	0 —	4,17 (0,47)	-18,43 (-4,63)	-3,96 (-1,04)
Contexto social									
Aluno frequentou a pré-escola	5,07 (1,73)	2,97 (1,40)	-0,16 (-0,07)	1,98 (0,79)	4,03 (-2,16)	-13,32 (-1,42)	7,10 (2,84)	0,17 (0,12)	-0,83 (-0,62)
Trabalho fora de casa	-24,65 (-2,17)	-14,05 (-0,91)	-42,63 (-4,85)	7,25 (0,81)	-10,39 (-1,60)	7,76 (0,25)	-26,47 (-3,05)	-48,20 (9,55)	-13,32 (-2,36)
Trabalho em casa	-18,57 (-1,23)	-30,72 (-1,53)	12,08 (1,22)	-38,72 (-2,82)	-9,28 (-0,93)	46,45 (1,79)	-1,66 (-0,13)	41,62 (5,40)	3,67 (0,46)
Crianças livres de trabalho	18,41 (1,72)	-26,65 (-1,50)	-13,20 (-1,52)	2,59 (0,25)	-2,41 (-0,35)	-14,11 (1,05)	6,29 (0,74)	-6,07 (0,94)	-2,35 (-0,38)
Brigas em sala de aula	-45,65 (-3,02)	-64,94 (-3,50)	-8,19 (-0,87)	-23,97 (-1,53)	-31,20 (-3,15)	-130,13 (-2,92)	-8,26 (-0,76)	-53,43 (-7,13)	-39,92 (-5,77)
Fator NSE (escola)	8,35 (2,01)	5,33 (-0,72)	11,17 (3,57)	12,20 (3,93)	2,48 (0,73)	3,66 (0,40)	2,16 (0,45)	8,01 (3,30)	4,52 (1,64)

(continua)

TABELA 18 (continuação)

Variáveis	País								Total[a]
	Argentina	Bolívia	Brasil	Chile	Colômbia	Cuba	México	Total	
Variáveis dummy por país									
Argentina	—	—	—	—	—	—	—	—	-60,59 (-9,99)
Bolívia	—	—	—	—	—	—	—	—	-67,32 (-9,35)
Brasil	—	—	—	—	—	—	—	—	-55,26 (-8,46)
Chile	—	—	—	—	—	—	—	—	-66,45 (-10,43)
Colômbia	—	—	—	—	—	—	—	—	-65,37 (-10,57)
México[c]	—	—	—	—	—	—	—	—	-62,12 (-9,90)
Constante	275,19	369,50	240,57	236,47	249,61	46,58	214,88	160,44	256,04
Quantidade de salas de aula (clusters)	83	62	112	99	160	98	105	719	719
N	1.413	2.679	2.109	1.331	2.477	3.409	2.411	15.829	15.829
R^2	0,371	0,235	0,393	0,273	0,152	0,177	0,244	0,457	0,494

Observação: devido à natureza de *cluster* da amostra, um desvio-padrão robusto foi utilizado.
[a] Ajustados para as características de capital social e humano da família, condições da escola e diferenças de contexto social de Cuba.
[b] Categoria excluída se a formação docente é no ensino médio.
[c] Categoria excluída se o país é Cuba.

TABELA 19

Estimativas dos mínimos quadrados ordinários (MQO) dos determinantes do desempenho acadêmico em linguagem (estatística T, entre parênteses), em sete países latino-americanos

Variáveis	País							Total	Total[a]
	Argentina	Bolívia	Brasil	Chile	Colômbia	Cuba	México		
Características do aluno/família									
Sexo feminino	6,54 (2,54)	2,32 (1,27)	8,00 (4,69)	7,91 (3,92)	5,84 (3,53)	6,28 (3,31)	8,01 (3,95)	5,42 (5,92)	6,22 (7,83)
Autoconfiança do aluno	10,54 (3,03)	5,68 (2,19)	4,48 (2,05)	17,63 (6,96)	3,68 (1,58)	8,80 (2,22)	6,53 (2,36)	8,12 (7,11)	8,31 (7,35)
Educação dos pais	2,81 (2,80)	2,15 (2,46)	2,90 (3,48)	1,73 (1,57)	2,43 (2,75)	0,61 (0,67)	5,12 (4,66)	2,11 (5,23)	2,22 (5,61)
Leitura para a criança	1,95 (2,26)	0,85 (1,36)	1,20 (2,05)	2,32 (3,16)	0,56 (0,74)	1,28 (1,17)	2,33 (2,94)	2,66 (8,25)	1,58 (5,44)
Nível de estudo esperado	2,54 (2,35)	1,91 (1,90)	2,28 (3,59)	5,55 (5,61)	1,82 (1,96)	5,16 (3,34)	1,43 (1,71)	2,96 (7,04)	2,80 (6,80)
Quantidade de livros na casa	-0,66 (-0,46)	2,81 (2,12)	1,39 (1,22)	2,80 (1,95)	3,38 (2,68)	2,57 (2,07)	2,86 (2,21)	2,32 (4,14)	2,75 (5,05)
Característica do professor/escola									
Quarta série	25,75 (9,38)	4,82 (1,06)	22,42 (10,35)	26,95 (10,92)	23,40 (10,87)	4,93 (1,58)	25,10 (10,71)	16,80 (13,89)	16,86 (14,02)
Materiais da sala de aula	-0,32 (-0,54)	0,98 (1,33)	0,78 (1,26)	0,46 (1,00)	1,68 (2,47)	1,69 (1,01)	2,73 (2,75)	1,32 (3,62)	1,11 (3,50)
Aluno tem livro didático de linguagem	3,37 (1,33)	-5,48 (-1,53)	-1,00 (-0,40)	15,85 (3,97)	1,15 (0,42)	11,93 (1,67)	17,18 (4,53)	1,69 (1,05)	0,81 (0,51)

(continua)

TABELA 19 (continuação)

Variáveis	País								
	Argentina	Bolívia	Brasil	Chile	Colômbia	Cuba	México	Total	Total [a]
Formação docente[b]:									
Nível superior	1,82 (0,54)	-12,42 (-2,35)	2,89 (1,04)	2,92 (0,99)	3,80 (1,19)	0,99 (0,16)	0,52 (0,15)	10,11 (5,68)	1,93 (1,21)
Outra	10,61 (1,94)	15,73 (1,91)	—	—	-9,36 (-0,66)	—	—	12,34 (1,99)	9,89 (1,56)
Sessões de capacitação docente	0,84 (3,79)	-0,32 (-0,65)	0,93 (6,59)	-0,58 (-2,25)	0,11 (0,29)	0,68 (2,06)	-0,64 (-2,26)	0,11 (0,59)	0,27 (1,85)
Condição da sala de aula	2,48 (0,42)	6,98 (0,83)	-3,18 (-0,59)	-0,67 (-0,12)	-1,68 (-0,26)	15,15 (1,78)	2,77 (0,35)	7,82 (2,53)	4,88 (1,61)
Autonomia do diretor	-3,65 (-0,59)	10,36 (6,11)	11,70 (2,69)	11,03 (1,91)	1,04 (0,20)	-4,98 (-0,59)	3,39 (0,70)	7,96 (2,77)	6,63 (2,39)
Escola rural	-29,06 (-5,13)	-4,83 (-0,64)	-4,21 (-1,08)	6,29 (1,11)	7,59 (1,78)	-9,53 (-1,30)	-6,45 (-1,56)	1,94 (0,79)	-2,29 (-0,93)
Escola particular	4,14 (0,77)	-17,22 (-2,01)	-5,30 (-1,34)	-10,54 (-2,38)	0,43 (0,09)	—	7,94 (0,93)	-13,64 (-5,22)	-4,44 (-1,64)
Contexto social									
Aluno frequentou a pré-escola	5,97 (1,67)	5,39 (1,96)	1,84 (0,85)	0,23 (0,10)	-5,17 (-2,35)	-5,05 (-0,79)	6,91 (2,53)	1,02 (0,80)	1,17 (0,98)
Trabalho fora de casa	-12,08 (-1,07)	3,24 (0,18)	-35,96 (-4,36)	1,55 (0,17)	-14,06 (-2,02)	-2,86 (-0,19)	-28,06 (-2,86)	-44,10 (-9,75)	-14,49 (-3,31)
Trabalho em casa	-18,60 (-1,49)	-24,29 (-1,43)	12,83 (1,47)	-36,68 (-2,75)	-3,44 (-0,35)	35,40 (1,92)	16,40 (1,02)	22,65 (4,07)	1,01 (0,17)
Crianças livres de trabalho	11,15 (1,02)	-30,68 (-1,96)	1,85 (0,19)	-6,14 (-0,55)	1,08 (0,14)	-2,05 (-0,21)	9,32 (0,97)	6,34 (1,43)	2,93 (0,63)

	(1)	(2)	(3)	(4)	(5)	(6)	(7)	(8)	(9)
Brigas em sala de aula	-30,38 (-2,50)	-70,93 (-4,48)	-11,37 (-1,21)	-40,77 (-30,37)	-28,61 (-3,36)	-76,98 (-2,40)	-11,31 (-0,90)	-38,80 (-6,43)	-34,25 (-6,04)
Fator NSE (escola)	9,57 (2,92)	5,97 (1,04)	8,30 (2,39)	11,99 (3,37)	7,35 (2,06)	4,64 (0,70)	1,42 (0,29)	8,52 (5,26)	7,55 (4,25)
Variáveis *dummy* por país									
Argentina	—	—	—	—	—	—	—	—	-28,83 (-6,61)
Bolívia	—	—	—	—	—	—	—	—	-53,25 (-9,60)
Brasil	—	—	—	—	—	—	—	—	-31,96 (-6,56)
Chile	—	—	—	—	—	—	—	—	-31,93 (-6,88)
Colômbia	—	—	—	—	—	—	—	—	-44,08 (-9,45)
México[c]	—	—	—	—	—	—	—	—	-48,59 (-10,35)
Constante	264,09	314,32	196,95	237,96	217,53	170,28	121,53	171,37	232,85
Quantidade de salas de aula (*clusters*)	83	62	112	99	160	97	104	717	717
N	1.402	2.825	2.065	2.127	2.451	3.063	2.378	16.311	16.311
R^2	0,296	0,188	0,344	0,261	0,207	0,106	0,270	0,386	0,411

Observação: devido à natureza de *cluster* da amostra, um desvio-padrão robusto foi utilizado.
[a] Ajustados para as características de capital social e humano da família, condições da escola e diferenças de contexto social de Cuba.
[b] Categoria excluída se a formação docente é no ensino médio.
[c] Categoria excluída se o país é Cuba.

A equação geral da coluna 9 (nas duas tabelas) indica que os alunos cubanos tiram notas mais altas que os alunos de todos os outros países, mesmo quando as características do capital social e humano da família, as condições da escola e as diferenças de contexto social são levadas em conta[1]. Cada um dos coeficientes do país para as variáveis escolares pode ser considerado como uma aproximação da "eficácia da nota de rendimento" do sistema educacional de cada país, em comparação com o sistema educacional cubano. Ao se levar em consideração a família, os recursos escolares e as nossas *proxies* do contexto social, as menores diferenças no desempenho em matemática, em comparação com Cuba, foram verificadas no Brasil, na Argentina e no México, embora as diferenças entre os seis países não cubanos não sejam grandes (Tabela 18). Por exemplo: em matemática, a diferença entre os coeficientes argentino e chileno (comparado com Cuba) é de cerca de sete pontos, que corresponde aproximadamente a um décimo do desvio-padrão para matemática. A maior diferença é entre os coeficientes brasileiro e chileno (cerca de onze pontos). Isso representa quase 15% de um desvio-padrão. As diferenças de "eficácia da nota do rendimento" entre os seis países não cubanos em linguagem são maiores que em matemática. Utilizando as variáveis de controle referente às diferenças socioeconômicas e escolares dentro dos países e entre eles, os alunos no Brasil, na Argentina e no Chile tiraram notas entre 20% e 40% de um desvio-padrão maiores do que os alunos na Colômbia, México e Bolívia, utilizando as variáveis de controle referente a características de família, escola e contexto social.

A equação geral com todos os países incluídos também revela que as características da família do aluno e o contexto social de sua sala de aula e de sua escola são muito significativos para explicar o seu desempenho, mas os recursos escolares são muito menos importantes. Diversas variáveis, que se esperava que fossem determinantes significativas do desempenho, incluindo frequência a pré-escola (como medida nesse estudo), matrículas em escola particular e escola rural e posse de livro didático de linguagem (significativamente negativa para livro didático de matemática), não são significativas nos modelos que incluem as variáveis *dummy* dos países.

As Tabelas 20 e 21 apresentam as estimativas utilizando as notas da quarta série. A diferença entre esse "ganho" no desempenho dos alunos em Cuba e nos outros seis países é muito menor do que as diferenças gerais de notas expostas nas Tabelas 18 e 19. Por exemplo: em matemática, os alunos brasileiros de quarta série tiraram notas um sexto de desvio-padrão menores do que os alunos cubanos, com controle de outras variáveis, incluindo a nota da prova da terceira série. Os alunos argentinos, chilenos e mexicanos da quarta série obtiveram um ganho de cerca de um quarto de desvio-padrão menor que os alunos cubanos. Na prova de linguagem, os alunos da quarta série da Argentina, do Brasil, do Chile e de Cuba tiraram aproximadamente a mesma nota, com controle de outras variáveis e das notas da prova da terceira série.

SIMULANDO O DESEMPENHO DOS ALUNOS

Simulamos as notas dos alunos em cada país utilizando a equação estimada para cada um, mas supondo que as médias das características do aluno/família, da escola e do contexto social eram as dos alunos cubanos. Com isso, previmos o desempenho em cada país mediante a suposição de que as condições institucionais eram específicas de cada país, mas que as características dos alunos e das escolas eram semelhantes às de Cuba[2].

Quando utilizamos a amostra completa dos alunos de terceira e quarta séries, substituindo as características do aluno e sua família em cada país pelas características dos alunos cubanos, as notas de desempenho previstas revelam que as diferenças entre as médias cubanas para o desempenho e as médias de cada um dos outros seis países reduziam-se surpreendentemente pouco. Uma parcela relativamente pequena da diferença no desempenho discente deve-se às características familiares do aluno, como a educação dos pais ou o capital social dos pais em relação aos seus filhos. De maneira consistente, *de um terço a metade do impacto* nivelador das características do aluno e da família nas diferenças de desempenho dos alunos *está associado às diferenças de capital social familiar entre Cuba e os outros países latino-americanos.*

TABELA 20

Estimativas dos mínimos quadrados ordinários (MQO) dos determinantes do desempenho acadêmico da quarta série em matemática (estatística T, entre parênteses), em sete países latino-americanos

Variáveis	Argentina	Bolívia	Brasil	Chile	Colômbia	Cuba	México	Total	Total [a]
Média escolar da terceira série	0,60 (3,70)	0,32 (2,24)	0,32 (2,09)	0,58 (8,84)	0,60 (10,72)	0,44 (7,02)	0,32 (2,46)	0,52 (11,36)	0,48 (9,50)
Características do aluno/família									
Sexo feminino	-8,59 (-3,15)	-2,49 (-1,06)	-6,58 (-2,98)	-5,91 (-2,26)	-6,10 (-3,00)	2,97 (1,00)	1,01 (0,41)	-2,96 (-2,72)	-2,54 (-0,04)
Autoconfiança do aluno	14,50 (4,39)	3,84 (0,92)	18,53 (6,15)	16,56 (4,72)	7,10 (2,62)	30,04 (5,45)	8,44 (2,54)	13,58 (8,45)	13,42 (8,43)
Educação dos pais	2,35 (2,16)	1,40 (1,79)	2,02 (1,52)	2,23 (1,70)	0,33 (0,40)	5,90 (4,97)	4,45 (4,23)	2,99 (6,38)	2,98 (6,55)
Leitura para a criança	0,50 (0,53)	0,04 (0,07)	1,84 (2,38)	2,66 (2,79)	0,45 (0,74)	0,50 (0,28)	-0,22 (-0,25)	1,06 (2,90)	0,61 (1,75)
Nível de estudo esperado	1,25 (1,10)	0,76 (0,81)	1,94 (2,16)	2,61 (2,12)	0,58 (0,69)	7,46 (4,14)	1,55 (1,61)	1,46 (3,00)	1,77 (3,72)
Quantidade de livros na casa	2,30 (1,17)	1,48 (1,14)	2,20 (1,40)	1,69 (0,95)	3,47 (2,91)	6,68 (3,79)	3,23 (2,31)	3,85 (5,61)	3,97 (6,08)
Característica do professor/escola									
Materiais da sala de aula	-1,19 (-1,42)	1,79 (1,97)	1,78 (1,77)	0,22 (0,47)	1,40 (2,69)	3,58 (1,62)	0,70 (0,92)	1,47 (4,06)	1,16 (3,14)
Aluno tem livro didático de matemática	-0,39 (-0,13)	-9,14 (-4,09)	5,93 (1,82)	2,51 (0,44)	-3,58 (-1,42)	-2,16 (-0,26)	4,55 (0,82)	0,15 (0,09)	-2,29 (-1,39)

Formação docente[b]: *Nível superior*	-1,63 (-0,40)	4,29 (0,55)	6,43 (1,57)	0,39 (0,12)	1,26 (0,47)	21,72 (2,43)	-1,10 (-0,27)	5,87 (3,01)	2,79 (1,35)
Outra	-22,67 (2,33)	22,79 (1,36)	—	—	-14,69 (-1,52)	—	—	9,19 (0,89)	11,13 (1,09)
Sessões de capacitação docente	0,11 (0,38)	-0,62 (-1,45)	0,60 (1,72)	0,09 (0,40)	-0,88 (-0,28)	0,90 (2,92)	-0,08 (-0,38)	0,22 (0,98)	0,38 (1,91)
Condição da sala de aula	-9,16 (-1,08)	14,39 (1,69)	-7,58 (-1,19)	2,10 (0,44)	-4,67 (-1,03)	-9,82 (-0,91)	1,17 (0,19)	2,82 (0,71)	0,76 (0,21)
Autonomia do diretor	-17,55 (-1,78)	7,07 (0,94)	5,55 (0,82)	13,42 (2,53)	2,66 (0,70)	3,08 (0,35)	-4,37 (-0,86)	3,86 (1,07)	4,03 (1,14)
Escola rural	-3,46 (-0,50)	7,01 (0,93)	3,19 (0,47)	10,30 (2,23)	7,49 (2,09)	0,90 (0,09)	-0,16 (-0,03)	3,30 (1,04)	2,48 (0,77)
Escola particular	15,68 (1,66)	2,96 (0,37)	-9,87 (-1,40)	-9,42 (-1,76)	-2,28 (-0,52)	—	2,38 (0,25)	-7,68 (-2,27)	-2,76 (-0,80)
Contexto social									
Aluno frequentou a pré-escola	1,76 (0,42)	1,24 (0,53)	-3,59 (-1,02)	3,11 (1,01)	-3,36 (-1,49)	-14,54 (-1,43)	6,29 (1,83)	-0,59 (-0,44)	-1,87 (-1,39)
Trabalho fora de casa	-23,63 (-1,52)	-11,73 (-0,58)	-35,42 (-2,30)	-0,53 (-0,05)	4,41 (0,64)	-13,60 (-0,39)	-28,00 (-2,65)	-24,46 (-4,77)	-9,88 (-1,84)
Trabalho em casa	18,39 (1,08)	-15,48 (-0,58)	19,27 (1,32)	18,64 (1,60)	-3,42 (-0,41)	-10,73 (-0,52)	-4,82 (-0,33)	9,54 (1,43)	6,18 (0,87)
Crianças livres de trabalho	20,37 (1,68)	-2,33 (-0,12)	-9,78 (-0,62)	-2,24 (-0,24)	0,66 (0,11)	21,80 (1,90)	-1,18 (-0,13)	11,25 (2,23)	9,24 (1,73)
Brigas em sala de aula	-19,09 (-1,17)	-69,44 (-3,98)	-7,63 (-0,55)	-19,14 (-1,64)	-15,51 (-2,24)	-92,60 (-2,22)	-5,78 (-0,47)	-28,42 (-4,29)	-28,85 (-4,40)
Fator NSE (escola)	-3,32 (-0,54)	-5,22 (-0,82)	8,67 (1,71)	6,34 (1,57)	-0,46 (-0,14)	1,35 (0,15)	-3,52 (-0,66)	-3,45 (-1,66)	-1,57 (-0,62)

(continua)

TABELA 20 *(continuação)*

Variáveis	País								Total[1]
	Argentina	Bolívia	Brasil	Chile	Colômbia	Cuba	México	Total	
Variáveis dummy por país									
Argentina	—	—	—	—	—	—	—	—	-15,37 (-2,80)
Bolívia	—	—	—	—	—	—	—	—	-29,45 (-4,65)
Brasil	—	—	—	—	—	—	—	—	-10,83 (-1,82)
Chile	—	—	—	—	—	—	—	—	-17,74 (-2,93)
Colômbia	—	—	—	—	—	—	—	—	-21,10 (-3,67)
México[c]	—	—	—	—	—	—	—	—	-15,49 (-2,66)
Constante	80,33	206,90	137,66	-10,58	76,15	19,14	190,59	55,60	79,25
Quantidade de salas de aula (*clusters*)	77	61	101	96	149	95	104	683	683
N	733	1.373	962	705	1.304	1.688	1.216	7.981	7.981
R^2	0,374	0,332	0,391	0,301	0,236	0,317	0,227	0,534	0,540

Observação: devido à natureza de *cluster* da amostra, um desvio-padrão robusto foi utilizado.
[a] Ajustados para as características de capital social e humano da família, condições da escola e diferenças de contexto social de Cuba.
[b] Categoria excluída se a formação docente é no ensino médio.
[c] Categoria excluída se o país é Cuba.

TABELA 21
Estimativas dos mínimos quadrados ordinários (MQO) dos determinantes do desempenho acadêmico da quarta série em linguagem (estatística T, entre parênteses), em sete países latino-americanos

Variáveis	País							Total	Total[a]
	Argentina	Bolívia	Brasil	Chile	Colômbia	Cuba	México		
Média escolar da terceira série	0,12 (1,17)	0,09 (1,39)	0,28 (2,00)	0,35 (2,98)	0,49 (6,65)	0,41 (5,58)	0,52 (4,74)	0,41 (10,08)	0,36 (9,00)
Características do aluno/família									
Sexo feminino	8,25 (2,45)	5,33 (2,62)	7,90 (2,82)	8,48 (3,15)	7,90 (3,17)	10,76 (4,60)	12,87 (4,49)	8,44 (8,01)	8,90 (8,27)
Autoconfiança do aluno	9,84 (2,41)	2,57 (0,55)	6,63 (2,08)	15,51 (4,13)	7,53 (2,43)	14,15 (3,14)	8,24 (2,13)	8,96 (5,61)	9,03 (5,71)
Educação dos pais	2,24 (1,46)	2,34 (2,10)	2,58 (2,01)	1,94 (1,34)	2,03 (1,61)	0,48 (0,37)	6,10 (3,95)	2,23 (4,20)	2,48 (4,70)
Leitura para a criança	0,84 (0,80)	0,44 (0,57)	1,39 (1,52)	1,47 (1,18)	−0,09 (−0,10)	0,53 (0,36)	1,73 (1,66)	1,31 (3,35)	0,81 (2,08)
Nível de estudo esperado	3,90 (2,91)	1,44 (1,18)	2,47 (2,44)	6,58 (3,99)	1,15 (1,04)	6,97 (3,70)	1,63 (1,45)	2,71 (5,47)	2,93 (5,81)
Quantidade de livros na casa	0,19 (0,10)	3,84 (2,34)	2,97 (1,56)	2,87 (1,45)	4,62 (2,49)	2,20 (1,37)	3,56 (1,62)	3,86 (5,12)	3,51 (4,68)
Característica do professor/escola									
Materiais da sala de aula	−0,69 (−0,92)	1,13 (1,48)	1,96 (1,85)	−0,38 (−0,62)	0,34 (0,46)	4,29 (2,75)	1,63 (1,93)	1,73 (4,81)	1,05 (3,03)
Aluno tem livro didático de linguagem	2,06 (0,63)	−3,12 (−0,95)	6,31 (1,48)	16,68 (2,47)	0,71 (0,20)	7,28 (0,65)	15,99 (2,13)	4,00 (2,01)	2,65 (1,43)

(continua)

TABELA 21 (continuação)

Variáveis	País								
	Argentina	Bolívia	Brasil	Chile	Colômbia	Cuba	México	Total	Total[a]
Formação docente[b]:									
Nível superior	-0,02 (-0,01)	-11,29 (-1,81)	0,05 (0,01)	2,35 (0,47)	0,60 (0,17)	10,15 (1,42)	1,96 (0,45)	7,16 (3,88)	1,70 (0,89)
Outra	17,04 (2,32)	22,38 (3,74)	0 —	0 —	-1,51 (-0,14)	0 —	0 —	12,33 (2,55)	14,68 (2,54)
Sessões de capacitação docente	0,91 (3,30)	-0,59 (-1,94)	0,40 (1,11)	-0,26 (-1,56)	-0,30 (-0,71)	0,17 (0,67)	-0,70 (-2,45)	-0,10 (-0,70)	0,87 (0,70)
Condição da sala de aula	-0,18 (-0,02)	12,93 (1,75)	-6,40 (-0,88)	9,13 (1,23)	0,15 (0,02)	4,29 (2,75)	1,13 (0,16)	7,42 (2,04)	6,66 (2,01)
Autonomia do diretor	-3,62 (-0,47)	1,47 (0,27)	0,98 (0,15)	9,27 (1,27)	6,86 (1,49)	-11,84 (-1,72)	-1,43 (-0,28)	2,67 (0,95)	2,55 (0,95)
Escola rural	-23,57 (-3,73)	-1,74 (-0,22)	0,05 (0,01)	10,96 (1,65)	-2,04 (-0,40)	-7,54 (-1,20)	-7,34 (-1,46)	-2,94 (-1,15)	-3,84 (-1,51)
Escola particular	9,27 (1,34)	0,34 (0,05)	-7,98 (-1,44)	-5,52 (-0,91)	-4,62 (-0,90)	0 —	7,54 (0,94)	-3,85 (-1,54)	-0,27 (-0,11)
Contexto social									
Aluno frequentou a pré-escola	0,20 (0,04)	0,46 (0,17)	1,96 (0,54)	3,21 (1,13)	-4,52 (-1,56)	0,27 (0,03)	7,04 (1,51)	0,23 (0,16)	-0,22 (0,15)
Trabalho fora de casa	-26,17 (-1,82)	-26,63 (-1,73)	-29,59 (-2,27)	-0,76 (-0,06)	-9,09 (-1,16)	21,22 (0,78)	-14,40 (-1,30)	-26,71 (-5,39)	-12,69 (-2,73)
Trabalho em casa	-5,66 (-0,40)	-22,06 (-1,04)	24,34 (1,90)	-5,40 (-0,30)	-8,47 (-0,82)	19,37 (1,22)	-4,26 (-0,29)	-1,53 (-0,29)	1,54 (0,27)
Crianças livres de trabalho	16,75 (1,18)	-12,82 (-0,81)	19,96 (1,36)	-10,10 (-0,68)	1,34 (0,17)	6,06 (0,64)	-14,07 (-1,45)	7,24 (1,60)	2,38 (0,48)

	Argentina	Bolívia	Brasil	Chile	Colômbia	Cuba	México	Pooled	Pooled
Brigas em sala de aula	-39,23 (-2,84)	-56,74 (-3,70)	7,22 (0,47)	-14,98 (-0,66)	-24,12 (-2,80)	-73,90 (-2,50)	3,56 (0,26)	-17,68 (-2,97)	-22,38 (-3,93)
Fator NSE (escola)	4,32 (0,78)	-0,65 (-0,14)	6,45 (1,24)	5,18 (0,85)	0,22 (0,06)	6,52 (0,97)	-9,76 (-1,74)	-2,67 (-1,43)	0,30 (0,15)
Variáveis dummy por país									
Argentina	—	—	—	—	—	—	—	—	-3,25 (-0,73)
Bolívia	—	—	—	—	—	—	—	—	-29,79 (-5,40)
Brasil	—	—	—	—	—	—	—	—	-5,91 (-1,23)
Chile	—	—	—	—	—	—	—	—	-2,38 (-0,50)
Colômbia	—	—	—	—	—	—	—	—	-12,33 (-2,52)
México[c]	—	—	—	—	—	—	—	—	-14,30 (-2,85)
Constante	243,27	327,31	77,75	100,00	112,93	9,17	101,61	115,72	129,43
Quantidade de salas de aula (clusters)	77	61	100	97	149	95	103	682	682
N	691	1.298	933	1.072	1.242	1.549	1.162	7.947	7.947
R^2	0,282	0,294	0,296	0,237	0,221	0,231	0,255	0,410	0,422

Observação: devido à natureza de *cluster* da amostra, um desvio-padrão robusto foi utilizado.
[a] Ajustados para as características de capital social e humano da família, condições da escola e diferenças de contexto social de Cuba.
[b] Categoria excluída se a formação docente é no ensino médio.
[c] Categoria excluída se o país é Cuba.

A equalização das médias das *variáveis escolares* aos níveis cubanos teve um efeito ainda menor na equalização do desempenho discente. As variáveis referentes à formação docente e aos materiais da sala de aula foram as mais importantes, mas seus efeitos na equalização das notas foram relativamente pequenos.

Exceto para o Chile, de longe o maior impacto sobre o desempenho dos alunos ocorreu quando as variáveis do capital social gerado pelo Estado foram equalizadas aos níveis cubanos. Isso sustenta nossa afirmação de que o contexto social cubano explica muito bem o motivo pelo qual os alunos cubanos tiraram notas muito mais altas na prova do Llece do que os alunos dos outros países. Em geral, os maiores efeitos do contexto social vêm das variáveis "trabalho fora de casa" e "brigas em sala de aula". É muito pouco provável que os alunos cubanos trabalhem e o trabalho tem um impacto relativamente grande e significativo sobre o desempenho dos alunos em todos os países, exceto no Chile. Se os alunos dos outros países trabalhassem fora de casa na mesma baixa porcentagem dos alunos cubanos, seu desempenho deveria crescer de forma apreciável. O efeito positivo e potencialmente amplo sobre esse desempenho em relação a uma porcentagem baixa de crianças trabalhando fora de casa precisa ser salientado, principalmente pelo fato de que Cuba não é um país rico em termos de renda per capita.

A variável referente a brigas em sala de aula também apresentou um grande impacto: foi maior na Argentina, na Bolívia e no México. Essa variável pode refletir a qualidade da gestão da sala de aula, mas consideramos que, mais provavelmente, reflete problemas sociais subjacentes da vida das crianças que chegam à escola, incluindo nutrição deficiente, o que as torna menos capazes de ficar quietas e aumenta a probabilidade de conflitos entre os alunos. Os efeitos relativamente grandes sobre o desempenho deles com respeito à redução do trabalho infantil e dos distúrbios em sala de aula indicam que, quando uma grande parcela de crianças proveem de famílias de baixa renda, as políticas sociais associadas à redução da extrema pobreza podem ter um impacto significativo sobre o desempenho do aluno médio na escola.

No Brasil, o aumento do nível socioeconômico (NSE) escolar (sala de aula) médio aos níveis cubanos também nivelaria substancialmente o desempenho, tanto em matemática, como em português, em parte porque o fator NSE cubano é muito maior que o brasileiro. Igualmente importante, o coeficiente brasileiro referente ao fator NSE é grande. Isso sugere que no Brasil, o NSE médio da escola está fortemente relacionado ao desempenho médio da escola. Temos consciência de que somente parte do efeito do NSE médio pode ser atribuído ao capital social; assim, também apresentamos o efeito do capital social coletivo sem incluir o efeito da equalização do NSE escolar nas médias cubanas. Mesmo a exclusão disto, no entanto, deixa as variáveis do contexto social muito mais importantes do que a origem familiar e as variáveis escolares, na explicação da diferença entre os países e Cuba, exceto no caso chileno.

A AUTONOMIA DO DIRETOR REPRESENTA UM EFEITO DA ESCOLA PARTICULAR?

Embora uma porcentagem relativamente grande dos alunos da amostra de cada país que participou do estudo do Llece, exceto Cuba, frequentasse escolas particulares, os únicos efeitos positivos da escola particular foram observados nas estimativas de desempenho da quarta série argentina (Tabela 18)[3]. No entanto, há coeficientes de autonomia do diretor muito grandes e significativos no Brasil, no Chile e nas estimativas de matemática da amostra total boliviana (o coeficiente chileno também é significativo nas estimativas da quarta série — Tabela 20). É possível, portanto, que a variável referente à autonomia do diretor seja principalmente um efeito da escola particular. Isso sustentaria o argumento de que as escolas que funcionam em um mercado dão aos seus diretores mais autonomia e que essa autonomia, por sua vez, produz um desempenho dos alunos maior. Também é possível que outros efeitos do contexto social sejam igualmente efeitos da escola particular, no sentido de que o efeito do contexto social, como um todo, está captando as diferenças de contexto social que se obtêm principalmente entre as escolas particulares e públicas. Junto com a autonomia do diretor, isso sustentaria o argumento de que as sociedades que optam por oferecer escolhas aos pais e por maior diferenciação social (uma economia e uma sociedade menos reguladas) provavelmente têm uma porcentagem muito maior de alunos em escolas particulares e uma grande e significativa diferença de desempenho entre alunos das escolas particulares e públicas, mesmo quando o NSE individual ou a nota da prova da terceira série são levados em consideração.

Para testar essa hipótese, estimamos as equações relativas a matemática e linguagem para quarta série, com a variável referente à escola particular (controle para características do aluno/família e nota média da terceira série) e, em seguida, incluímos sequencialmente a autonomia do diretor, outras variáveis escolares e as variáveis referentes ao contexto social. Constatamos que, quando somente as características da família foram incluídas, o efeito da escola particular foi, em geral, grande, positivo e significativo na Argentina e na Bolívia. Esse valor agregado relativo a escolas particulares foi negativo nos outros países. Ao se adicionar a autonomia do diretor, não ocorreram muitas mudanças — exceto na equação relativa a matemática, no Chile — o coeficiente correspondente à escola particular continuou negativo. Ao se adicionar as variáveis referentes aos contextos social e escolar, o efeito geral foi o de reduzir o tamanho e a importância dos coeficientes positivos (principalmente na Bolívia) e deixar os coeficientes negativos dos outros países ainda mais negativos. Portanto, a autonomia do diretor apresenta pouco impacto sobre o coeficiente da escola particular. Para detalhes, ver a versão eletrônica de Carnoy e Marshall 2005, localizada em http://www.journals.uchicago.edu/CER/journal/issues/v49n2/490205/490205.html.

ANEXO B

DEFINIÇÕES DOS TERMOS UTILIZADOS NO CAPÍTULO 6 E GUIA DE ANÁLISE DE TAREFAS

DEFINIÇÃO DOS TERMOS UTILIZADOS NO CAPÍTULO 6

Tipo de segmento	Definição
1. Trabalho individual em classe	Os alunos estão sentados individualmente e trabalhando.
1a. Copiando instruções/problemas	Os alunos estão copiando da lousa.
1b. Solucionando problemas individualmente — professor circulando	O professor está circulando pela sala, observando o trabalho individual e ocasionalmente fazendo comentários.
1c. Solucionando problemas individualmente — professor em outra tarefa	O professor está na mesa ou na lousa enquanto os alunos trabalham individualmente.
1d. Corrigindo o trabalho individualmente (trabalhando)	O professor está circulando pela sala, corrigindo trabalhos individuais, enquanto os outros alunos continuam trabalhando.
1e. Corrigindo o trabalho individualmente (parado)	O professor está circulando pela sala, corrigindo trabalhos individuais, enquanto os outros alunos aguardam sua vez.
2. Atividade oral em classe	Os alunos respondem ao professor e interagem com ele de diversas maneiras.
2a. Perguntas e respostas — indivíduos de toda a classe	Os alunos respondem ao professor individualmente, mas são escolhidos diante da classe toda, que escuta cada resposta.
2b. Perguntas e respostas — demonstração/revisão/trabalhando com o coro da classe inteira	Os alunos respondem às perguntas em coro.

2c. Perguntas e respostas — grupos relatando	Grupos relatam suas respostas/resultados, enquanto os outros grupos ouvem.
2d. Indivíduo/toda a classe lê oralmente	Um aluno individual ou toda a classe (em coro) lê um trecho escrito, em voz alta.
2e. Solução na lousa	Aluno(s) individual(is) trabalha(m) na lousa, enquanto os outros observam.
3. Trabalho em grupo	Os alunos estão arranjados em grupo.
3a. Indivíduo solucionando (quieto) — professor circulando	Os estudantes estão em grupos, mas estão trabalhando individualmente, sem nenhuma interação (quietos), enquanto o professor circula. Mesmo que 1b.
3b. Indivíduo solucionando (quieto) — professor em outra tarefa	Mesmo que 1c, só que os alunos estão sentados em grupos.
3c. Indivíduo solucionando (conversando) — professor circulando	Os alunos estão trabalhando individualmente nos problemas ou nas atividades e falando entre si, formulando perguntas ou dando exemplos. Mas não estão trabalhando juntos nos mesmos problemas ou preparando uma resposta comum.
3d. Indivíduo solucionando (conversando) — professor em outra tarefa	Mesmo que 3c, só que o professor não está circulando.
3e. Discussão em grupo	O grupo está tendo uma discussão geral sobre o problema, como a divisão do trabalho a ser feito ou a leitura do problema em voz alta para uma melhor compreensão.
3f. Solução em grupo	Os alunos estão trabalhando juntos para solucionar o problema e estão, de fato, trabalhando no problema ou debatendo qual é o método e/ou a resposta corretos.
3g. Corrigindo o trabalho em grupo (trabalhando)	Grupos trabalhando enquanto o professor circula, corrigindo o trabalho.
3h. Corrigindo o trabalho em grupo (parado)	Mesmo que 3g, só que os grupos estão parados e esperando a correção do trabalho.
4. Instrução, demonstrações, palestra, revisão com toda a classe (somente o professor)	Segmento dominado pelo professor, onde os alunos estão parados e o professor está dando instruções, uma demonstração, uma palestra, lendo em voz alta etc.
5. Transição	Tempo entre os segmentos, quando os alunos colocam de lado os livros, rearranjam as carteiras, voltam para seus lugares etc.
6. Interrupção/disciplina	Interrupção do segmento devido a ação externa (por exemplo: outro professor abre a porta para perguntar alguma coisa) ou por medida disciplinar.

7. Engajamento (grau de atenção de todos os alunos à tarefa, em períodos diferentes da aula)
  Não engajados: diversos casos de conversas laterais, brincadeiras, distanciamento; sentido geral de falta de compromisso.
  Moderadamente engajados: alguns alunos fazem a tarefa, alguns não; difícil dizer se os outros estão ou não.

Engajados: quase todos os estudantes estão fazendo a tarefa ou, no mínimo, estão prestando atenção ao que está acontecendo, sem necessariamente participarem de forma ativa.

Muito engajados: quase todos estão muito envolvidos, trabalhando e/ou discutindo com os membros do grupo. No caso do grupo todo, participando ativamente da atividade oral em classe, levantando as mãos, observando os outros.

Minutos
10	___ Não engajados	___ Moderadamente engajados	___ Engajados	___ Muito engajados
20	___ Não engajados	___ Moderadamente engajados	___ Engajados	___ Muito engajados
30	___ Não engajados	___ Moderadamente engajados	___ Engajados	___ Muito engajados
40	___ Não engajados	___ Moderadamente engajados	___ Engajados	___ Muito engajados
50	___ Não engajados	___ Moderadamente engajados	___ Engajados	___ Muito engajados
60	___ Não engajados	___ Moderadamente engajados	___ Engajados	___ Muito engajados

8. A aula inclui
   ___ Revisão do trabalho concluído hoje
   ___ Correção de algum trabalho
   ___ Correção do trabalho de todos
   ___ Dever de casa
   ___ Não é possível informar sobre dever de casa

9. Tipos de perguntas utilizadas em atividade oral em classe (no caso de classificação múltipla, em ordem de mais frequente para menos frequente):
   ___ Muito poucas perguntas (ou nenhuma) formuladas aos alunos.
   ___ Perguntas simples, repetitivas, para os indivíduos ou o coro (operações básicas, sim/não etc.).
   ___ Dar exemplos, respostas curtas.
   ___ Conceitual (descrever processo, explicar a resposta).

10. Nível geral de disciplina
    ___ Baixo (diversos casos de alunos falando fora da vez, conversando quando o professor formula uma pergunta, levantando-se e circulando pela classe, fazendo brincadeiras, não sentando nem parando de falar mesmo diante de apelos insistentes do professor etc.).
    ___ Adequado (alguns casos de alunos falando fora da vez e circulando pela classe; o professor nem sempre é obedecido imediatamente).
    ___ Bom (poucos casos de conversas, brincadeiras, circulação pela classe; mas os alunos respondem rapidamente aos pedidos do professor para parar).
    ___ Alto (os alunos são muito quietos ou as discussões são ordeiras; o professor não precisa pedir silêncio etc.).

11. Atividade iniciada pelo aluno
    ___ Nenhuma (classe dirigida pelo professor; os alunos observam o professor e há muito pouca interação [engajada] entre os alunos; a interação professor-aluno é constituída de perguntas simples, formuladas aos indivíduos ou ao coro de toda a classe).
    ___ Os alunos fazem algumas perguntas para esclarecimento, levantam as mãos, mas, em geral, é uma classe centrada no professor.
    ___ Os alunos fazem perguntas livremente, abordam o professor fisicamente, formulam/ respondem perguntas entre si.
    ___ Classe centrada nos alunos, distinguida por um alto grau de controle dos alunos da discussão, formulando e respondendo perguntas entre si; o professor é principalmente um supervisor da discussão, não a conduz.

12. Material escrito/materiais manipuláveis
1. Atividades preparadas ____ Não ____ Sim
2. Dever de casa preparado ____ Não ____ Sim ____ Não é possível informar
3. Materiais escritos usados
   3.1 Livro didático ____ Não ____ Sim
   3.2 Caderno de anotações ____ Não ____ Sim
   3.3 Outros ____ Não ____ Sim
4. Materiais manipuláveis usados
   4.1 Materiais de contar ____ Não ____ Sim
   4.2 Formas ____ Não ____ Sim
   4.3 Jogos/atividades de aprendizagem ____ Não ____ Sim
   Descrever: _____
   4.4 Outros _____

13. Instalação física
   1. Espaço (o recinto é suficientemente grande)
      ____ Insatisfatório ____ Adequado ____ Bom ____ Excelente
   2. Iluminação
      ____ Insatisfatória ____ Adequada ____ Boa ____ Excelente
   3. Carteiras (número suficiente, espaço)
      ____ Insatisfatórias ____ Adequadas ____ Boas ____ Excelentes
   4. Som (ruído externo, ressonância)
      ____ Insatisfatório ____ Adequado ____ Bom ____ Excelente

14. Há coisas feitas pelos alunos nas paredes?
   ____ Nenhuma
   ____ Poucas
   ____ Muitas
   ____ Não é possível informar

GUIA DE ANÁLISE DA TAREFA[1]

Demandas de nível inferior

Tarefas de memorização

- Envolvem a reprodução de fatos, regras, fórmulas ou definições previamente aprendidos OU a memorização de fatos, regras, fórmulas ou definições.
- Não podem ser solucionadas com procedimentos, porque não existe um procedimento ou porque o tempo para completar a tarefa é muito curto para o uso de um procedimento.
- Não são ambíguas: essas tarefas envolvem a reprodução exata da matéria aprendida e o que deve ser reproduzido é claro e diretamente expresso.

- Não têm ligação com os conceitos ou significados que fundamentam os fatos, as regras, as fórmulas e as definições sendo aprendidas ou reproduzidas.

Procedimentos sem tarefas de conexão
- São algorítmicos. A utilização do procedimento é especificamente preconizada ou sua utilização é evidente, com base em prévia instrução, experiência ou localização da tarefa.
- Requerem demanda cognitiva limitada para a conclusão bem-sucedida. Há pouca ambiguidade sobre o que precisa ser feito e como fazer.
- Não possuem conexão com os conceitos ou significados, que fundamentam o procedimento sendo utilizado.
- São focados na produção de respostas corretas e não no desenvolvimento da compreensão da matemática.
- Não requerem explicações ou pedem explicações focadas somente na descrição do procedimento utilizado.

Demandas de nível superior

Procedimentos com tarefas de conexão
- Focam a atenção dos alunos na utilização de procedimentos, com o objetivo de desenvolver níveis mais profundos de compreensão dos conceitos e ideias da matemática.
- Indicam caminhos a seguir (explícita ou implicitamente) por meio de amplos procedimentos gerais, que têm estreita ligação com as ideias conceituais subjacentes, em contraste com os algoritmos restritos, que são opacos com respeito aos conceitos subjacentes.
- Em geral, são representados de maneiras múltiplas (por exemplo: diagramas visuais, materiais manipuláveis, símbolos, situações de problema). A criação de conexões entre representações múltiplas ajuda a desenvolver o sentido.

- Requerem certo grau de esforço cognitivo. Embora procedimentos gerais possam ser seguidos, não o podem ser descuidadamente. Os alunos devem envolver-se com as ideias conceituais, que fundamentam os procedimentos, a fim de completar com sucesso a tarefa e desenvolver a compreensão.

Fazer matemática
- Requerem raciocínio complexo e não algorítmico (isto é, não há uma abordagem ou um caminho previsível e bem ensaiado, explicitamente sugerido pela tarefa, pelas instruções da tarefa ou por um exemplo formulado).
- Requerem alunos que investiguem e compreendam a natureza dos conceitos, processos ou relacionamentos matemáticos.
- Demandam autocontrole ou autorregulação dos processos cognitivos pessoais.
- Requerem alunos que acessem o conhecimento e as experiências relevantes, e que façam uso apropriado deles, trabalhando na tarefa.
- Requerem alunos que analisem a tarefa e que examinem de forma ativa as restrições que podem limitar as possíveis estratégias de solução e as soluções.
- Requerem considerável esforço cognitivo, podendo envolver algum nível de ansiedade para o aluno, em decorrência da natureza imprevisível do processo de solução requerido.

NOTAS

CAPÍTULO 1

1. Na prática, a divisão entre esses dois tipos de pedagogia é muitas vezes artificial. O bom ensino é uma combinação de estilos e métodos. Sem dúvida, os alunos devem aprender habilidades básicas para se tornarem bons na solução de problemas e bons leitores. A melhor maneira de ensinar habilidades básicas varia de criança para criança e bons professores incorporam muitos métodos de ensino diferentes. Um bom parâmetro curricular é importante para o ensino, em qualquer método. Além disso, quanto mais o professor conhece o conteúdo, mais provavelmente conseguirá utilizar diversos métodos. Por isso, ao analisarmos o ensino em sala de aula nos três países, *não* utilizamos em nossa análise a divisão construtivista/centrada no professor.

2. Por exemplo, Bruce Fuller *et al.* (1999).

3. Os pesquisadores da Terceira Pesquisa Internacional em Matemática e Ciência (Timss, na sigla em inglês) realizaram macroanálises usando dados dessa pesquisa (Schmidt *et al.*, 2001). Outros pesquisadores filmaram aulas de matemática da oitava série em diversos países e compararam os métodos de ensino a partir desses vídeos (Stigler *et al.*, 1999). No entanto, o foco dos dois estudos limita-se principalmente pelo impacto do currículo e de sua aplicação na sala de aula. Nossa análise é muito mais ampla, ligando contexto social, organização do sistema escolar e aplicações em sala de aula.

CAPÍTULO 2

1. Em um estudo que compara a prova dos alunos na Argentina, no Chile e no Uruguai, Benveniste revela que o uso de avaliações de desempenho discente em um país é muito influenciado pela política subjacente da oferta de educação pelo Estado (Benveniste, 2003).

2. A evidência sobre o desempenho acadêmico é confusa, mas há cada vez mais indícios de que os benefícios econômicos para a sociedade decorrentes de uma pré-escola de qualidade são enormes. A pesquisa nos Estados Unidos utilizou dados de experimentos de campo, em que crianças de baixa renda com pré-escola foram comparadas ao longo do tempo com um grupo de controle sem pré-escola; os achados indicam somente pequenas diferenças no desempenho acadêmico posterior, mas benefícios muito grandes na maior probabilidade de graduação no ensino médio, menores índices de prisão e menor probabilidade de depender da assistência social (Karoly, Kilburn e Cannon, 2005).

3. A brecha de desempenho entre alunos brancos e negros, nas escolas do Departamento de Defesa dos Estados Unidos, é metade da referente às das outras escolas, em todo o país.

4. Para uma discussão brilhante do debate do século XVIII sobre essa questão, ver Hirschman (1977).

CAPÍTULO 3

1. Ver, por exemplo, um antigo estudo de Heyneman e Loxley (1982) sobre os resultados da prova de ciência da Avaliação Educacional Internacional (IEA, na sigla em inglês), da década de 1970, que sustentou que as variáveis referentes à origem socioeconômica são importantes para explicar os resultados dos alunos nos países desenvolvidos, enquanto as variáveis escolares são mais importantes para explicar os resultados dos alunos nos países em desenvolvimento. Ver também a recente obra da OCDE sobre a prova do Pisa (OCDE, 2003), e Willms e Somers (1999, 2001), que analisa os dados latino-americanos, o objeto de nosso estudo. Willms e Somers fazem análises semelhantes às que fazemos aqui. A diferença principal é que eles tendem a comparar o impacto das diversas variáveis através dos países, em vez de focar sobre o conjunto de variáveis que provavelmente é responsável pelas diferenças entre o desempenho dos alunos

cubano e o dos outros países. O leitor interessado também deve consultar a obra de Willms e Somers para percepções adicionais a respeito das comparações de desempenho educacional entre os países latino-americanos.

2. A melhor análise desse problema é de Henry Levin (1980).

3. Temos plena consciência de que o termo *nível socioeconômico* (NSE), em vez de *classe social*, emergiu na literatura como uma terminologia funcionalista social, para substituir a discussão histórica do termo *classe* (ver, por exemplo, Parsons, 1977). Na teoria marxista, a classe social está enraizada nas relações sociais de produção, de modo que "classe", nas sociedades capitalistas, é identificada com a relação individual ou familiar com a propriedade dos meios de produção (Wright, 1977). No entanto, à medida que os trabalhadores nas sociedades capitalistas conquistaram mais poder político, o argumento perdeu sentido. A definição marxista de classe ficou menos pertinente; em particular, não percebeu diferenças socioeconômicas significativas dentro da classe trabalhadora, diferenças que foram além da ideia de Marx e Engels de proletariado e *lumpen* proletariado. Como, na teoria marxista, o socialismo elimina as classes sociais, essa definição também não percebeu as diferenças socioeconômicas nas sociedades dos Estados socialistas (ver, por exemplo, Bahro, 1990). Em nosso estudo, no entanto, não abandonamos a ideia de que o nível socioeconômico, ou NSE, possui significado distinto em sociedades com organização social ou econômica diferente.

4. Em uma recente dissertação de doutorado, o sociólogo uruguaio Tabaré Fernández desenvolveu um argumento similar, no contexto da relativa reprodução da estrutura de classe pelo sistema educacional em quatro países latino-americanos: Argentina, Chile, México e Uruguai (Fernández, 2004).

5. Nessa concepção, as famílias que se mudam com frequência, por exemplo, apresentam menos capital social fora da família do que aquelas que ficam no mesmo lugar. Outros pesquisadores chamaram isso de "efeitos de vizinhança" (Jencks e Mayer, 1990).

6. Observamos que foram/são ajudados por estruturas familiares (relativamente autoritárias), que depositam alto valor no sucesso acadêmico.

7. Isso suscita a importante questão sobre se sociedades capitalistas democráticas muito reguladoras e que enfatizam valores socialistas ou comunais, como é o caso dos países escandinavos, têm educação de melhor qualidade por causa da relativa igualdade social e da ênfase sobre a responsabilidade coletiva que as caracterizam (ver, por exemplo, Castells e Himanen, 2002). Os eleitores dessas sociedades optaram voluntariamente por um contexto social altamente regulado. A OCDE parece assumir a posição de que a maior igualdade na oferta

da educação é uma explicação importante para o melhor desempenho na prova do Pisa (OCDE, 2003). Há indícios de que o ensino em condições socialistas de mini-Estado, como é o caso das bases militares estadunidenses, parece ser muito mais eficaz para alunos de minorias do que as escolas da sociedade civil dos Estados Unidos (Smrekar *et al.*, 2001).

8. Em geral, os pesquisadores constatam efeitos negativos significativos sobre o desempenho de alunos que mudam de escola durante, por exemplo, o ensino primário, principalmente para crianças de famílias de baixa renda (Coleman, 1988; ver também Rumberger, 2003).

CAPÍTULO 4

O material deste capítulo apareceu inicialmente na *Comparative Education Review*, de 2005. Esse material foi reimpresso aqui por permissão da Sociedade para a Educação Internacional e Comparativa. *Comparative Education Review*, v. 49, n. 2 © 2005, Comparative and International Education Society. Todos os direitos reservados.

1. Para pesquisa qualitativa mais antiga, que focaliza a educação cubana, ver Carnoy e Werthein (1980) e Gasperini (2000).

2. Comparações entre estados ou províncias, dentro do mesmo país, poderão captar essas diferenças se houver bastante variação dentro do país e se o sistema educacional e de serviço social for suficientemente descentralizado. Os Estados Unidos, o Brasil e a Alemanha são exemplos de países com sistemas de educação relativamente descentralizados e com alguma variação na maneira pela qual os estados lidam com a desigualdade social.

3. Um estudo importante das escolas rurais brasileiras coletou dados longitudinais sobre alunos, escolas e professores, entre 1982 e 1986, e identificou diversas variáveis de interesse político (como materiais de aprendizagem e o "*hardware*" da escola), que não eram apenas determinantes significativas do desempenho, mas também pareciam ser intervenções educacionais com boa relação custo-benefício (Harbison e Hanushek, 1992). Em outro estudo ambicioso, usando dados brasileiros, Bruce Fuller e uma equipe de brasileiros avaliaram notas de prova e variáveis referentes a insumos convencionais, e também observaram salas de aula, filmaram professores lecionando e fizeram longas entrevistas com professores (Fuller *et al.*, 1999). Suas descobertas mostraram

que é importante levar em conta a metodologia de ensino quando se consideram os determinantes do desempenho acadêmico.

4. Estimamos as seguintes equações para cada país:

$$A = \alpha + \beta X + \delta P + \varphi S + \gamma G + \mu, \qquad (1)$$

onde A é o desempenho dos alunos medido na terceira ou na quarta série; X é um vetor dos insumos escolares; P é um vetor das características do aluno e da família do aluno; S é um vetor das variáveis proxies do contexto social refletido no nível da escola; G é uma variável *dummy* da série em que o aluno foi testado (terceira ou quarta séries); e μ é o erro. Como alternativa, estimamos o desempenho da quarta série (A') como a variável dependente, assumindo o desempenho médio da terceira série (M) na escola como uma variável independente.

$$A' = \alpha' + \beta'X + \delta'P + \varphi'S + \eta M + \mu' \qquad (2)$$

Nosso método de estimativa está sujeito a esta crítica: com observações multinível (agrupamentos de alunos dentro das escolas), deveríamos utilizar a modelagem multinível e nossas estimativas dos mínimos quadrados ordinários (MQO) condicionarão obrigatoriamente os erros (embora não os próprios coeficientes de regressão). Ao utilizar desvios-padrão robustos, que consideram a correlação intra-*cluster*, podemos lidar com a questão do desvio-padrão. Os modelos multinível são particularmente úteis para o estudo da interação, pois permitem que as curvas variem por escola. No entanto, para a segunda fase da nossa análise (a simulação do desempenho dos alunos), estamos interessados principalmente no efeito médio de cada variável sobre o desempenho e estamos menos preocupados com a variação dos parâmetros dentro de cada país. Para efeito de comparação, estimamos esses modelos usando o programa de modelo hierárquico linear (HLM, na sigla em inglês) e os resultados não são muito diferentes (ver também Willms e Somers, 2001).

5. Há cada vez mais indícios de que os professores do ensino fundamental na América Latina recebem muito poucos cursos adicionais, ou nenhum, de matemática e linguagem, na sua formação superior inicial (ver OCDE, 2003). Portanto, se o conhecimento do conteúdo da disciplina é importante para incrementar a aprendizagem dos alunos, uma parcela maior de professores com formação docente universitária pode não ter o impacto esperado em relação a quanto os alunos aprendem.

6. A análise fatorial foi realizada usando médias escolares para educação dos pais e prestígio profissional; identificamos um fator que é responsável por 61% da variância. As cargas foram de 0,83 para educação dos pais e de 0,81 para prestígio profissional.

7. Naturalmente, o trabalho na propriedade rural familiar é uma atividade comum para as crianças no campo, mesmo nos países desenvolvidos, mas isso ainda expressa necessidades econômicas familiares e uma cultura persistente de utilização do trabalho infantil.

8. A pesquisa do Llece perguntou aos alunos se eles trabalham raramente, ocasionalmente ou frequentemente. A variável "livre de trabalho" perguntou-lhes se eles fazem o que decidem fazer quando não estão na escola. Para manter o número de casos em cada país, recodificamos para 1 (trabalho raramente) todas as respostas que faltavam. Isso gera o resultado não realista de que aqueles que não responderam a pergunta, trabalham raramente. Quando comparamos as características das crianças cujos dados estavam faltando, em todos os países, exceto Cuba, elas parecem ser de famílias de NSE mais baixo. Portanto, em todos os países, exceto Cuba, as crianças que não responderam estão provavelmente trabalhando mais e não menos. No entanto, as respostas ausentes constituem uma proporção muito pequena da amostra total. Por outro lado, uma porcentagem relativamente alta de crianças cubanas não respondeu à pergunta sobre o trabalho fora de casa; no entanto, suas características de NSE são muito semelhantes à média da amostra. Em Cuba, uma porcentagem muito pequena de crianças relatou o trabalho fora de casa. Portanto, estamos quase com certeza sobre terreno sólido ao recodificar as respostas ausentes como "raramente".

9. Também é possível que professores e alunos de sociedades mais violentas sejam mais propensos a ser violentos entre si. Não temos indicadores da violência professor-aluno, mas evidências anedóticas indicam que a violência nas escolas não está limitada aos alunos.

10. Somamos os valores ordinais das respostas individuais para o trabalho infantil fora de casa (uma *proxy* de renda familiar), a educação dos pais e a quantidade de livros em casa e calculamos a média desse índice entre todos os alunos, em cada escola da amostra, para obter um fator médio escolar.

11. Como é o caso de todas as nossas variáveis, quanto maior a variância em uma variável específica, maior supomos que seja o coeficiente estimado desta variável, mantendo os outros fatores constantes. Esperaríamos, por exemplo, um maior efeito dos pares sobre o desempenho de cada aluno quando os estudantes estão mais divididos entre escolas de "qualidade" diferente, por características

da origem socioeconômica dos alunos. Consideremos a situação em que alunos de diferentes NSE estão distribuídos aleatoriamente entre as escolas e as salas de aula. O coeficiente de grupo seria zero. Quanto maior a segregação por NSE através das escolas, maior o efeito dos pares, desde que os alunos aprendam mais quando cercados por colegas com NSE mais alto (e provavelmente com melhor capacidade acadêmica). Se o coeficiente do NSE médio for grande e positivo, um pequeno incremento do NSE escolar médio poderá ter um impacto grande sobre o desempenho médio dos alunos. No entanto, se o coeficiente for pequeno, isso significa que a maneira pela qual os alunos estão agrupados na escola terá pouco efeito sobre o quanto eles aprendem. Isso pode resultar da distribuição de classe social razoavelmente igual dos alunos através das escolas, uma vez que as diferenças entre rural e urbano e escola pública e escola particular, nas notas da prova, sejam levadas em conta, ou pode resultar dos padrões acadêmicos homogeneamente altos ou baixos em todas as escolas, independentemente da classe social média.

12. Para essa metodologia, ver Oaxaca (1973) e Carnoy (1994). Embora os dois estudos simulem renda, a metodologia é aplicável a outros tipos de variáveis dependentes, como desempenho dos alunos.

13. Também é possível simular a contribuição da "eficácia" do ensino através dos países, comparando os resultados do desempenho quando os coeficientes cubanos são aplicados aos "recursos" médios de cada um dos outros países. Fizemos essas estimativas e podemos disponibilizá-las aos leitores interessados.

14. As equações estimadas e a discussão técnica dos resultados são apresentadas no Anexo A (Tabelas 18 e 19).

15. Os leitores interessados nas estimativas por trás das Figuras 2, 3, 4 e 5 devem consultar a versão eletrônica de Carnoy e Marshall, 2005, localizada em http://www.journals.uchicago.edu/CER/journal/issues/v49n2/490205/490205.html.

16. É importante observar, contudo, que todos esses resultados podem estar sujeitos ao viés de variáveis omitidas. Ou seja, Cuba pode ter tomado iniciativas bem-sucedidas para reduzir o trabalho infantil e também pode ter formado professores muito bons, variáveis que são avaliadas insatisfatoriamente na pesquisa do Llece. A correlação observada entre baixo volume de trabalho infantil e notas da prova pode indicar que essa é uma boa política (a redução do trabalho infantil), quando, na realidade, essa relação é muito artificial e, ao contrário, é induzida pelo impacto do bom professor, que também está correlacionado com níveis baixos de trabalho infantil. Pode não ser a falta de trabalho infantil em si

que esteja induzindo notas de prova mais altas, mas, ao contrário, um leque de coisas que não estamos medindo bem (principalmente as variáveis que lidam com a qualidade docente), que também estão correlacionadas (especialmente em Cuba, mas também em outros países) com níveis menores de trabalho infantil. Em um sentido estrutural, nosso argumento sobre o capital social cubano continuaria correto: Cuba faz diversas coisas que melhoram o desempenho dos alunos. No entanto, à medida que consideramos componentes específicos, surge a questão sobre se esses componentes seriam as verdadeiras variáveis políticas responsáveis.

CAPÍTULO 5

1. Esse é um esquema da transmissão educacional pelo Estado e, conscientemente, não inclui a influência dos pais, que, em diversos graus, afeta as políticas ministeriais, a prática escolar e os resultados dos alunos. A figura pretende representar as principais variáveis que influenciam os resultados, *controlando pela* origem socioeconômica dos pais. Os resultados dos alunos incluem suas notas, assim como a frequência, a promoção e o progresso dos alunos.

2. Em uma análise dos dados da *Carrera Magisterial*, no Distrito Federal do México (Cidade do México), Lucrecia Santibañez constatou que o conhecimento do conteúdo da disciplina era a única parte da avaliação docente que tinha um efeito significativo sobre os ganhos nas notas da prova dos alunos (Santibañez, 2002). Esses resultados foram confirmados em outro estudo, de Thomas Luschei, nos estados de Aguas Calientes e Sonora (Luschei, 2005).

3. De acordo com o documento do Ministério da Educação, as notas de ingresso dos que estudam para ser professor da pré-escola subiram 6%, em quatro anos; para ser professor do ensino fundamental, 8%; e para ser professor do ensino médio, 10% (OCDE, 2003).

4. O ministério selecionou *emergentes* entre os melhores formados do ensino médio em algumas províncias, oferecendo-lhes ingresso no programa de formação universitária em humanas, a ser concluído enquanto eles ensinavam no segundo ciclo do ensino fundamental. Seus contratos de trabalho são de cinco anos. Os alunos foram selecionados com base em seu desempenho acadêmico no ensino médio e mais a sua liderança social.

5. Por outro lado, há indícios no Brasil de que as notas médias da prova estão aumentando nas regiões de desempenho mais baixo, mas esse fato está

relacionado com a reforma do Fundef e não com o sistema de avaliação ou com a participação dos pais (Banco Mundial, 2001).

6. Esse é o caso geral, mas há diversas iniciativas para corrigir esse problema. No estado do Paraná, por exemplo, há uma vigorosa política de formação em serviço e de supervisão de novos professores. Assim, as conclusões gerais nem sempre são justificadas.

CAPÍTULO 6

1. Para uma definição de construtivismo, visitar o site http://www.cdli.ca/~elmurphy/emurphy/cle4.html.

2. Embora de maneira qualificada. Por exemplo: baixos níveis de disciplina podem ser indicativos de qualidade docente insatisfatória. No entanto, podem ser atribuíveis aos padrões comportamentais que os alunos trazem de suas famílias e comunidades.

3. Esse resultado deve ser interpretado com cuidado, pois temos somente uma única escola independente (particular paga) na amostra, combinada com escolas particulares subvencionadas.

CAPÍTULO 7

1. O argumento típico é que os três países anglo-saxões com distribuição de renda crescentemente desigual obtiveram uma média de crescimento maior do que a Europa continental, que manteve sua desigualdade de renda mais ou menos constante nos últimos 25 anos. Mas Coreia do Sul, Cingapura, China Popular e Taiwan, todos com desigualdade razoavelmente equivalente e apenas um pouco ascendente em distribuição de renda, têm apresentado crescimento econômico mais rápido que os países latino-americanos, cuja desigualdade é muito maior e crescente (ver Bourguignon, 2004).

2. Depois que o governo chileno se tornou democrático novamente, em 1990, reconheceu os efeitos negativos da crescente desigualdade no sistema escolar, como evidenciado pelo assim chamado Relatório Brunner (Comisión Nacional, 1995).

3. O Brasil, há muito tempo exige que os professores de quinta a oitava séries possuam um título universitário, mas somente recentemente está começando a exigir que os professores do primeiro ciclo do ensino fundamental tenham formação universitária. Como discutimos anteriormente, a maioria dos professores do primeiro ciclo do ensino fundamental possui somente formação no ensino médio e, nas regiões de baixa renda, uma maioria esmagadora possui formação docente no ensino médio ou inferior.

4. De uma perspectiva avaliatória, seria mais fácil avaliar a qualidade de professores específicos se eles tivessem um único grupo de alunos ao longo de muitos anos. Dado o sistema de verificação muito desenvolvido em um país como o Chile, se um único professor fosse responsável por um grupo, os resultados do desempenho do professor poderiam ser convertidos em um indicador "verdadeiro" da eficácia do professor em relação a um dado grupo. Os diretores poderiam avaliar os efeitos do desempenho dos alunos em relação a professores mais fracos e mais fortes e verificar se esses efeitos são acumulativos ao longo dos anos da escola primária. A supervisão também seria muito mais fácil se os dados estivessem disponíveis para professores que lecionam para o mesmo grupo no decorrer de um número maior de anos.

ANEXO A

1. Um dos "mistérios" dos resultados cubanos foi a pequena diferença entre as notas da prova da terceira e da quarta séries (em relação à mesma prova, mas com alunos diferentes realizando a prova). Uma explicação possível é que a prova foi suficientemente fácil para os alunos cubanos, que uma grande parcela de alunos da terceira e da quarta séries alcançou notas perfeitas, de modo que era difícil alcançar notas médias muito mais altas na quarta série. Isso é chamado de "efeito teto". Observamos o mesmo fenômeno na Bolívia, mas a explicação de "efeito teto" é altamente improvável nesse caso.

2. Também estimamos o quanto as notas dos alunos cubanos mudariam se suas características, escolar e do contexto social escolar, se igualassem à média dos outros países, mas os "benefícios" (coeficientes estimados) para essas estimativas cubanas continuassem os mesmos. No entanto, não relatamos esses resultados porque são muito menos interessantes no sentido político e são difíceis de interpretar.

3. Não fizemos distinções entre os diversos tipos de educação privada, pois não foi possível com esses dados, mas isso é evidente em outros estudos, como em McEwan e Carnoy (2000). Essa pesquisa examinou as diferenças de desempenho dos alunos entre escolas públicas, privadas seculares subvencionadas e privadas religiosas subvencionadas.

ANEXO B

1. Reimpresso com a permissão do editor. Mary Kay Stein, Margaret Schwan Smith, Marjorie A. Henningsen e Edward A. Silver, *Implementing Standards-Based Mathematics Instruction — A Casebook for Professional Development*, New York: Teachers College Press. Copyright © 2009 by Teachers College Press, Columbia University. Todos os direitos reservados.

REFERÊNCIAS

Abelman, Charles e Richard F. Elmore. *When Accountability Knocks, Will Anyone Answer?* Philadelphia: Consortium for Policy Research in Education, 1999.

Alcazar, Lorena, *et al. Why Are Teachers Absent? Probing Service Delivery in Peruvian Primary Schools.* Washington, DC: Banco Mundial, 2004.

Amsden, Alice. *Asia's Next Giant: South Korea and Late Industrialization.* New York: Oxford University Press, 1989.

Amsden, Alice e Wan-wen Chu. *Beyond Late Development: Taiwan's Upgrading Policies.* Cambridge, MA: MIT Press, 2003.

Aronson, Julie, Joy Zimmerman e Lisa Carlos. *Is It Just a Matter of Time?* San Francisco, CA: West Ed., 1998. http://www.wested.org/wested/papers/timeandlearning/2_history.html. Acessado em março de 2006.

Bahro, Rudolph. *Die Alternative: zur Kritik des real existierenden Sozialismus.* Berlin: Verlag Tribüne, 1990.

Baker, David P., Cornelius Riordan e Maryellen Schaub. The Effect of Sex-Grouped Schooling on Achievement: The Role of National Context. *Comparative Education Review,* 34(4): 468-482, 1995.

Benveniste, Luis. The Political Structuration of Assessment: Negotiating State Power and Legitimacy. *Comparative Education Review,* 46(1): 89-109, 2003.

Benveniste, Luis, Martin Carnoy e Richard Rothstein. *All Else Equal.* New York: Routledge, 2002.

Betts, Julian, Andrew Zau e Lorien Rice. *Determinants of Student Achievement: New Evidence from San Diego.* San Francisco: Public Policy Institute of California, 2003.

Bonjorno, José Roberto e Regina Azenha Bonjorno. *Matemática: Pode contar comigo 3.* São Paulo, Brasil: Editora FTD, 2001.

Bourdieu, Pierre e Claude Passeron. *Reproduction.* Beverly Hills, CA: Sage, 1977.

Bourguignon, François. The Poverty-Growth-Inequality Triangle. Washington, DC: Banco Mundial, 2004 (*mimeo*).

Bowies, Samuel e Henry M. Levin. The Determinants of Schooling Achievement: An Appraisal of Some Recent Evidence. *Journal of Human Resources,* 3(1): 3-24, 1968.

Brookover, Wilbur. *School Social Systems and Student Achievement.* New York: Praeger, 1979.

Brown, Michael K., Martin Carnoy, Elliott Currie, Troy Duster, David B. Oppenheimer, Marjorie M. Schultz e David Wellman. *Whitewashing Race.* Berkeley: University of California Press, 2003.

Bryk, Anthony S., Valerie Lee e Peter Holland. *Catholic Schools and the Common Good.* Cambridge, MA: Harvard University Press, 1993.

Bryk, Anthony e Barbara Sehneider. *Trust in Schools: A Core Resource for Improvement.* New York: Russell Sage Foundation, 2002.

Burns, R. B. How Time Is Used in Elementary Schools: The Activity Structure of Classrooms. *In*: L.W. Anderson, ed., *Time and School Learning.* London: Croom Helm, 1984.

Carnoy, Martin. *Faded Dreams.* New York: Cambridge University Press, 1994.

Carnoy, Martin. *Sustaining Flexibility.* Cambridge, MA: Harvard University Press, 2001.

Carnoy, Martin, Amber Gove, Susanna Loeb, Jeffery Marshall e Miguel Socias. How Schools and Students Respond to School Improvement Programs: The Case of Brazil's PDE. Stanford, CA: Escola de Educação da Universidade Stanford, 2006 (*mimeo*).

Carnoy, Martin, Cristián Cox, Gustavo Cosse e Enrique Martinez (eds.). *Las Lecciones de la Reforma Educativa en el Cono Sur Latinoamericano.* Buenos Aires: Ministerio de Educación, 2004.

Carnoy, Martin, Iliana Brodziak, Andres Molina e Miguel Socias. Do Teacher Pay Incentives Improve Student Achievement Gains? The Case of Chile's SNED. Stanford, CA: Escola de Educação da Universidade Stanford, 2005 (*mimeo*).

Carnoy, Martin e Jeffery Marshall. Cuba's Academic Performance in Comparative Perspective. *Comparative Education Review,* 49(2): 230-261, 2005.

Carnoy, Martin, Jeffery Marshall e Miguel Socias. How Do School Inputs Influence Math Scores: A Comparative Approach. Stanford, CA: Escola de Educação da Universidade Stanford, 2004 (*mimeo*).

Carnoy, Martin e Joel Samoff. *Education and Social Transition in the Third World.* Princeton, NJ: Princeton University Press, 1989.

Carnoy, Martin e Jorge Werthein. *Cuba: Cambio económico y reforma educativa, 1955-1978.* Mexico, D.F.: Editorial Nueva Imagen, 1980.

Carnoy, Martin, Richard Sack e Hans Thias. *The Payoff to Better Schooling: A Case Study of Tunisian Secondary Schools.* Washington, D.C.: Banco Mundial, 1977.

Carroll, J. B. A Model of School Learning. *Teachers College Record,* 64: 723-733, 1963.

Coleman, James S. Social Capital in the Creation of Human Capital. *The American Journal of Sociology,* 94, Supplement: S95-S120, 1988.

Coleman, James S. Choice, Community, and Future Schools. *In*: W. H. Clune e J. F. Witte, eds., *Choice and Control in American Education, Volume I: The Theory of Choice and Control in Education.* London: Falmer Press, 1990.

Coleman, James S., E. Campbell, C. Hobson, J. McPartland, A. Mood, F. Weinfeld e R. York. *Equal Educational Opportunity.* Washington, DC: U.S. Government Printing Office, 1966.

Coleman, James S. e T. Hoffer. *Public and Private High Schools. The Impact of Communities.* New York: Basic Books, 1987.

Coleman, James S., T. Hoffer e S. Kilgore. *High School Achievement: Public, Catholic, and Other Private Schools Compared.* New York: Basic Books, 1982.

Comisión Nacional para la Modernización de la Educación, Comité Técnico Asesor del Diálogo Nacional sobre la Modernización de la Educación Chilena. *Los Desafios de la Educación Chilena frente al siglo XXI.* Santiago: Editorial Universitaria, 1995.

Evans, Peter. *Embedded Autonomy: States and Industrial Transformation.* Princeton, NJ: Princeton University Press, 1995.

Fagan, Richard. *The Transformation of Political Power in Cuba.* Stanford, CA: Stanford University Press, 1969.

Fernández, Tabaré. *Distribución del conocimiento escolar: clases sociales, escuelas y sistema educativo en Latinoamérica.* Dissertação inédita de doutorado, El Colegio de Mexico, 2004.

Fuller, Bruce, L. Dellagnelo, A. Strath, E. Santana Barretto Bastos, M. Holanda Maia, K. S. Lopes de Matos, A. L. Portela e S. Lerche Vieira. How to Raise Children's Early Literacy: The Influence of Family, Teacher, and Classroom in Northeast Brazil. *Comparative Education Review*, 43(1): 1-35, 1999.

Gasperini, Lavinia. *The Cuban Education System: Lessons and Dilemmas.* Washington, DC: World Bank Country Studies in Education Reform and Management Publication Series, 1(5), 2000.

Glewwe, P. e H. Jacoby. Student Achievement and Schooling Choice in Low-Income Countries: Evidence from Ghana. *Journal of Human Resources*, 29(3): 843-864, 1994.

Gonzalez, Pablo. "Estructura Institucional, Recursos, y Gestión en el Sistema Escolar Chileno." Santiago: Ministerio de Educación, 2001 (*mimeo*).

Gove, Amber K. Neoclassical Economics and Higher Education Policy Formation in Chile and Britain. Monografia de mestrado, Escola de Educação da Universidade Stanford, 1997.

Gove, Amber K. The Optimizing Parent? Household Demand for Schooling and the Impact of a Conditional Cash Transfer Program on School Attendance and Achievement in Brazil. Dissertação inédita de doutorado, Escola de Educação da Universidade Stanford, 2005.

Hanushek, Eric A. The Economics of Schooling: Production and Efficiency in Public Schools. *Journal of Economic Literature*, 24(3): 1141-1177, 1986.

Harbison, Ralph A. e Eric A. Hanushek. *Educational Performance of the Poor: Evidence from the Rural Northeast of Brazil.* New York: Oxford University Press, 1992.

Heyneman, Steven e W. Alexander Loxley. Influences on Academic Achievement across High and Low Income Countries. *Sociology of Education*, 55(1): 13-21, 1981.

Hirschman, Albert O. *The Passions and the Interests.* Princeton, NJ: Princeton University Press, 1977.

Hsieh, Chang Tai e Miguel Urquiola. When Schools Compete, How Do They Compete? An Assessment of Chile's Nationwide Voucher Program. New York: National Center for the Study of Privatization, Occasional Paper No. 43, 2002.

Jencks, Christopher e Michelle Phillips, eds. *The Black-White Test Score Gap.* Washington, DC: Brookings Institution, 1998.

Jencks, Christopher e Susan E. Mayer. The Social Consequences of Growing Up in a Poor Neighborhood. *In*: Lawrence Lynn e Michael NcGeary, eds., *Inner-City Poverty in the United States*, Washington, DC: National Academies Press, p. 111-186, 1990.

Jimenez, Emmanuel e Yasuyuki Sawada. Do Community-Managed Schools Work? An Evaluation of El Salvador's EDUCO Program. *World Bank Economic Review*, 13(3): 415-441, 1990.

Karoly, Lynn, M. Rebecca Kilburn e Jill S. Cannon. *Early Childhood Interventions: Proven Results, Future Promise.* Santa Monica, CA: Rand Corporation, 2005.

Karweit, N. e R. E. Slavin. Measurement and Modeling Choices in Studies of Time and Learning. *American Educational Research Journal*, 18(2): 157-171, 1981.

Knight, John e Richard Sabot. *Education, Productivity, and Inequality.* Washington, DC: Banco Mundial e Oxford University Press, 1990.

Kremer, Michael, Karthik Muralidharan, Nazmul Chaudhury, Jeffrey Hammer e Halsey Rogers. *Teacher Absence in India.* Washington, DC: Banco Mundial, 2004.

Krueger, Alan. An Economist's View of Class Size Research. Princeton, NJ: Princeton University, Faculdade de Economia, 1999 (*mimeo*).

Laboratorio Latinoamericano de Evaluación de la Calidad de la Educación (Llece). *Primer Estudio International Comparativo sobre Lenguaje, Matemática y Factores Asociados en Tercero y Cuarto Grado.* Santiago: Unesco, 1998.

Levin, Henry. Educational Production Theory and Teacher Inputs. *In*: Charles Bidwell e Douglas Windham, eds. *The Analysis of Educational Productivity: Issues in Macroanalysis, Vol. II.* Cambridge, MA: Ballinger Press, 1980.

Levinson, Bradley. *We Are All Equal: Student Culture and Identity at a Mexican Secondary School, 1988-1998.* Durham, NC: Duke University Press, 2001.

Lockheed, Marlaine e Adrian Verspoor. *Improving Primary Education in Developing Countries.* Washington, DC: Oxford University Press e Banco Mundial, 1991.

Lockheed, Marlaine e Henry M. Levin. *,Effective Schools in Developing Countries.* London: Falmer Press, 1993.

Loeb, Susanna, M. Bridges, D. Bassok, B. Fuller e R. Rumberger. How Much Is Too Much? The Influence of Preschool Centers on Children's Development Nationwide. *Economics of Education Review*, 2007 (no prelo).

Luschei, Thomas. In Search of Good Teachers: Patterns of Teacher Quality in Two Mexican States. Dissertação inédita de doutorado, Escola de Educação da Universidade Stanford, 2005.

Marshall, Jeffery. Build It and They Will Come. Dissertação inédita de doutorado, Escola de Educação da Universidade Stanford, 2003.

Marsico, Maria Teresa, A. Coelho de Carvalho Neto, M. do Carmo Tavares da Cunha e M. E. Martins Antunes. *Caracol 3, Matemática 3ª Série*. São Paulo: Editora Scipione, 2004.

Mathematics Learning Study Committee, Center for Education, Division of Behavioral and Social Sciences and Education, National Research Council. J. Kilpatrick, J. Swafford e B. Findell (eds.). *Adding It Up: Helping Children Learn Mathematics*. Washington, DC: National Academy Press, 2001.

McEwan, Patrick. The Effectiveness of Multigrade Schools in Colombia. *International Journal of Educational Development*, 18(6): 435-452, 1998.

McEwan, Patrick e Martin Carnoy. The Impact of Competition on Public School Quality: Longitudinal Evidence from Chile's Voucher System. Stanford, CA: Escola de Educação da Universidade Stanford, 1999 (*mimeo*).

McEwan, Patrick e Martin Carnoy. The Effectiveness and Efficiency of Private Schools in Chile's Voucher System. *Educational Evaluation and Policy Analysis*, 22, 3:213-239, 2000.

Ministerio de Educación, Unidad de Curriculum y Evaluación, Seguimiento a la Implementación Curricular. *Escuelas Testigo: Implementación Curricular en el Aula. Primer Ciclo Básico (NB1 y NB2)*. Documentos de Trabajo n. 23 a n. 27. Santiago: MINEDUC, 2002.

Ministério da Educação, Brasil. *Parâmetros curriculares nacionais*, 1997. http://www.mec.gov.br. Acesso em dezembro de 2005.

Mizala, Alejandra e Pilar Romaguera. Regulación, incentivos y remuneraciones de los Profesores en Chile. Santiago: CRESUR, 2001.

National Council of Teachers of Mathematics. *Principles and Standards for School Mathematics*, 2000. http://www.nctm.org/standards/. Acesso em 27 de março de 2006.

Oaxaca, Ronald. Male-Female Wage Differentials in Urban Labor Markets. *International Economic Review*, 14(3):693-709, 1973.

Ogbu, John. *Minority Education and Caste: The American System in Cross Cultural Perspective*. New York: Academic Press, 1978.

Ogbu, John e Margaret Gibson, eds. *Minority Status and Schooling: A Comparative Study of Immigrant and Involuntary Minorities.* New York: Garland, 1991.

Organização para a Cooperação e Desenvolvimento Econômico (OCDE). *Literacy Skills for the World of Tomorrow: Further Results from PISA 2000.* Paris: OCDE, 2003.

Organização para a Cooperação e Desenvolvimento Econômico (OCDE). *Reviews of National Policies for Education: Chile.* Paris: OCDE, 2004. http://www.oecdbookshop.org/oecd/display.asp?sf1=identifiers&st1=142004091P1. Acesso em março de 2006.

Parsons, Talcott. *Systems and the Evolution of Action Theory.* New York: Free Press, 1977.

Post, David. *Work, Schooling, and Welfare in Latin America.* Boulder, CO: Westview Press, 2002.

Program for International Student Assessment (PISA). *Learning for Tomorrow's World: First Results from PISA 2003.* Paris: OCDE, 2004.

Putnam, Robert D. *Making Democracy Work: Civic Traditions in Modern Italy.* Princeton, NJ: Princeton University Press, 1993.

Putnam, Robert D. *Bowling Alone: The Collapse and Revival of American Community.* New York: Simon & Schuster, 2000.

Rivkin, Steven G., Eric Hanushek e John Kain. Teachers, Schools, and Academic Achievement. *Econometrica,* 73, 2: 417-458, 2005.

Rogers, F., Halsey J. Lopez-Calix, N. Chaudhury, J. Hammer, N. Córdoba, M. Kremer e K. Muralidharan. *Teacher Absence and Incentives in Primary Education: Results from a National Teacher Tracking Survey in Ecuador.* Washington, DC: Banco Mundial, 2004.

Rothstein, Richard. *Class and Schools.* New York: Teachers College Press, 2004.

Rumberger, Russell. The Causes and Consequences of Student Mobility. *Journal of Negro Education,* 72:6-21, 2003.

Rutter, Michael, B. Maughan, P. Mortimore e J. Ouston. *Fifteen Thousand Hours: Secondary Schools and Their Effects on Children.* Cambridge, MA: Harvard University Press, 1979.

Salgó, Irena, Constanza Ripamonti e Maria Teresa Pascual. *Aplica las Matemáticas. Tercer Básico.* Santiago: Ediciones Cal y Canto, 2001.

Santibañez, L. M. Why We Should Care if Teachers Get A's: Impact on Student Achievement in Mexico. Dissertação inédita de doutorado, Stanford University School of Education, 2002.

Sarquis Soares, Eduardo. *Matemática com o Sarquis, Série 3ª*. Belo Horizonte: Formato, 1997.

Schmidt, William H., C. C. McKnight, R. T. Houang, H. Wang, D. Wiley, L. S. Cogan e R G. Wolfe (eds.). *Why Schools Matter.* San Francisco: Jossey-Bass, 2001.

Sennett, Richard e Jonathan Cobb. *The Hidden Injuries of Class.* New York: Vintage Books, 1973.

Skocpol, Theda. *States and Social Revolutions: A Comparative Analysis of France, Russia, and China.* New York: Cambridge University Press, 1979.

Smrekar, Claire, James Guthrie, Debra Owens e Pearl Sims. *March toward Excellence: School Success and Minority Student Achievement in Department of Defense Schools.* Washington, DC: National Education Goals Panel, 2001.

Stein, M. K., M. S. Smith, M. A. Henningsen e E. A. Silver. *Implementing Standards-Based Mathematics Instruction: A Casebook for Professional Development.* New York: Teachers College Press, 2000.

Stigler, James, P. A. Gonzales, T. Kawanka, S. Knoll e A. Serrano. *The Timss Videotape Classroom Study: Methods and Findings from an Exploratory Research Project on Eighth Grade Mathematics Instruction in Germany, Japan, and the United States.* Washington, DC: OERI, NCES, 1999.

Villalón Incháustegui, Miriam, R. L. Peña Gálvez, L. Garea Alonso, M. Bello Domínguez, L. Varela Piloto, N. León Figueras e C. Rizo Cabrera. *Matemática 3, Tercer Grado.* Havana: Editorial Pueblo y Educatión, 1991.

Willis, Paul. *Learning to Labor.* New York: Columbia University Press, 1981.

Willms, J, Douglas. Patterns of Academic Achievement in Public and Private Schools: Implications for Public Policy and Future Research. *In*: Edward Haertel, Thomas James e Henry M. Levin, eds., *Comparing Public and Private Schools: School Achievement*, vol. 2, p. 113-134. London: Falmer Press, 1989.

Willms, J. Douglase e Marie-Anne Somers. *Schooling Outcomes in Latin America: A Report for Unesco.* Santiago de Chile: Laboratorio Latino de Evaluacion de la Calidad de la Educacion, Unesco, 1999.

Willms, J. Douglas e Marie-Anne Somers. Family, Classroom, and School Effects on Children's Educational Outcomes in Latin America. *International Journal of School Effectiveness and Improvement*, 12(4): 409-445, 2001.

Banco Mundial (World Bank). *Brazil: Teachers Development and Incentives. A Strategic Framework.* Washington, DC: Banco Mundial, Human Development Department, Report No. 20408BR, 2001.

Wright, Eric Olin. *Class Counts: Comparative Studies in Class Analysis.* New York: Cambridge University Press, 1977.

ÍNDICE REMISSIVO

Números de página em itálico indicam material em tabelas ou figuras.

A

Abelman, Charles 29
absenteísmo 86, 151-155
  absenteísmo discente 152
  em Cuba 153
  persistência do problema 153
  resumo 154-157
Adding It Up 165
Alcazar, Lorena 86
alunos de baixa renda 22
ambiente social 68-69, 82
América Latina; *Ver também* países específicos
  ensino na 25
  estudos de função de produção na 28
  tamanho da classe na 30
Amsden, Alice 84
aprendizagem desigual 207
Argentina 48
  absenteísmo docente na 151
  capital social gerado pelo Estado na 102
  efeito da escola particular na 231
  formação de professores primários na 46-47

Laboratório Latino-Americano de Avaliação da Qualidade da Educação (Llece) e 92
  simulação de notas dos alunos *106-109*, 106-110
Aronson, Julie 154
atividade oral em classe na comparação da experiência em sala de aula 164, *172*, 172-173
atividades de toda a classe 164
aulas centradas no aluno 178
auto-seleção, processo de 31
Autonomia; *Ver também* autonomia do diretor; autonomia docente
  no Brasil 44-45
autonomia do diretor 22, 95, 111
  como efeito da escola particular 231-232

B

Bahro, Rudolph 241n3(cap. 3)
Baker, David P. 30
Banco Interamericano 141
Banco Mundial
  Brasil, ensino no 148

e absenteísmo rural 152-153
pesquisa 30
programas de avaliação docente 140-141
bases desta pesquisa 26-35
Benveniste, Luis 32, 87, 240n1(cap. 2)
Betts, Julian 35, 87
Blackboard Jungle (filme) 21
Bolívia
  diferenças da cultura indígena na 94
  efeito da escola particular na 232
  Laboratório Latino-Americano de Avaliação da Qualidade da Educação (Llece) e 92
  simulação de notas dos alunos 106-109, 106-110
Bolsa Escola (Brasil) 45, 47, 63, 66
bom comportamento 78-79
Bonjorno, José Roberto 124
Bonjorno, Regina Azenha 124
Bourdieu, Pierre 27, 32
Bourguignon, François 195, 247n1(cap. 7)
Bowles, Samuel 26
Brasil 25; *Ver também* comparação da experiência em sala de aula; professores
  acesso à educação no 62
  capital social gerado pelo Estado e o 102
  componentes do sistema educacional no 120-121
  condições educacionais subjacentes no 42-48
  coordenadores pedagógicos no 148
  demografia do 42
  dia letivo no 154
  diferenças regionais no 46
  escolha no 63
  Fundef 44-45
  gestão da educação no 69
  inflação no 43
  juros no 43
  Laboratório Latino-Americano de Avaliação da Qualidade da Educação (Llece) e 92
  mudanças do contexto social no 108
  Partido dos Trabalhadores 66
  principal objetivo da aula no 183, *185*
  prova do Sistema Nacional de Avaliação da Educação Básica (SAEB) 46, 61, 146-147
  provas no 60-61
  raça no 94
  relatório do Banco Mundial sobre o ensino no 148
  responsabilidade pela metodologia de ensino no 242n3(cap. 4)
  simulação de notas dos alunos *106-109*, 106-110
brigas em sala de aula 111
  coeficientes para 105
  como variável do capital social 95, 96
  efeitos das 103
  simulação do desempenho dos alunos e 230
Brookover, Wilbur 29
Brown, Michael K. 81
Bryk, Anthony 31, 33
Burns, R. B. 164
burocracia governamental centralizada 20

C

Cannon, Jill S. 240n2(cap. 2)
capacidade docente 127-131
capital; *Ver também* capital social
  cultural 32
  família e 31-32
capital cultural 27, 32
capitalismo 72
capital social 31-32, 32-33, 36, 81-87
  capital social coletivo 81, 112-113
  contribuições do 83
  definição 82
  desempenho acadêmico e 102-103

distribuição de alunos, desigualdade na 196-197
efeitos da vizinhança 241n5(cap. 3)
estimativas, comparação das 93-94
igualdade de renda e 195
importância do 110, 194-197
indicadores do 86-87
Laboratório Latino-Americano de Avaliação da Qualidade da Educação (Llece) e 91-92
professores e 207
proxies (variáveis substitutas) para 95-96
relações sociais e 83
simulação do desempenho dos alunos e 106-110, *223-231*
subgrupo das variáveis da origem familiar 93-94
capital social gerado pelo Estado; *Ver* capital social
características sociais 26
Carlos, Lisa 154
Carnoy, Martin 28, 32, 46, 49, 53, 55, 56, 85, 87, 95, 142, 145, 151, 195, 232, 242n1(cap. 4), 245n12(cap. 4), 245n15(cap. 4) 249n3(apêndice A)
Carrera Magisterial 128, 246n2(cap. 5)
Carroll, John 164
Castells, Manuel 241n7(cap. 3)
Chile 25; *Ver também* comparação da experiência em sala de aula; professores
capital social gerado pelo Estado no 102
componentes do sistema educacional no 120-121
condições educacionais subjacentes no 48-53
contexto social, mudanças no 108-111
currículos nacionais no 118
dia letivo no 154
diferenças da cultura indígena no 94

escolas de baixo desempenho, investimento em 65-66
escolas particulares no 51-52, 63
escolha no 63
formação de professores primários no 46
governo militar no 71
Laboratório Latino-Americano de Avaliação da Qualidade da Educação (Llece) e 92
mensalidade no 52
método do cuspe e giz no 159
Ministério da Educação no 68-69
plano de vale-educação (*voucher*) 118
pré-escola no 66
principal objetivo da aula no 183, *186*
provas no 50-51, 60-61
simulação de notas dos alunos *106-109*, 106-110
Sistema Nacional de Avaliação do Desempenho Docente (SNED) 143-145
teoria das opções limitadas 71
China 84
desigualdade de renda na 247n1(cap. 7)
Chu, Wan-wen 84
Cingapura 84
desigualdade de renda em 247n1(cap. 7)
resultados da Terceira Pesquisa Internacional em Matemática e Ciências (Timss) 90
Classe; *Ver também* classe social; nível socioeconômico (NSE)
danos ocultos da 21
classe social; *Ver também* nível socioeconômico (NSE)
capital social e 32
no Chile 48
resultados e 27
uso do termo 241n3(cap. 3)
variância em 69-70
Cobb, Jonathan 21, 81

coesão na análise das escolas eficazes 28-29
Coleman, James S. 26-35, 80, 81, 82-83, 90, 94, 242n8(cap. 3)
coleta de dados, na comparação da experiência em sala de aula 164-166
coletivização da riqueza 84
Colômbia
  absenteísmo docente na 152
  capital social gerado pelo Estado na 102
  diferenças da cultura indígena na 94
  Laboratório Latino-Americano de Avaliação da Qualidade da Educação (Llece) e 92
Comitê de Estudos da Aprendizagem de Matemática, Conselho Nacional de Pesquisa dos Estados Unidos 165
Comparação da experiência em sala de aula 157-158; *Ver também* matemática
  ambiente em sala de aula 164
  análise da demanda cognitiva 181-182, *182*
  análise do conteúdo da aula 179-187
  análise do principal objetivo da aula 185-187, *185-187*
  atenção e participação do aluno, segmento da 165, 174-175, *175*
  atividade oral em classe, segmento da 164, 171-172, *172*
  coleta de dados 163-166
  comparação das condições físicas 178
  definições dos termos *233-236*
  disciplina, comparação da 177-178, *178*
  escolas da amostra 161-163, *163*
  estrutura da classe, indicadores da *176*, 176-177
  idade dos alunos na 177-178
  indicadores de qualidade 173-178
  métodos na 167
  notas de proficiência e, 179-180, *180*
  principal mecanismo de apoio à aprendizagem, análise do 183-185, *184*
  procedimento de filmagem 161-163
  resumo da 188-189
  tempo, análise do segmento de 167-174
  tipos de perguntas formuladas, segmento dos *176*, 176-177
  trabalho em grupo, segmento do 164, *173*, 173-174
  trabalho individual em classe, segmento do 164, *170*, 170-171
  variáveis na 163-166
  visão geral básica das salas de aula 169
computador, acesso a 160
comunidade
  capital social e 31
  escolas católicas e 32
comunista, governo 53
concorrência
  escolha de escola e 61-62
  por alunos 142
condições fora da escola 36
Conselho Nacional de Professores de Matemática dos Estados Unidos 166, 185-186
conservadores, acadêmicos 22
conteúdo da aula, análise do 179-188
contexto social 35, 61-70
  e aprendizagem dos alunos 35
coordenadores pedagógicos 148
Coreia do Sul 84
  desigualdade de renda na 247n1(cap. 7)
  renda per capita e notas da prova na, 192
  resultados da Terceira Pesquisa Internacional de Matemática e Ciências (Timss) na 90
Cosse, Gustavo 151
Cox, Cristián 151
creches em Cuba 67

crenças populares 111
Cuba 25; *Ver também* comparação
 da experiência em sala de aula;
 professores
 absenteísmo em 153
 coletivização da riqueza em 84
 componentes do sistema educacional
  em 121
 composição social de classe em 70
 condições educacionais subjacentes
  em 53-61
 desempenho acadêmico em, 98-101,
  99-100
 dia letivo em 154
 equipe administrativa em 150
 estrutura moral em 67-68
 foco nas salas de aula em 161
 habitação em 54
 Laboratório Latino-Americano de
  Avaliação da Qualidade da Educação
  (Llece) e 92
 lições aprendidas com 191-210
 livros didáticos em, disponibilidade
  de 101
 método de ensino participativo 159-160
 padrão de vida em 54
 pobreza em 194
 pré-escola, programas de 66
 principal objetivo da aula em 187, *187*
 professores em 55, 57-60, 121-122
 programa de creches em 67
 provas em 60
 questão de escolha em 62-63
 raça em 94
 reforma do segundo ciclo do ensino
  fundamental em 134
 reforrmas em 58-59
 responsabilidade das escolas em 65
 simulação de notas dos alunos *106-109*, 106-110
 tamanho da classe em 59, 167-168
 turismo em 54, 58

cultura
 indígena 94
 juvenil 85
cultura juvenil 85
currículo 20, 123-127
 abordagem do 122
 aplicação do 141
 capacidade docente e 197-199
 diferenças entre os países 33
 em Cuba 56-57
 familiaridade dos professores com o
  117
 formação docente e 199-203
 importância do 197-199
 na comparação da experiência em sala
  de aula 166
 parâmetros adequados para o
  239n1(cap. 1)
 qualidade do 36-37
 resumo 154-156
currículo de sistema provincial 116
currículo municipal 116-117
currículo nacional 116-117, 123-127
 formação docente e 133
 no Chile 118
currículos locais 116

D

democracia 208-209
 capital social e 84, 86
 no Chile 48
democracia pluralista 20
descentralização da educação 46-47
desempenho acadêmico 89-113; *Ver
 também* testes e aplicação de testes
 e matemática 94-95
 em Cuba 98-101, 99-100
 estimando o valor agregado 103-105
 estimativas para o 101-103
 estimulando notas dos alunos *106-109*, 106-110
 explicações para o 101-103

263

formação do professor e 129-130
insumos escolares para o 90
Laboratório Latino-Americano de Avaliação da Educação (Llece) e 90-92
no Brasil 46
variâncias em 98-101, *99-100*
desempenho dos alunos;
Ver desempenho acadêmico
desempenho em linguagem, estimativas dos MQO e *219-221, 227-229*
Dewey, John 134
disciplina, na comparação da experiência em sala de aula 177-178, *178*
distribuição de alunos, desigualdade na 197
distribuição de gênero entre alunos 37
distribuição étnica de alunos 37
dívida
do Brasil 43
do Chile 48

E

"escolas para o campo", movimento das 55, 56
economia; *Ver também* nível socioeconômico (NSE)
de Cuba 53-54, 55
regimes autoritários e 84-85
teoria das escolas 76-77
economias de mercado 72-73
acumulação capitalista nas 84-85
no Chile 49-50, 51-52
Educação, estudantes de 131-132
avaliação dos 201
Educação, faculdades de 132
educação centrada na criança 20
em Cuba 56
educação no Brasil, pirâmide da 43-44
educação pública burocratizada 22
educação secundária
em Cuba 55, 56, 56-57
no Chile 52

educação superior; *Ver também* universidades
no Chile 51-52
educadores progressistas 23
Educo, projeto (El Salvador) 152
efeitos dos pares 79
e aprendizagem dos alunos 35
e capital social 83, 86
eficiência social 115
Elmore, Richard F. 29
El Salvador, projeto Educo 152
emergentes 59-60, 135n4(cap. 5)
seleção de 246
emprego após a escola; *Ver também* trabalho infantil
idade, papel da, na comparação da experiência em sala de aula 176-177
empregos no setor de serviços 22
empregos no setor industrial 21
engajamento dos alunos na comparação da experiência em sala de aula 165, 174-175, *175*
Engels, Friedrich 241n3(cap. 3)
Enlaces 50
ensino, teoria do 133
ensino médio nas áreas centrais decadentes das grandes cidades 21
Equador, absenteísmo docente no 151
Escandinávia, educação na 241-242n7(cap. 3)
escolas; *Ver também* pré-escola
dia letivo, extensão do 154
escolas da amostra para comparação da experiência em sala de aula 161-163, *163*
insumos e desempenho 104-105
escolas católicas 32
capital social/familiar e 31-32
comunidade em 32
no Chile 49
resultado educacional nas 68
escolas eficazes, análise das 28-29

escolas particulares; *Ver também* escolas católicas
  autonomia do diretor e 231-232
  concorrência por alunos 142
  nata da nata 142
  no Brasil 43-44
  no Chile 48-49, 51-52, 63
  padrões de desempenho e 146
escolas vocacionais 57
escolha, questões de 61-64
  em Cuba 210
  Estados democráticos e 85-86
escolhas organizacionais 36
  e professores 138-140
Escuela Nueva (Colômbia) 152
Estados autoritários 84-86
estrutura moral 71
  em Cuba 67-68
estudos de função de produção 28, 213-223
  qualidade docente e 31
Europa, desigualdade de renda na 247n1(cap. 7)
Evans, Peter 84
expectativas e aprendizagem desigual 207

F

Fagan, Richard 55, 84
família 20; *Ver também* pais; capital social
  desempenho acadêmico e 26
  influência da 35
  no esquema do sistema educacional 37-38, *38*
  redes 19
  significado coletivo da socioeconomia e 81
  variação no desempenho acadêmico e 80
Fernández, Tabaré 241n4(cap. 3)
Fernando Henrique, governo 44
  sistema de avaliação do aluno do 46

filmagem para comparação da experiência em sala de aula, procedimento de 161-163
Finlândia, notas de leitura na 23
flexibilidade dos professores 120
Ford, Glenn 21
formação docente inicial, programas de 133
frequência; *Ver* absenteísmo
Fuller, Bruce 242n3(cap. 4)
funcionários-gerentes 156
Fundef 44, 66
  salários dos professores e 130
Fundescola 44, 66, 148
Fundo Monetário Internacional 48

G

Gasperini, Lavinia 55
gestores
  atitude dos 136
  coordenadores pedagógicos 148
  das escolas chilenas 48-49
  em Cuba 150
  liderança pedagógica 203-206
  papel dos 26
  questões de escolha 85-86
  questões organizacionais 138-140
Gibson, Margaret 35
Glewwe 96
Gonzales, Pablo 70
Gove, Amber K. 48-49
governo militar
  no Brasil 42-43
  no Chile 48, 71
grupo, trabalho em, na comparação da experiência em sala de aula 164, *173*, 173-174
Guatemala
  absenteísmo docente na 151, 152
  trabalho individual em classe na 160
guia de análise de tarefas 236-238
  adequação ao currículo 199-203

autonomia docente 120
comparações de 128, 131-136
controle rígido da 208
desempenho acadêmico e 129-130
efeitos da 204
em Cuba 121-122
estágios 201
formação inicial 133
formação inicial/formação em serviço 94, 117-118
importância da 199-203
no Brasil 147
políticas públicas e 120-121

H

Hanushek, Eric A. 28, 33, 90, 242n3(cap. 4)
Harbison, Ralph A. 28, 242n3(cap. 4)
Henningsen, M. A. 249n1(anexo B)
Heyneman, Steven 30, 240n1(cap. 3)
High School and Beyond (Coleman *et al.*) 31
Himanen, Pekka 241n7(cap. 3)
Hirschman, Albert O. 240n4(cap. 2)
Hoffer, T. 31
Holland, Peter 31
Hsieh, Chang Tai 142
Hungria, renda per capita e notas de prova na 192

I

IEA, prova de ciência da 240n1(cap. 3)
igualdade de renda 194-195
   em Cuba 53
   na Europa 247n1(cap. 7)
Implementando o ensino de matemática baseado em padrões (*Implementing Standards-Based Mathematics Instruction* — Stein *et al.*) 166
incentivos 140, 203-206
   sob o SNED (Chile) 142-145

incentivos de mercado para professores 140, 203-206
Índia, absenteísmo docente na 151
Institutos Superiores de Educação (ISEs) 47
Instituto Superior de Educação Salvador Allende (Cuba) 59, 135
insumos e resultados, modelos de 28
intelectuais 21
internet 50

J

Jacoby, H. 96
Jencks, Christopher 26, 35, 241n5(cap. 3)
Jimenez, Emmanuel 153
jornada completa (Chile) 154

K

Kain, John 33
Karoly, Lynn M. 240n2(cap. 2)
Karweit, N. 164
Kilburn, Rebecca 240n2(cap. 2)
Kilgore, S. 31
Knight, John 90
Kremer, Michael 151
Krueger, Alan 30, 90

L

Laboratório Latino-Americano de Avaliação da Qualidade da Educação (Llece)
   capacidade docente e 129
   currículo de matemática de terceira e quarta séries 94
   médias e desvios-padrão para variáveis no 98-101, *99-100*
   resumo 110
   tamanho médio da classe 168
   variável "livre de trabalho" no 244n8(cap. 4)
Lee, Valerie 31

Levin, Henry 26, 241n2(cap. 3)
Levinson, Bradley 29
liberdade individual 20, 71
  em Cuba 210
  e vida escolar 208-209
  socioeconomia e 81
Liceo para Todos (Chile) 63, 66
liderança
  liderança pedagógica 203-206
  na análise das escolas eficazes 28
liderança pedagógica 29, 203-206
livre mercado, definição de 72
livros didáticos 123-127; *Ver também* currículo
  capacidade dos professores e 197-199
  desempenho acadêmico e 101
  disponibilidade de 30
  matemática, livros didáticos de 124-125
  na comparação da experiência em sala de aula 189-190
  papel dos 124-125
  variação nos 124
Lockheed, Marlaine 28, 30, 80
Loxley, W. Alexander 30, 240n1(cap. 3)
Lula, governo 47
Luschei, Thomas 246n2(cap. 5)

M

magistério 47
Makarenko, Anton 56, 134
Marisco, Maria Teresa 125
Marshall, Jeffery 86, 87, 95, 151, 152, 161, 232, 245n15(cap. 4)
Martinez, Enrique 151
Marx, Karl 241n3(cap. 3)
marxista, teoria 84, 241n3(cap. 3)
matemática
  análise da demanda cognitiva 181-183, *182*
  análise do conteúdo da aula 179-188
  comparações de currículos 123-127
  desempenho acadêmico e 94-95
  elementos de proficiência 165
  estimativas dos mínimos quadrados ordinários (MQO) dos determinantes de desempenho em *216-218, 224-226*
  formação inicial/formação em serviço dos professores 117-118
  livros didáticos 125
  materiais manipuláveis 183
  na comparação da experiência em sala de aula 165-166
  notas baixas em 112
  notas de proficiência *180*, 180-181
  tarefas 238
materiais, na comparação da experiência em sala de aula 165
materiais manipuláveis 183
Mayer, Susan E. 35, 241n5(cap. 3)
McEwan, Patrick 49, 142, 152, 249n3(apêndice A)
memorização
  memorização mecânica e proficiência 180
  tarefas 236
memorização mecânica e proficiência 180
método construtivista 22, 158-159
método de ensino participativo 159-160
método do cuspe-e-giz 159
métodos, na comparação da experiência em sala de aula 167
México
  capital social gerado pelo Estado no 102
  dados da Carrera Magisterial no 246n2(cap. 5)
  diferenças da cultura indígena no 94
  disponibilidade de livros didáticos no 101
  formação de professores primários 46-47

Laboratório Latino-Americano de Avaliação da Qualidade da Educação (Llece) e 92
programa Bolsa Escola no 47
simulação de notas dos alunos *106-109*, 106-110
mínimos quadrados ordinários (MQO) 213
   erros e 243n4(cap. 4)
   linguagem, determinantes do desempenho em *219-221, 227-229*
   matemática, determinantes do desempenho em *216-218, 224-226*
Mizala, Alejandra 139, 143
mobilidade social 27
modelagem da aprendizagem dos alunos 35-39
modelos de produção escolar
   influências externas 79
   problemas com 78, 78-79

N

nata da nata 142
nível socioeconômico (NSE) 26; *Ver também* capital social; classe social
   análise das escolas eficazes e 28-29
   como variável do capital social 95-96, 97
   danos ocultos do 21
   efeito dos pares e segregação 244n1(cap. 4)
   estimativas de valor agregado e 105
   significado coletivo de 81
   simulação do desempenho dos alunos e 230-231
   uso do termo 241n3(cap. 3)

O

Oaxaca, Ronald 245n12(cap. 4)
OCDE, prova do Programa Internacional de Avaliação de Estudantes (PISA) da 51, 192
   análise da 240-241n1(cap. 3)
   igualdade na educação e 241n7(cap. 3)
   no Chile 51
Ogbu, John 35
oportunidade para aprender, avaliação da 136-151
orientação para os professores 138

P

pais; *Ver também* família
   Brasil, participação dos pais no 69
   capital social e relações dos 83
   Cuba, educação em 101
   questões de escolha e 64
países em desenvolvimento 23
Parsons, Talcott 241n3(cap. 3)
Partido dos Trabalhadores 66
Passeron, Claude 27, 32
PCC, requisitos do 149
PER, prova (Chile); *Ver* prova PER
Peru, absenteísmo docente no 151
Phillips, Michelle 26
PISA, prova do; *Ver* OCDE, prova do Programa Internacional de Avaliação de Estudantes (PISA) da
pobreza
   em Cuba 53-54, 194
   no Brasil 42
   no Chile 48
Poitier, Sidney 21
política econômica de substituição das importações 42-43
Post, David 81, 96, 103
pré-escola
   benefícios econômicos da 240n2(cap. 2)
   como variável do capital social 95
   em Cuba 67
   no Chile 66
preocupação com a escola 21-26
principal mecanismo de apoio à aprendizagem, análise do 183, *184*

Princípios e padrões para a matemática escolar (*Principles and Standards for School Mathematics*) 166, 185
procedimentos com/sem tarefas de conexões 237-238
produtividade educacional 24
professores 47, 52-53
  atitudes dos 136
  capacidade dos 127-131
  exemplos de mau ensino 158
  na comparação da experiência em sala de aula 188-189
  questões de escolha 85-86
  responsabilização (*accountability*) dos 141, 142-148
professores, apoio a novos 140
professores, definição de bons 77
professores, estágios para 133
professores, habilidades pedagógicas dos 131
professores do segundo ciclo do ensino fundamental 134
professores orientadores 135, 137-138
prova internacional 30-31, 32-33
prova PER (Chile) 50
provas e aplicação de provas; *Ver também* Laboratório Latino-Americano de Avaliação da Qualidade da Educação (Llece); Terceira Pesquisa Internacional em Matemática e Ciências (Timss)
  bom comportamento e 78-79
  diferenças, compreensão 97-98
  em Cuba 60-61, 122-123
  no Brasil 60-61
  no Chile 50-51, 60-61
  para professores 128
  prova internacional, dados da 30, 33, 34
  Sistema Nacional de Avaliação da Educação Básica (SAEB), prova do 45-46, 60-61, 146-147
  Sistema Nacional de Avaliação do Desempenho Docente (SNED, Chile) e 142-145
  Unesco, provas da 75
Putnam, Robert D. 81, 83, 84

Q

qualidade da educação 21, 23-24, 72
  na comparação da experiência em sala de aula, indicadores de 174-178
  variação do desempenho acadêmico e 80-81

R

raça
  capital social e 94
  distribuição de alunos 37
recessão
  em Cuba 54
  no Brasil 43
  no Chile 48
regulação do Estado 37-38, *38*
Relatório Brunner 247n2(cap. 7)
religião 67-68; *Ver também* escolas católicas
República Democrática da Alemanha 56
responsabilização (*accountability*) e absenteísmo 152
Rice, Lorien 35
Riordan, Cornelius 30
riqueza, coletivização da 84
Rivkin, Steven G. 33
Rogers, F. 86
Romaguera, Pilar 139, 143
rotatividade nas escolas 65
Rothstein, Richard 32, 79, 80, 87, 192
rubrica, na comparação da experiência em sala de aula 165
Rumberger, Russell 242n8(cap. 3)
Rússia 84
Rutter, Michael 29

S

Sabot, Richard 90
Sack, Richard 28
sala de aula, visitas a 158
salários
  em Cuba 57-58
  Fundef, salários de professores e 130
  prêmios, pagamento de 143
Samoff, Joel 53, 56, 85
Santibañez, Lucrecia 246n2(cap. 5)
Sarquis, Eduardo 124
saúde, serviços de 192
  exemplo cubano 70-71
Sawada, Yasuyuki 153
Schaub, Maryellen 30
Schmidt, William H. 33, 95, 239n3(cap. 1)
Schneider, Barbara 33
segurança social 70-73
seleção, viés da 30
Sennett, Richard 21, 81
Silver, E. A. 249n1(anexo B)
Simce, prova (Chile) 45-46, 50-51
simulação do desempenho dos alunos 97-98, *106-109*, 106-110
  resultados da *223-231*
sindicatos de professores 22
sistema de núcleos 136
sistema educacional, esquema do 37-39, *38*
Sistema Nacional de Avaliação da Educação Básica (SAEB), prova do 46, 61, 146-147
Sistema Nacional de Avaliação do Desempenho Docente (SNED, Chile), prova do 142-144
sistemas de apoio social 20
sistemas de avaliação de 201; *Ver também* absenteísmo; currículo; *emergentes*; salários; Educação, estudantes de; supervisão de professores; autonomia docente; formação inicial/formação em serviço
bons professores, definição 77
  capital social e 207-208
  coordenadores pedagógicos 148
  diferenças regionais em 47
  flexibilidade e 120
  formação inicial 133
  habilidades pedagógicas 131
  incentivos de mercado para 203-206
  liderança pedagógica 203-206
  nos estudos de função de produção 31
  novos professores, apoio a 140-141
  papel dos 26
  professores estimulantes 35, 36
  prova para 128
  qualidade dos 32-33
  questões organizacionais 138-140
  recrutamento de 121, 130-131
  sistema de vale-educação (*voucher*) e 118
  Sistema Nacional de Avaliação do Desempenho Docente (SNED, Chile) 142-145
  transição de aprendizagem para 138
Slavin, R. E. 164
Smith, M. S. 249n1(anexo B)
Smrekar, Claire 68
socialismo
  acumulação capitalista no 84-85
  e capital social 84
Socias, Miguel 95
socioeconomia, significado coletivo de 81
solução de problemas de matemática, trabalho em classe para 170
Somers, Marie-Anne 93, 241n1(cap. 3), 243n4(cap. 4)
Stein, M. K. 166, 181, 249n1(anexo B)
Stigler, James 239n3(cap. 1)
supervisão de professores 77, 137-151, 205
  em Cuba 150
  no Brasil 147-150
  no Chile 147-150
  resumo 154-156
  supervisão indireta 139
supervisão indireta dos professores 140

T

Taiwan 84
 desigualdade de renda em 247n1(cap. 7)
tamanho da classe
 em Cuba 59, 169-170
 na América Latina 30
 nos estudos de função de produção 31
 pesquisa do Banco Mundial sobre 30
 redução do 59
tecnologia e currículo 116
tempo na escola, efeito do 104
tempo para cada tarefa, esquema de (*time-on-task*) 164
Terceira Pesquisa Internacional em Matemática e Ciências (Timss) 91-92
 absenteísmo, problema do 153
 currículo de matemática do segundo ciclo do ensino fundamental e 94-95
 macroanálise da 240n1(cap. 2)
 no Chile 51
 renda *per capita* e notas 192
Thias, Hans 28
trabalho individual em classe 161
 na comparação da experiência em sala de aula 164, *170*, 170-171
trabalho infantil 110-111
 coeficientes do 104
 como variável de capital social 96-97
 notas nas provas e 245-246n16(cap. 4)
 significado do 110-111
transições e interrupções 164
transmissão da educação 115-156; *Ver também* currículo

U

Unesco 25, 75
 Laboratório Latino-Americano de Avaliação da Qualidade da Educação (Llece) 91-92
União Soviética 54
Universidade do Chile 49
universidades; *Ver também* formação inicial/formação em serviço
 Educação, faculdades de 132
 no Chile 49
Urquiola, Miguel 142
Uruguai 48

V

vale-educação (*voucher*), escolas subvencionadas pelo 49, 118
valor agregado, estimativa das notas de 103-105, 112-113
variáveis
 definições das *214-215*
 na comparação da experiência em sala de aula 163-166
Verspoor, Adrian 28, 30, 80
Vietnã 84
violência; *Ver também* brigas em sala de aula
 professor-aluno 244n9(cap. 4)
vizinhança, efeitos da 36, 241n5(cap. 3)
 capital social e 83-84
Volcker, Paul 43
voluntárias, associações 83
voucher; *Ver* vale-educação
Vygotsky, Lev 56, 134

W

Werthein, Jorge 55, 242n1(cap. 3)
Willis, Paul 81
Willms, J. Douglas 87, 93, 240n1(cap. 3), 243n4(cap. 4)
Wilson, Pete 59
Wright, Eric Olin 241n3(cap. 3)

Z

Zau, Andrew 35
Zimmerman, Joy 154

Este livro foi composto em Cambria
e impresso pela Edigraf sobre
papel offset 75g para a Ediouro, em julho de 2009.